Hans Brandenburg

Christen im Schatten der Macht

Die Geschichte des Stundismus in Rußland

R. BROCKHAUS VERLAG WUPPERTAL

VORWORT

Bei einer Missionskonferenz notierte ich die Sätze:

Der Gegensatz zwischen Welt und Jesus ist immer blutig.

Leiden ist nötig, weil der Zusammenprall zwischen Welt und der Gemeinde nicht abgemildert werden kann.

Leiden ist Bekenntnis zu Jesus.

Ich wage zu sagen, das Entscheidende ist nicht, daß wir beten: „Nimm das Leiden von den Brüdern weg!" Entscheidender wird sein: „Mehre ihre Tragkraft unter den Leiden, die du ihnen auflegst!"

Viele wurden gläubig nicht trotz, sondern wegen der Verfolgung.

Das war bei einer Bibelarbeit. Hans Brandenburg legte das Wort Gottes aus. Russische Straflager, verriegelte Kirchen und jene bedrückenden Dokumente, die uns heute aus der Sowjetunion erreichen, traten plötzlich zurück. Wir standen vor der erregenden Tatsache, daß Christen wirklich Grund dazu haben, den Mund aufzumachen. Ihr Reden macht ja dieses Rumoren. Da gelten neue Werte, wenn Jesus, der tot war, lebt.

Wir erkannten die Gefahr, daß man heute den stillen Weg des Leidens in den registrierten Gemeinden Rußlands verkennt und grob mißdeutet — nur weil sie ihr Leiden nicht in die Welt hinausposaunen, weil sie nur offene Türen benützen und weitererzählen, was Jesus heute wirkt!

Bei den Evangeliumschristen Rußlands hat diese Haltung eine lange Tradition. Der Haß der Welt sorgte in einer über 100jährigen Geschichte dafür, ergebene Leidensbereitschaft einzuüben. Doch in der Stille, im Schatten der Macht, sprach man dennoch so von Jesus, daß die Gemeinde wuchs und sich ausbreitete, auch wenn die Weltchristenheit achtlos daran vorüberging.

Wir merkten damals bei der Missionskonferenz, wir müssen noch viel tiefer die Geschichte des Stundismus studieren. Nur aus der Tradition können wir die heutigen Vorgänge in den evangelischen Gemeinden Rußlands recht verstehen. Daraus wurde die dringende Bitte an Hans Brandenburg, diese Aufgabe in Angriff zu nehmen. Eine über 50jährige verantwortliche Mitarbeit im Missionsbund LICHT IM OSTEN, viele Jahre als Vorsitzender und als Missionsinspektor, verbindet ihn eng mit vielen Christen Rußlands und ihrem Zeugenweg.

Ich möchte wünschen, daß viele heute Gottes Wirken in Rußland erkennen, so wie ich vor einigen Jahren, als Hans Brandenburg das Interesse in mir weckte.

Winrich Scheffbuch

DIE RUSSISCHEN ZAREN:

Peter (I.) der Große	(1672)	1682–1725
Katharina I.	(1684)	1725–1727
Peter II.	(1615)	1727–1730
Anna	(1693)	1730–1740
Iwan VI.	(1740)	1740–1741
Elisabeth	(1709)	1741–1762
Peter III.	(1728)	1762–1762
Katharina II.	(1729)	1762–1796
Paul I.	(1754)	1796–1801
Alexander I.	(1777)	1801–1825
Nikolaus I.	(1796)	1825–1855
Alexander II.	(1818)	1855–1881
Alexander III.	(1845)	1881–1894
Nikolaus II.	(1868)	1894–1917

INHALTSVERZEICHNIS

A. Die Vorgeschichte

I. VON WLADIMIR DEM HEILIGEN BIS PETER DEN GROSSEN

Ein Stück russischer Kirchengeschichte

1. Kirchenstaat oder Staatskirche

Wer die russisch-ukrainische Kirchengeschichte verstehen will, muß sich von den Bildern der Kirchengeschichte des Westens frei zu machen suchen. Die Kirche Osteuropas trat das Erbe von Byzanz an. Während im Westen mit dem Kirchenstaat eine politische Größe entstand und der römische Bischof als Papst politische Souveränität innehatte, entstand im Osten die Staatskirche. Für sie entfielen die das Mittelalter füllenden Kämpfe zwischen Papst und Kaiser, Kirche und Reich. Die Hoftheologen des Ostens konnten ihre Intrigen spinnen, aber sie blieben dem Kaiser unterstellt.

Die Ostkirche nennt sich mit Betonung „rechtgläubig" („pravoslavisch"). Mit den großen Ökumenischen Konzilen stand die Lehre der Kirche endgültig fest. Seitdem wachte die Byzantinische Reichskirche durch ihre Patriarchen und Bischöfe mit hohem Ernst darüber, daß nichts Neues und Fremdes in die Kirche eingeführt werde. Der Papst in Rom dagegen hat das autoritäre Lehramt in der Kirche und kann bis in unsere Generation hinein „ex cathedra" neue Dogmen verkünden, wie etwa die Lehre von der leiblichen Himmelfahrt der Jungfrau Maria.

Die Ostkirche ist mehr als jede andere eine Kirche der Liturgie. Nicht die Predigt oder die Bibel stehen im Mittelpunkt des Gottesdienstes, sondern die liturgische Feier. In ihr stellt die Kirche das Heil vor die Sinne der Andächtigen. Das hat geschichtliche Ursachen. Die russische Kirche ist eine Erbin griechischen Geisteslebens. Ihr liturgischer Gottesdienst verrät bis in den Kirchenraum hinein die Verwandtschaft mit dem griechischen Theater. Ja, fromme Russen nennen in aller Ehrfurcht ihre Liturgie „das heilige Theater". Auch das Theater der griechischen Antike war ja nicht ein Vergnügungsort, sondern eine Kultstätte.

Wie im antiken Theater ist der Kirchenraum leer; eine hohe Wand schließt ihn ab, durch die wie einst die Darsteller in der griechischen

Tragödie nun der Priester und der Diakon hervortreten. Jede Liturgie ist Darstellung eines geistlichen Dramas. Priester und Diakon sind im Dialog. Und wie einst in Hellas gehört dazu notwendig ein Chor. Der Inhalt der Liturgie ist die Heilsgeschichte Alten und Neuen Testamentes. Am Samstagabend wird die alttestamentliche Heilsgeschichte dargestellt; am Sonntag in mehrstündiger Liturgie das Kommen und Wirken Jesu, der Neue Bund. Dabei ist es nötig, die Symbolik der Handlungen zu verstehen. Trägt etwa der Diakon ein brennendes Licht vor sich her, so bedeutet dies das Kommen des Lichtes der Welt. Am Karfreitag wird eine Bahre durch den Kirchenraum, der keinerlei Gestühl kennt, getragen. Die mit dem Kreuz bestickte Decke, die sogenannte „Plaschtschaniza", symbolisiert den Leichnam Jesu. Die Andächtigen küssen unter Tränen die Quasten der Decke. Während der Altar gewöhnlich hinter der verschlossenen Mitteltür der Wand für die Gemeinde unsichtbar bleibt, öffnet sich diese sogenannte Kaiserliche Tür in der Osternacht, man sieht den Altar im Lichterglanz, und in die Tür tritt der Priester mit dem Ruf der Engel: „Christus ist auferstanden" („christos woskresse"), und jubelnd antwortet die Gemeinde: „Er ist wahrhaftig auferstanden" („wo-istino woskresse").

Der Westen hat für diese dramatische Gestaltung des sonntäglichen Gottesdienstes wenig Verständnis. Als zur Zeit Ottos des Großen im zehnten Jahrhundert ein römischer Bischof die Liturgie in der Hagia Sophia erlebte, sagte er vorwurfsvoll, der Gottesdienst gleiche einer Mysterienbühne.

Der Grieche möchte die Wahrheit Gottes schauen. Damit steht die rechtgläubige Ostkirche im absoluten Gegensatz zur ratio, der Vernunft, des Westens. Der Vorwurf gegen den Protestantismus, der die Predigt in den Mittelpunkt stellt, lautet deshalb: „Ihr seid Rationalisten. Ihr wollt alles erklärt haben. Ihr habt keine Ehrfurcht vor den Geheimnissen Gottes." Diese Geheimnisse könnten aber nicht durch Nachdenken erfaßt werden, sondern nur durch die fünf Sinne, denen sich die Geheimnisse im Symbol darbieten: in den Ikonen auf der Ikonenwand, dem Ikonostas, und in den prachtvollen Priestergewändern; im herrlichen Gesang der Priester und des Chores; im reichlichen Weihrauch, und im vom Priester dargereichten Kreuz. Im Kuß auf das Kreuz fühlt der Andächtige die Nähe Gottes.

Das ist östliche Frömmigkeit. Ihr Gottesdienst ist das „theatron pneumatikon", das Theater des Geistes, wie einer der Kirchenväter die Liturgie nannte.

Ein anderer Weg, sich den Geheimnissen Gottes zu nähern, ist das Gebet. Ein lettischer Lehrer trat vom Luthertum zur Orthodoxie über mit der Begründung, in der lutherischen Kirche würde viel gepredigt und wenig gebetet, in der orthodoxen Kirche dagegen würde wenig gepredigt, aber viel gebetet, und das Gebet sei wichtiger als die Predigt! Dem Anliegen der Reformation wird weder die eine noch die andere Vernachlässigung gerecht. Denn hier wird auch das Gebet zur frommen Leistung, und die Gefahr der Werkgerechtigkeit steht dauernd vor der Tür. Darum bleibt der das Heil ergreifende Glaube den meisten fremd. Im orthodoxen Gottesdienst änderte sich durch Jahrhunderte hindurch nichts. Wohl gab es Schismen, aber sie wurden von der Kirche verworfen. Die zahlreichen Sekten Rußlands, über die noch zu sprechen sein wird, wurden staatlich verfolgt. Wohl gab es theologische Richtungen und Schulen, aber sie wirkten nur auf die Frömmigkeit, und so wird die Geschichte der Ostkirche zu einer Geschichte ihrer Frömmigkeit.

Darum ist bis auf die Zeit Peters des Großen (1685—1725), der in seiner Gewaltpolitik auch die Kirche nicht verschonte und ihr eine neue Kirchenleitung aufzwang, die Kirchengeschichte des Ostens so arm an Ereignissen, wie die des Westens reich ist. Dabei nahm die Ostkirche an den mannigfachen politischen Ereignissen zwangsläufig teil, denn Glied der Kirche sein, heißt Glied des Volkes sein. Wer der Kirche untreu wird, ist auch seinem Volke untreu. Deshalb ist die Geschichte der russischen Kirche die Geschichte des ukrainischen und russischen Volkes, deren Kenntnis zum Verständnis des russischen Stundismus zumindest in großen Zügen notwendig ist.

2. Rußland beginnt in der Ukraine

Die Ukraine ist nach Volkstum und Sprache der Ursprung Rußlands, und der Quellort der Kirche für die Ukraine ist Kiew am Dnjepr, die alte Hauptstadt. Das großrussische Moskowitertum entsteht Jahrhunderte später zur Zeit des Mongolenjochs, nachdem Kiew im Jahre 1240 durch die Mongolen völlig verwüstet worden war. Damals begann die Abwanderung der ostslawischen Stämme nach Norden, wo sich im Laufe der nächsten Jahrhunderte Moskau zum neuen politischen und kulturellen Mittelpunkt entwickelte. So entstand auch die heutige großrussische Sprache: Die nach dem Norden drängenden Slawen vermischten sich mit den finno-ugrischen Stämmen, die die nördlichen Wälder bevölkerten.

Dazu kam dann der Einfluß der Mongolen, die viele Fremdwörter ins Russische einbrachten und manchen fremden Geisteseinfluß.

Wladimir (ukrainisch: Wolodimir) *von Kiew,* ein Fürst normannischer Abstammung aus dem Waräger-Stamm, herrschte 980—1015 in Kiew. Mit ihm beginnt die Geschichte der russischen Kirche. Er heiratete eine byzantinische Prinzessin und führte 988/89 die byzantinische Form des Christentums bei den von ihm beherrschten Slawenstämmen ein. Die ganze Bevölkerung wurde zwangsweise im Dnjepr getauft.

Schon seit Jahrhunderten bestanden griechische Siedlungen am Nordufer des Schwarzen Meeres, mit denen die Slawen in Handelsbeziehung standen. Darum kann diese Entwicklung nicht überraschen. Die spätere Nestorchronik (1116) berichtet, daß Wladimir auch mit den Moslim, mit den mosaisch gewordenen Chazaren und mit Rom verhandelt habe. Doch habe ihm das Verbot des Weines bei den einen, das Verbot von Schweinefleisch bei den andern nicht behagt. Auch habe er sich dem Papst nicht unterstellen wollen. Als aber seine Boten aus Byzanz-Konstantinopel heimkehrten, erzählten sie ihm begeistert von der Hagia Sophia, der Kathedrale Justinians des Großen, und dem Gottesdienst darin: „Uns war, als wären wir im Himmel." Unter diesem Eindruck soll Wladimir seine Entscheidung getroffen haben.

So legendenhaft diese Überlieferung ist, so trägt sie doch wie jede Legende charakteristische Züge. Die Liturgie ein Vorgeschmack des Himmels — das ist der Osten! In den Ängsten der Mongolenzeit (1237 bis 1590) flüchtete man sich in den Gottesdienst. Dort fand auch später der leibeigene Bauer seine Ruhe und seinen Seelenfrieden. So grausam die Mongolen gegen die Bevölkerung vorgingen, Kirchen und Klöster tasteten sie nicht an, und Kirchenraub bestraften sie mit dem Tode.

Trotz des Anschlusses an die Kultur von Byzanz blieb das aufstrebende Großfürstentum in Kiew in Verbindung zum Westen. Zwar wurde die bulgarische Schrift des Griechen *Kyrillos* († 869) durch die Kirche eingeführt, zwar waren die ersten Bischöfe und Metropoliten Griechen — einen weiteren Einfluß scheint das Griechentum nicht ausgeübt zu haben.

Dagegen entstand mit der Gründung des Höhlenklosters von Kiew im Jahre 1051 eine selbständige Form des Mönchtums, und obwohl im Laufe der Jahrhunderte gewiß manche Verfallserscheinungen eintraten, kann man den seelsorgerlichen Einfluß des russischen Mönchtums auf das Volk nicht hoch genug einschätzen. Die Mönche haben das Volk missioniert (auch die finnischen Stämme des Nordens); sie waren die Seelsorger des Volkes, auf das sie meist einen größeren Einfluß hatten als die Bischöfe und anderen geistlichen Würdenträger, gegen die sie in späteren Zeiten zuweilen sogar in Opposition gerieten. Sie vertraten eine Heiligungslehre, die sich besonders in der Askese ausprägte und die der fromme Orthodoxe noch heute so versteht. Und da die Kirche eine Heiligungslehre für den zivilen Alltag kaum verkündete, verband sich die fromme Kirchlichkeit des „Laien" oft mit einem haltlosen Leben. Deshalb kann der Vorwurf der Heuchelei hier kaum erhoben werden.

Seine kulturelle und darum auch kirchliche Blütezeit erlebte Kiew unter dem Großfürsten *Jaroslaw dem Weisen* († 1054). Jaroslaws älteste Tochter war mit Harald von Schweden verheiratet, die zweite mit Heinrich I. von Frankreich, und zu seiner Zeit besetzte zum ersten Mal ein Russe den Stuhl des Metropoliten.

Doch noch im Todesjahr Jaroslaws vollzog der Patriarch von Konstantinopel, Michael Kerullarios — ein wegen einer Verschwörung zwangsweise ins Kloster eingewiesener Abkömmling der kaiserlichen Familie — das Schisma mit dem Westen, indem er die Anerkennung Roms hintertrieb, woraufhin Bann und Gegenbann das ihre taten, um die Spaltung zwischen Rom und Byzanz, dem Kiew unterstand, zu zementieren.

Unmittelbar nach Jaroslaws Tod wurde das Großfürstentum durch nicht endende Bruderkämpfe geschwächt, und das Ende dieser hoffnungsvoll aufblühenden Kultur brachte dann der Mongolensturm im 13. Jahrhundert. Das Mongolenjoch dauerte ca. 350 Jahre, und obwohl es in den letzten hundert Jahren keine große Bedeutung mehr hatte, trennte jetzt zum ersten Mal ein eiserner Vorhang den Osten vom Westen. Im Osten führte der Weg in eine nationalkirchliche Entwicklung, die eine nationale christliche Kultur und Wissenschaft schuf.

3. Der tiefe Graben

Die lang währende Unfreiheit der russischen Stämme unter den Mongolen hatte politisch wie kirchlich die schwersten Folgen. Es steckt etwas Wahres darin, wenn die Russen betonen, daß sie für ganz Westeuropa stellvertretend gelitten haben.

Die Mongolen haben das Volk nicht nur unterjocht und blutmäßig durchsetzt, sondern es leider auch in Sitte und Moral verändert. Die furchtbaren Flüche, die man im Osten oft hört und die man kaum wiedergeben kann, sind mongolischen Ursprungs. Der sonst gutmütige Russe bekam unter diesen Einflüssen eine Neigung zur Grausamkeit.

Aber während das Volk versklavt wurde und die Fürsten um die Gunst des Großkhans von Astrachan buhlen mußten, da sie ihre Fürstentümer nur als Lehen aus seiner Hand empfingen, blieb die Kirche frei, selbst von Steuern. Wenn draußen vielfach die Hölle war, in Kirchen und Klöstern fand man Zuflucht. In Moskau kannte man noch vor sechzig Jahren das „Jungfrauenfeld" („djewitschje polje"). Es hatte seinen Namen aus der Mongolenzeit. Hier wurden Jahr für Jahr Tausende junger russischer Mädchen zusammengetrieben, um in den Harems der Mongolen zu verschwinden. Draußen war die Hölle, aber in den Kirchen „war es wie im Himmel".

Inzwischen war Kiew zerstört worden (1240). Um die Stadt Moskau bildeten sich neue Schwerpunkte. Im Kampf um die Selbsterhaltung gegenüber den mongolischen Eroberern und gegenüber Byzanz gingen Kirche und Staat ein enges Bündnis ein. Dagegen isolierten sie sich mehr und mehr vom Westen. Aber wie einzelne Menschen, so sind auch die Völker von Gott zueinander gewiesen; Vereinsamung führt zu Einseitigkeiten. Gewinn und Verlust waren die Folgen. Die Erhaltung der Originalität war der Gewinn, aber es fehlte die geistige Auseinandersetzung mit dem Westen, die einen gewissen Stillstand verhindert hätte. Dennoch brachte die lange Notzeit auch religiöse Vertiefung. Viele erkannten in den Geschehnissen Gottes Gerichte. Zahllose Eremiten zogen in die undurchdringlichen Wälder des Nordens. Neue Einsiedeleien und Klöster bildeten sich, und das Volk suchte Trost bei den Gottesmännern.

Von diesen gesegneten Männern sei als erster *Sergius von Radonesh* († 1392) genannt. Er gründete in der Nähe von Moskau das Dreifaltigkeitskloster, die sogenannte „Troize-Sergijewskaja Lawra". Heute wird das Kloster nach einem der alten Bolschewisten „Sagorsk" genannt. Hier, in diesem Kloster, bildete sich ein Mittelpunkt geistlicher Erneuerung, bald auch des nationalen Widerstandes. Die warme Seelsorge des Sergius in schwerster Zeit hat ihm sein Volk nie vergessen.

Ein Zeitgenosse des Sergius war *Stephan, der Bischof von Perm.* Er missionierte im Norden unter dem finno-ugrischen Volk der Syrjanen. Heute werden sie nach ihrer eigenen Sprache „Komi" genannt und bilden eine selbständige Sowjet-Republik.

4. Moskau tritt das Erbe Konstantinopels an

Seit Konstantinopel im Jahre 1453 in die Hände der Türken gefallen war, hatte die orthodoxe Kirche Rußlands den — wenn auch zuletzt schwachen — Rückhalt in Byzanz verloren. Nun konzentrierte sich die kirchliche Macht um Moskau und dessen Großfürsten. Schon seit 1328 residierte der russische Metropolit in Moskau. Im Jahre 1589 nahm er den Titel eines Patriarchen an, und seit diesem Jahrhundert begann man, von Moskau als vom dritten und letzten Rom zu sprechen. Als zweites Rom hatte Konstantinopel gegolten.

Eine schmale Tür zum Westen bildeten die Städte Nowgorod und Pleskau (russisch: Pskow). Sie unterhielten starke Handelsbeziehungen mit der Hanse, die in Nowgorod — ähnlich wie in London — ein Handelskontor besaß. Durch dieses Tor zum Westen drangen im Mittelalter Ketzerbewegungen ein, wie die Strigolniki und eine judaisierende Sekte, die beide jedoch erstickt wurden.

An der Bekämpfung der Ketzer entzündete sich ein folgenschwerer Streit innerhalb des Mönchtums. Er wurde von zwei Männern geführt, die in ihrer Haltung zwei Charakterzüge orthodoxer Frömmigkeit verkörperten. Auf der einen Seite stand der strenge und rigorose *Josif von Wolokolamsk* († 1515), der bei Wolokolamsk im Bezirk Moskau ein Kloster gegründet hatte. Er vertrat den nationalen staatskirchlichen Standpunkt, der noch im neunzehnten Jahrhundert die Kirche und ihre Politik bestimmte. Danach waren die Ketzer hinzurichten; der Zar (seit 1547 russischer Titel) hatte, weil er von Gott selbst eingesetzt ist, göttliche Macht und muß mit Strenge regieren. Ebenso muß die Orthodoxie mit allen Mitteln der Gewalt gewahrt bleiben; an den Traditionen und Schriften der Väter, die gleich der Bibel als inspiriert gelten, muß festgehalten werden; Staat und Kirche gehören aufs engste zusammen; der reiche klösterliche Besitz, der bis zu Peter dem Großen stetig wuchs, soll erhalten bleiben und nicht nur der Wohltätigkeit dienen, sondern auch der Macht. Charakteristisch für Josif ist sein Ausspruch: „Aller Leidenschaften Mutter ist die eigene Meinung. Die eigene Meinung ist der zweite Sündenfall." Daß Josif größten Wert auf kirchliche Gebräuche und Zeremonien legte, paßt in dieses Bild eines Eiferers.

Zu ganz anderen Schlüssen kamen die Mönche im Süden, im Wolgagebiet, unter der Führung von *Nil Ssorskij* († 1508), dem Abt eines Klosters an der Ssora, einem Nebenfluß der Wolga. Diese Wolgamönche stützten sich auf das Neue Testament, an dem alle anderen Schriften gemessen wurden und nach dem sie leben wollten. Nil trat für die Trennung der Kirche vom Staat und für ihre volle Unabhängigkeit ein. Im Kampf gegen die Ketzer seien seelsorgerliche Milde und Gebet das Wichtigste. Statt reichen Landbesitz zu sammeln, sollten die Klöster in vorbildlicher Armut bleiben und sich durch die Arbeit der Mönche erhalten. Auch gegen die zahlreichen neuen Kanonisierungen von Heiligen wehrte sich Nil und trat für eine gewisse Freiheit des Denkens ein. Freiheit und Liebe seien wichtiger als äußere Zeremonien. Das Josifinertum siegte und prägte weithin die russische Staatskirche bis zu ihrem Zusammenbruch in der bolschewistischen Revolution. In dieser Kirche fand der absolutistische Staat seine wichtigste Stütze. 350 Jahre später, zur Zeit des autokratischen Zaren Nikolaus I. († 1855), konnte einer seiner Kultminister sagen: „Autokratie, Nationalismus und Orthodoxie sind die Stützen des russischen Reiches." An diesen Prinzipien ging das zaristische Rußland zugrunde.

Doch wenn auch Nil Ssorskij unterlag, seine innige Frömmigkeit lebte weiter unter Mönchen, Priestern und Laien. Wir finden ihre Vertreter unter den Starzen — wie den Starez Ssosima in Dostojewskijs Roman „Die Brüder Karamasow" — und in jenen „Stillen im Lande", von denen der vielgereiste Dichter Ljesskow erzählt.

Aus dieser inneren Spaltung wuchs der Januskopf der russischen Orthodoxie: auf der einen Seite die intolerante autokratische Staatskirche, auf der anderen Seite viele warmherzige Jesus-Nachfolger, und je nachdem, welchem Gesicht Nachbarn und Reisende begegnen, fällen sie ihr Urteil.

5. Das Erbe Jaroslavs — die Kirche in der Ukraine

In der Nachbarschaft der Ukraine war durch die Heirat des litauischen Großfürsten *Jagello* mit der polnischen Erbin Jadwiga im Jahre 1386 ein Großpolnisches Reich entstanden, das Jagello nun unter dem polnischen Namen Wladislaw regierte. Dieses Großpolen unter den Jagellonen reichte von „Meer zu Meer", das heißt, von der Ostsee bis zum Schwarzen Meer. Auf diese Weise gerieten große Gebiete der Ukraine wie Galizien, Podolien, Wolhynien, Smolensk, Witebsk, Minsk, Kiew und andere unter die Macht des römisch-katholischen Polenreiches. Die systematische Katholisierung dieser Gebiete führte zu scharfen Kämpfen. Ein großer Teil des Adels trat zum Katholizismus über, die Landbevölkerung dagegen leistete Widerstand.

Dieser Anschluß an Polen bescherte nun auch der Ukraine kulturell ein Fenster nach dem Westen, lange bevor Peter der Große ein solches aufstieß, als er in den Sümpfen der Newamündung seine neue Reichshauptstadt St. Petersburg gründete.

Polen versuchte, die Orthodoxie für eine Union mit Rom zu gewinnen (1596). Das gelang aber nur zu einem kleinen Teil. Die Geschichte dieser kirchlichen Union mit ihren ausgeprägt politischen Wurzeln verlief tragisch. Sie wurde von den Regierungen gefördert oder bekämpft, je nachdem, ob diese Regierungen katholisch oder orthodox waren. Polen und Österreich stärkten die Union, die Zaren waren dagegen, und die Bolschewisten lösten sie schließlich auf. Immerhin hat diese Geschichte bei den Ukrainern eine innere Disposition für den Konfessionswechsel entwickelt.

Hier in der Ukraine entstand später der Stundismus unter einer Bevölkerung, die im Verlauf der Jahrhunderte der statischen Haltung ihrer Konfession entwachsen und in eine dynamische Bewegung geraten war.

Nach der Schlacht an der Ugra (1480) wurde die Westukraine, die vom Mongolenjoch kaum betroffen gewesen war, praktisch befreit, obwohl noch weitere hundert Jahre eine formale Abhängigkeit vom mongolischen Osten bestand. Durch innere Kämpfe verfiel die „Goldene Horde", die in Astrachan am Kaspisee ihr Zentrum gehabt hatte. Nur ein paar Khanate hielten sich noch an der Wolga (Kasan) und auf der Krim; *Iwan IV* (1533–1584), genannt *der Schreckliche*, eroberte 1552 Kasan und fühlte sich durch seine Erfolge berechtigt, den Großfürstentitel 1547 in den eines Zaren zu verwandeln. Auch er verstand sich als Erbe von Byzanz, und seit nun der Großfürst Zar und der Metropolit Patriarch (1589) geworden war, wuchs Moskau als Machtzentrum heran.

Doch schon mit dem Sohn Iwans starb die Dynastie der Rjurikowitschen (1598) aus, und es begann die „Zeit der Wirren". Von Polen unterstützte Usurpatoren führten jahrzehntelang schwere Kämpfe, die das Land in großes Elend stürzten. In solchen Zeiten bekommen kirchliche Führerpersönlichkeiten Einfluß. Eine solche Persönlichkeit war der Patriarch *Hermogen*, und ihm ist im wesentlichen die Überwindung der Wirren zu danken. Die „Troize-Ssergijewskaja Lawra", das heutige Kloster von Sagorsk, hat sich damals zu einem Stützpunkt des kirchlichnationalen Widerstandes entwickelt. Die Polen, die in die nationalen Auseinandersetzungen eingriffen, mußten die Belagerung dieses befestigten Klosters aufgeben. Als der polnische Kronprätendent versuchte, vom Kreml aus zu regieren, verlangte Hermogen seinen Übertritt zur Orthodoxie. Hermogen selbst soll wegen seines Widerstandes eingekerkert worden und in der Haft verhungert sein. In dieser Zeit wuchs im russischen Volk der fanatische und bis heute lebendige Widerwillen gegen den römischen Katholizismus, der sich Polens bediente, um seinen Einfluß im Osten zu stärken.

6. Die Kirche unter den Romanows

Im Jahre 1613 wurde *Michael Romanow* zum Zaren gewählt, und sein Vater *Philaret*, der vom letzten Zaren ins Kloster verbannt worden und zuletzt Metropolit von Rostow war, zum Patriarchen. Da Michael noch jung und unerfahren war, übernahm Philaret die Regentschaft. Mit Nachdruck bekämpfte er nun alle Ketzereien und ging mit Energie gegen die römischen Einflüsse und die Union vor. Nie vorher habe ein Kirchenfürst so große Vollmachten besessen wie Philaret, schreibt der Kirchenhistoriker Bonwetsch.

Von anderer Bedeutung war *Nikon*, Patriarch seit 1652. Er übernahm die Regentschaft für den zweiten Zaren aus der Romanow-Dynastie, als dieser, *Alexej*, gegen die Schweden und Polen im Krieg lag. Nikon versuchte in bescheidenen Grenzen eine Reform der orthodoxen Kirche. Unter ihm erlangte die Predigt im Gottesdienst eine ganz neue Bedeutung. Er gründete eine Schule für Griechisch und Latein, gab ein Kirchengesetzbuch heraus, die sogenannte „Kormtschaja", und kämpfte um eine größere Unabhängigkeit der Kirche vom Zaren. Am folgenreichsten war seine Korrektur der alten Liturgien und Kirchenbücher. Durch jahrhundertelanges Abschreiben hatten sich in die Agenden und Gebetsbücher viele Schreibfehler eingeschlichen. Schon unter seinen Vorgängern hatte man mit ihrer Korrektur begonnen – nicht ohne Widerspruch seitens der Priesterschaft und Laien. Nun ging Nikon liebgewordenen Traditionen zu Leibe. Er zog die griechischen Originaltexte zu Hilfe, was ihm ein großer Teil der Frommen aber sehr übel nahm. Für uns heute ist es schwer verständlich, daß es über diesen Fragen zu einem bis in die Gegenwart bestehenden Schisma kommen konnte.

7. Der große Raskol

Die Kämpfe, die dieser Kirchenspaltung vorausgingen, wurden mit größter Leidenschaft ausgetragen. Dabei ging es um eine ganze Reihe Äußerlichkeiten: Ob man sich mit zwei oder drei Fingern bekreuzigen müsse; in welcher Richtung der Prozessionsweg – von rechts nach links

16

oder umgekehrt — um den Altar zu gehen habe; wieviele Halleluja an einer bestimmten Stelle der Liturgie gesungen werden sollten —, und alle diese Fragen wurzelten in einer Frömmigkeit, die sich im Liturgischen erschöpfte. Daß sich gerade an den Fragen der Liturgie die Gemüter erhitzen können, wissen wir aus den alten Kämpfen in der Preußischen Landeskirche unter König Friedrich Wilhelm III. Wenn dies schon in der nüchternen preußischen Kirche möglich ist, wieviel mehr in einer slawisch-orthodoxen Kirche, für die die Liturgie das Handeln der Kirche schlechthin ist!

Gewiß wurden diese Fragen bewußt hochgespielt, denn Nikon war ein Autokrat und hatte als solcher viele Feinde. Er schuf bald Märtyrer, indem er protestierende Priester nach Sibirien verbannte, und so entstand der große Raskol, die Kirche der Altgläubigen. Bei den harten Verfolgungen durch die Staatskirche kam es seitens der Altgläubigen zu Tausenden von Selbstverbrennungen. Das machte tiefen Eindruck auf das fromme Volk, und vermutlich schlossen sich damals nicht nur die Konservativen den Altgläubigen an, sondern ein großer Teil derer, die in lebendiger Frömmigkeit lebten. Die Altgläubigen hatten im Laufe der Jahrhunderte schwer zu leiden. Zwar übte hundert Jahre später die große Katharina, die Aufklärerin auf dem Zarenthron, Toleranz. Aber ihr zweiter Enkel, Zar Nikolaus I., befahl in der ersten Hälfte des 19. Jahrhunderts aufs neue die Entrechtung und Bedrückung der Raskolniki. Sie wurden ähnlich behandelt wie später die Stundisten.

Schließlich wurde die liturgische Reform durchgeführt. Doch Nikon hatte sich durch sein Selbstbewußtsein, das bis zum Starrsinn führte, so viel Feindschaft zugezogen, voran die des Zaren, daß er gestürzt und in ein Kloster verbannt wurde. Auf dem Wege dahin ist er gestorben (1681). Nach ihm ist der orthodoxen Kirche unter den Zaren kein bedeutender Patriarch mehr geschenkt worden.

Interessant ist, daß gerade aus den Reihen der Raskolniki, der Altgläubigen, die zuerst als rückständig galten, Vertreter politischer Reformgedanken hervortraten. Um ihrer selbst willen traten sie für Toleranz und geistige Freiheiten ein und arbeiteten dann oft Hand in Hand mit den aufkommenden Sekten. Kenner behaupten, daß die Zahl dieser Sekten im 19. Jahrhundert in Rußland größer gewesen sei als selbst in Nordamerika.

Die Altgläubigen kamen durch ihren Fleiß oft zu hohem Reichtum. So kam es, daß auch revolutionäre Terroristen aus dem Kreise altgläubiger Moskauer Kaufleute unterstützt wurden. Im Raskol sammelten sich die mit der kirchlichen Zentralisation und Autokratie Unzufriedenen. Dies kann als später Protest gegen den Einfluß der Lehre Josifs von Wolokolamsk verstanden werden.

II. ERSTE EVANGELISCHE EINFLÜSSE

1. Protestantische Einwanderer

Ehe wir die veränderte Lage der Kirche und der Geisteskultur unter Peter dem Großen ins Auge fassen, gilt es, die Anfänge evangelischer Einflüsse im alten Rußland zu untersuchen. Wer unter Ökumene eine allgemeine Relativierung der Konfessionen versteht, wird den folgenden Ausführungen nicht gerne folgen. Für wen dagegen Ökumene gegenseitiger brüderlicher Dienst des Glaubens in der Nachfolge Jesu ist, der wird zugeben, daß bei aller Echtheit und Wärme orthodoxer Frömmigkeit die Kirche des Ostens an den Erkenntnissen der Reformation hätte reifen können. Jener Ausspruch des konvertierten Lehrers: „Das Gebet ist wichtiger als die Predigt", der ganz im Sinne der Orthodoxie ist, steht eben in Widerspruch zum Wort des Paulus: „Der Glaube kommt aus dem Gehörten" (Röm. 10,17). Zwar hatte auch die Orthodoxie die Bibel. Das Volk aber bestand zum größten Teil aus Analphabeten, die zwischen Gottes Offenbarung im Wort der Bibel und frommer Legende nicht unterscheiden konnten. Die wenigen Predigten — mögen sie noch so gut gewesen sein! — erreichten nur einen kleinen Prozentsatz der Bevölkerung. Man pflegte und kultivierte die orthodoxe Form der Frömmigkeit, die gewiß viele Blüten und auch gesunde Früchte schuf. Aber weithin beschränkte sich die Kirche auf die Liturgie, die Inhalt nur für jene hatte, die sie verstanden. In der Masse aber schuf sie eine Stimmungsfrömmigkeit. So blieb es dabei: In der Kirche „fühlte man sich wie im Himmel"; draußen war die Hölle, und man lebte auch danach. Wo der Glaube an die Rechtfertigung fehlt, fehlt auch die rechte Heiligung. Das zeigt die russische Literatur zur Genüge. Davon zeugen auch die Erzählungen Ljesskows, des frommen Orthodoxen, der seine Kirche liebte. Mit der Zeit mochte unter den Gebildeten, die langsam zahlreicher wurden, auch die Zahl derer wachsen, die die Bibel lasen und liebten.

Wie alle Priester- und Sakramentskirchen ist auch die orthodoxe Kirche der Gefahr weithin erlegen, das fromme „opus operatum" — das mechanisch vollzogene fromme Werk — an die Stelle der Glaubenshingabe an den Herrn zu setzen. Weil die Ostkirche den evangelischen Heilsweg im Sinne der Reformation nicht kennt, führt die Buße oft bis zur tiefen Selbstpeinigung, aber selten zum Bruch mit dem alten Leben. Man könnte sagen: An die Stelle der dynamischen Frömmigkeit der Reformation tritt bei der Orthodoxie eine statische Frömmigkeit. Das Bekenntnis „Ich bin ein großer Sünder" geht dem orthodoxen Frommen leicht über die Lippen. Aber das Bekenntnis „Ich bin ein begnadigter Sünder" hält er für unverzeihlichen Hochmut. Es ist darum verständlich, daß gerade hier ein nüchterner Pietismus im Sinne A. H. Franckes, Zinzendorfs und Bengels einen hilfreichen Dienst hätte tun können.

Seit der Zeit *Iwans des Schrecklichen* gab es in Moskau eine kleine Kolonie von Westeuropäern, meist waren es Deutsche. Fünfundzwanzig Jahre lang hatte Iwan einen erfolglosen Krieg um Livland geführt. Viele Tausende Deutscher, Esten und Letten hatte er verschleppt, viele von ihnen in die Sklaverei nach Asien verkauft. Ein kleiner Teil war angesiedelt worden, und diese Siedlungen bildeten den Anfang der lutherischen Gemeinden in Rußland.

Im Jahre 1559 war mit dem Ordensmeister Wilhelm von Fürstenberg *Pastor Brakel aus Dorpat* verschleppt worden; er war später der erste uns bekannte lutherische Pastor der Michaelis-Gemeinde in Moskau, die im Jahre 1576 eine eigene Kirche erhalten hatte. Fünfzig Jahre später war schon eine zweite lutherische Gemeinde in Moskau entstanden, die Peter-Pauls-Gemeinde, und 1629 eine reformierte Kirche. Bald hatten Archangelsk am Weißen Meer im Norden und Astrachan an der Wolgamündung am Kaspi-Meer im Süden je eine lutherische Gemeinde. Aber alle diese Gemeinden waren Kirchen der Einwanderer und blieben so gut wie ohne Austausch mit der Orthodoxie. Inzwischen waren angeworbene Fachleute aus Dänemark, Holland, England, Schweden mit Begleitbriefen unter der Bedingung eingetroffen, daß sie ihren protestantischen Glauben praktizieren durften.

Iwan hielt zwar religiöse Disputationen mit Katholiken, ein andermal mit einem Pfarrer der Mährischen Brüder, aber es war ihm nicht ernst damit. Während die Renaissance, der Humanismus und die Reformation den Westen und hier ganz besonders die Kirche bewegten, fühlte sich der Zar von Moskau als Hort der Orthodoxie, als Erbe von Byzanz, als der er politischer und religiöser Selbstherrscher war.

2. A. H. Franckes Einfluß auf Peter den Großen

Das alles wurde erst anders mit den Reformen *Peters des Großen* (1689–1725). In seiner stürmischen Art öffnete er das Land für westliche Einflüsse, um die durch das jahrhundertelange Mongolenjoch veranlaßte Rückständigkeit Rußlands in kultureller und technischer Hinsicht zu überwinden. Die Gestalt dieses Zaren ist für uns voller Rätsel. Es scheint, daß Frömmigkeit keine hervorstechende Eigenschaft bei ihm war. Dennoch faßte er schnell ein tiefes Vertrauen zu *August Hermann Francke* und seinen Arbeiten. Offenbar imponierte ihm dessen Schularbeit, besonders die Betonung der Realschulbildung, die auf Francke zurückgeht. Alle zwei Jahre schickte Peter einen Sondergesandten nach Halle. Selbst die Zarin Katharina (I.), seine Gemahlin, besuchte die Anstalten einmal inkognito. Peter ließ bereitwillig Franckes Schüler als Erzieher, Lehrer und Pastoren nach Rußland herein. Das erste russische Gymnasium war eine pietistische Gründung. Der erste Präsident der Petersburger Akademie der Wissenschaften war ein Freund August Hermann Franckes.

Nach dem Nordischen Krieg (1710) wurden die bisher schwedischen Ostseeprovinzen Livland und Estland Rußland angegliedert, und während die schwedische Regierung scharfe Verordnungen gegen pietistische Einflüsse erlassen hatte, öffnete Peter das neu gewonnene Land dieser neuen Frömmigkeit. Viele der deutschen Balten, auch manche seiner Minister, waren pietistisch geprägt. Arnds „Bücher vom wahren Christentum" und viele Schriften Franckes wurden ins Russische übersetzt. Wir wissen, daß Zar Peter selbst sie las.

Der erste Bote Franckes war *Scharschmidt,* der aus Quedlinburg stammte. Wurde auch die Hoffnung Franckes auf eine ökumenische Verbindung mit der orthodoxen Kirche nicht erfüllt, so tat Scharschmidt doch einen guten Dienst. Er reiste durch das weite Rußland und sammelte und betreute die verstreuten evangelischen Christen westlicher Abstammung. Die bestehenden lutherischen deutschen Gemeinden in Moskau, Archangelsk und bald auch die der neuen Hauptstadt Petersburg bekamen pietistische Prediger und Lehrer. Reval, die Hauptstadt Estlands, wurde ein Mittelpunkt pietistischer Bewegung — und ist es bis zu gewissem Grade mit kurzen Unterbrechungen bis zum Jahre 1939 geblieben, dem verhängnisvollen Jahr der Umsiedlung der Balten nach Deutschland aufgrund der Katastrophenpolitik eines ahnungslosen österreichischen Dilettanten.

Auf die großen Aufgaben in Rußland war Francke durch den Diplomaten Geheimrat *Ludolf* hingewiesen worden. Dieser sprachbegabte Christ hatte Rußland bereist und schrieb die erste russische Grammatik für Deutsche zur Erlernung der Sprache. Er veranlaßte August Hermann Francke zur Gründung des „seminarium orientale" im Jahre 1702. Hier wurden auch Russisch und die altslawische Kirchensprache unterrichtet, die dem heutigen Mazedonisch ähnelt und heute noch in der russischen Liturgie gebräuchlich ist. Francke selbst hat offenbar Russisch zu lernen gesucht, denn wir besitzen noch seine Übungshefte in der russischen Sprache.

Peter der Große gab der Staatskirche eine neue Verfassung. Seit dem Jahre 1700 ließ er den Patriarchenstuhl unbesetzt. Er berief aus Kiew den Theologen *Stepan Jaworskij* († 1722), einen Ukrainer aus Lemberg in Galizien, und machte ihn zum Verweser des Amtes eines Patriarchen. Es wird noch später zu zeigen sein, wie die Ukrainer in weitem Maße kulturelle und auch kirchliche Vermittler zwischen Ost und West wurden. Jaworskij hatte die jesuitischen Akademien in Wilna und Posen besucht und war dann Rektor der von Petrus Mogila († 1647) gegründeten geistlichen Akademie in Kiew gewesen.

(*Petrus Mogila*, der Sohn eines Moldauer Fürsten, hatte 1620 seine Heimat gegen die Türken verteidigt. Fünf Jahre später war er ins Kloster eingetreten und nach zwei Jahren Archimandrit im Kiewer Höhlenkloster geworden. Damals gehörte Kiew mit der Westukraine zu Polen. 1633 machte ihn König Wladislaw IV. von Polen zum Metropoliten der Ukraine. Trotz oder wegen seiner jesuitischen Bildung war Mogila ein Feind der Union der beiden katholischen Kirchen. Und als er 1631 die Kiewer Schule einer orthodoxen Bruderschaft zur Akademie ausbaute, tat er es, um eine gründliche theologische Bildung zu fördern zum Kampf gegen den Katholizismus. Seine in lateinischer Sprache erschienene „Confessio fidei orthodoxae" erschien 1645, zwei Jahre vor seinem Tode. Der Kirchenhistoriker Bonwetsch sagt: „Die Kiewer Schule wurde der Lehrmeister der moskowischen Kirche.")

3. Reformen

Nun stand ein Vertreter dieser gründlichen Theologie an der Seite des Zaren. Obwohl Jaworskij den Reformen des Zaren ablehnend gegenüberstand, ernannte ihn dieser zum Vorsitzenden des „Allerheiligsten Synods", den Peter mit Hilfe seines „geistlichen Reglements vom Jahre

1721" an die Spitze der Staatskirche gesetzt hatte — ein bürokratischer Ersatz für den Patriarchen. Es ist nicht unmöglich, daß Peter das Modell für diesen Entschluß in der Konsistorialverfassung der evangelischen Staatskirche in Deutschland gefunden hatte. Jedenfalls ersetzte er das monarchische Patriarchat durch eine kollegiale Behörde, die allerdings den königlichen Konsistorien Preußens nicht entsprach. In den Synod wurden die Metropoliten, auch Erzbischöfe und Bischöfe, berufen, den Vorsitz jedoch führte ein „Oberprokureur" als Vertreter des Zaren, meist ein Jurist, dem später wachsende politische Bedeutung zukam und der den Rang eines Ministers innehatte. Für die Geschichte des Stundismus war diese Entwicklung, wie wir sehen werden, verhängnisvoll.

Es zeugt von der Selbstsicherheit Peters des Großen, daß er an die Spitze der Staatskirche mit Stepan Jaworskij einen ukrainischen Theologen setzte, der bei aller Treue zur Orthodoxie eine römisch-katholische theologische Ausbildung hatte. Die Bischöfe versuchten daher, sich gegen den Einfluß Jaworskijs abzuschirmen. Größeren Einfluß auf die orthodoxe Kirche hatte sein Landsmann *Feofan Prokopowitsch* († 1736), der erst 1704 Professor an der Kiewer Akademie geworden war.

Dieser war es, der die Verbindung Peters mit August Hermann Francke unterstützte, so daß Francke hoffen konnte, durch Feofan einen reformatorischen Einfluß auf die Orthodoxie zu gewinnen. Doch wie Stepan wurde auch Feofan von den orthodoxen Kirchenführern in Moskau abgelehnt, obwohl er ernsthaft versuchte, die Übergriffe der Staatsregierung gegen die Kirche abzuwehren. Unter seinen Nachfolgern blieb der Allerheiligste Synod zarenhörig bis zur Revolution.

Peter der Große sorgte auch dafür, daß der enorme Landbesitz der Klöster, der zeitweilig bis zu einem Drittel des Landes umfaßt haben soll, in staatliche Verwaltung und Nutznießung kam. Überhaupt wurde aller Kirchenbesitz der staatlichen Kontrolle unterworfen. Das mochte seinen Grund auch darin haben, daß Peter der Große in Erinnerung an böse Erlebnisse seiner Kinder- und Jugendzeit in einer steten Angst vor Verschwörungen und blutigen Rebellionen der altkonservativen Kreise seines Volkes lebte, die begreiflicherweise eine starke Stütze in der Kirche und in den Klöstern suchten.

4. Franckes neues Missionsfeld — die Schweden

Nachdem Francke erkannt hatte, daß ihm die orthodoxe Kirche verschlossen blieb, bemühte er sich um die schwedischen Offiziere, die nach der Schlacht von Poltawa mit fast dem ganzen Heer Karls XII. nach Sibirien transportiert worden waren. In Tobolsk in Sibirien entstand nun durch einen reichen Briefwechsel, große Sendungen von Bibeln und christliche Schriften, aber auch durch erhebliche Geldsummen, die Francke für die Gefangenen sammelte, ein Herd der Erweckung unter den Schweden. Selbst eine Schule wurde dort errichtet. Die erweckten Offiziere wurden zu einem kirchengeschichtlichen Faktor für Schweden. Mit ihrer Heimkehr in die Heimat und ihrem lebendigen Zeugnis brach in Schweden der Widerstand der lutherischen Kirche gegen den Pietismus, der bekanntlich heute noch einen gewissen Einfluß auf weite kirchliche Kreise hat. Indirekt bekam Francke auch Einfluß auf Finnland, das hundert Jahre später dem russischen Reich einverleibt wurde und ähnlich wie Estland dem Ruf zur Erweckung durch Generationen hindurch offen blieb.

Franckes Schriften gingen in großer Menge nach Rußland. In Petersburg fand sich „die stärkste Konzentration des protestantischen Elements" (Steinwand) bis zum Zusammenbruch des Zarenreichs. Darunter waren allerdings kaum Russen, sondern Deutsche, Holländer, Engländer und Schweizer. Noch um das Jahr 1900 lebten in Petersburg bis zu hunderttausend Evangelische, das waren zehn Prozent der Bevölkerung. Allein die Lutheraner hatten hier fünfzehn Gemeinden mit zwölf Kirchen, die Reformierten sechs Kirchen, dazu kam ein Saal der Herrnhuter. Diese Gemeinden besaßen vorbildliche Schulen und Gymnasien, Krankenhäuser und Altersheime. Obwohl viele deutsche Familien sich der russischen Sprache im Alltag bedienten, waren russische Predigten in diesen Kirchen zu allen Zeiten verboten, um den Einfluß auf die orthodoxe Bevölkerung abzudrosseln. Und doch sollte im Süden und Osten Rußlands eine noch größere evangelische Minderheit deutscher Zunge entstehen, die für das Glaubensleben des russischen Volkes wesentlich folgenreicher wurde.

III. DIE DEUTSCHEN BAUERNSIEDLUNGEN

Zu Beginn des ersten Weltkrieges im Sommer 1914 zählte man in Rußland — von Bessarabien bis ins Wolgatal hinauf, über die Krim und das Dongebiet bis über den Kaukasus und im Osten bis tief in das asiatische Sibirien hinein — etwa zwei Millionen deutsche Bauern. Diese wurden in Rußland zum Unterschied von den deutschen Balten und einer deutschen Diaspora in den Städten „die Kolonisten" genannt. Sie besaßen nicht nur umfangreichen Grundbesitz, sondern auch Mühlen und andere landwirtschaftliche und technische Betriebe und hatten im Lauf von etwa 150 Jahren große Vermögen gesammelt. In den Katastrophen des 20. Jahrhunderts wurde diese große Volksgemeinschaft verschleppt, zerstreut und dezimiert.

Wie waren diese großen Bauernsiedlungen entstanden?

Bevor der deutsche Bauer nach Übersee in die USA, nach Südamerika und Australien auswanderte, zog er aus der Enge des Westens in die Weite des Ostens. Seit dem achtzehnten Jahrhundert wurde diese Bereitschaft, „gen Osten zu reiten", von Politikern gefördert. Bekanntlich legte Prinz Eugen von Savoyen eine Kette blühender deutscher Bauernsiedlungen im Süden Österreichs zum Schutz gegen die Türken und ihre Vasallen an.

Diesem Beispiel ihres großen Zeitgenossen folgte *Katharina die Große* (1762—1796), Tochter des Fürsten von Anhalt-Zerbst. Sie holte die Bauern an die Wolga. Hier wurde das Reich immer wieder durch Nomadenvölker des Ostens, Tataren, Kalmücken, Baschkiren, Kirgisen, beunruhigt. Katharina stattete die deutschen Bauern mit großen Privilegien aus, und besonders in der Gegend von Saratow entstanden so viele deutsche Dörfer, daß die Bolschewisten später hier eine kleine deutsche Sowjetrepublik gründeten. Die fleißige Arbeit führte die Bauern zum Wohlstand, aber erst nach unbeschreiblichen Anfangsnöten. Ihr großer Kinderreichtum breitete das deutsche Element an der Wolga aus. In den Jahren 1764—68 wurden hier 104 Kolonien gegründet.

Ähnliche Wege beschritt der Enkel Katharinas, Zar *Alexander I*. Im Jahre 1789 war die letzte türkische Festung Otschakow gefallen; seitdem war der Türke vom Nordufer des Schwarzen Meeres verschwunden. Dieses überaus fruchtbare Land kam damit in russische Hände. Aber es blieb fast ungenutzt, weil es schwach bevölkert war, und es blieb schwach bevölkert, weil die Leibeigenschaft der russischen Bauern eine russische Besiedlung verhinderte. Die Regierung versuchte es dann mit Einwanderern aus Persien und Griechenland und sogar mit jüdischen Ansiedlern, aber ohne Erfolg. Während der napoleonischen Kriegswirren, die um die Jahrhundertwende folgten, blieb das Problem ungelöst. Erst nach dem Siege über Napoleon warb die russische Regierung um deutsche Bauern mit der Zusage zeitlich beschränkter Steuerfreiheit, kirchlicher und schulischer Selbstverwaltung und anderer Privilegien. Bei ihnen, die in den Jahren nach 1815 mit schweren Mißernten zu kämpfen hatten, fanden sie offene Ohren.

1. Zuflucht im Osten

In Württemberg kam noch ein anderes Motiv der Auswanderung hinzu. Durch den Bauern *Michael Hahn* († 1819) war in weiten Kreisen der Bauernschaft, aber auch in den Städten, eine neue Erweckungsbewegung entstanden. Sie wurde von der rationalistisch regierten Staatskirche vielfach bekämpft. Die Kriegszeiten hatten, wie oft in der Kirchengeschichte, die eschatologische Hoffnung gestärkt. Hatte nicht der große schwäbische Theologe Johann Albrecht Bengel († 1752) einst in seiner Auslegung der Offenbarung des Johannes das Datum der Wiederkehr Jesu berechnet und mit großer Wahrscheinlichkeit auf das Jahr 1836 gewiesen? Die Kriegsnöte, der Abfall vom biblischen Evangelium in der Kirche der Aufklärung, die allgemeine Teuerung und die mancherlei Bedrückung der Glaubenden — das alles schien vielen als ein Vorzeichen der anbrechenden antichristlichen Zeit.

Dazu kam, daß Dr. Jung-Stilling, der originelle und romantische christliche Schriftsteller, die Erwartungen Bengels popularisierte und nach dem Osten wies, wo die bedrängte Gemeinde der Endzeit einen Zufluchtsort finden sollte (vgl. Offb. 12,14). Jung-Stilling sprach sogar von Samarkand jenseits des Kaspi-Meeres. Die Gemüter waren erregt, und selbst der russische Kaiser war ein religiös erweckter Mann.

So zogen neben Abenteurern und Glücksjägern Hunderte deutscher Bauern mit der Bibel in der Hand nach Rußland in die religiöse Freiheit, die allerdings begleitet war mit dem Verbot der Mission unter den Russen. Ausreichendes Land für jede Familie, freie Selbstverwaltung, eigene Kirchen und Schulen, Steuererlaß für zehn Jahre, fünfhundert Rubel (tausend Mark) zinsfreies Darlehn, sogar eigene Gerichtsbarkeit und Polizei — wie sollten solche Privilegien nicht locken!

Dann wurden Versprechen nicht gehalten und — wie so oft unter den Zaren — zugesagte Vorrechte wieder eingeschränkt oder ganz zurückgenommen; die Not der ersten Siedler war groß. Die kleinen Beamten versagten, die Nachbarn waren unwillig, das Klima ungewohnt und die räuberischen Nomadenvölker brachten Unruhe und Verluste. Ein bitteres Wort ging später unter den Kolonisten um: „Die erste Generation fand den Tod, die zweite die Not, erst die dritte das Brot." Das Brot kam dank der Tüchtigkeit und dem Fleiß der Ansiedler im Laufe der nächsten hundert Jahre in großer Fülle. Viele wurden vermögend und kauften neues Land hinzu, zumal nach der Bauernbefreiung unter *Alexander II.* 1861, die viele russische Gutsbesitzer in Verlegenheit brachte. Die zahlreichen deutschen Nachkommen wurden selbst Besitzer von Höfen und Gütern, und so breiteten sich die deutschen Siedlungen von Generation zu Generation weiter aus. Der russische Bauer, der wenig eigenes Land hatte — vielfach war das Land Gemeinbesitz des Dorfes und wurde immer neu verteilt — sah den wachsenden Reichtum der deutschen Nachbarn, und es darf niemand wundern, daß böser Neid erwachte.

2. Die Mennoniten

Neben den Lutheranern und Reformierten sind *die Mennoniten* die dritte Kirche der Reformation, die sich bis zur Gegenwart lebendig erhalten hat, obwohl sie lange Zeit schwersten Verfolgungen — auch von seiten ihrer evangelischen Schwesterkirchen — ausgesetzt war. Es sind die alten Täufer, die Menno Simons († 1559) gesammelt hatte. Nach langen Wanderwegen fanden viele von ihnen in den Niederlanden ihre Heimat, dem ersten Staat Europas, der völlige religiöse Toleranz übte. Als Friedrich der Große Westpreußen erwarb, rief er sie als Siedler und erfahrene Deichbauern in die Weichsel- und Nogatniederung und sagte ihnen, die grundsätzlich den Kriegsdienst ablehnten, volle Befreiung vom Wehrdienst zu. Als ihnen diese Freiheit unter Friedrich Wilhelm III. in der großen Notzeit Preußens nicht mehr zugebilligt wurde, folgten sie um so lieber der Einladung nach dem Osten, wo das Privileg wieder galt. Schon 1789—96 unter Katharina der Großen hatte die erste Gruppe der Mennoniten in Chortiza (Jekaterinoslaw) gesiedelt. Unter Alexander I. folgte im Jahre 1803—09 eine zweite Gruppe und siedelte an der Molotschna, einem Nebenflüßchen des Donez.

Wirtschaftlich war diese kulturell und religiös erstaunlich geschlossene Gruppe die erfolgreichste. Der große Kinderreichtum mennonitischer Familien führte dazu, daß sich ihre Zahl in fünfundzwanzig Jahren verdoppelte. Seit 1860 siedelten sie nördlich des Kaukasus und im Uralgebiet, überschritten die Grenze Asiens und durchzogen Sibirien. Vor 1914 zählte man 100 000 Mennoniten in Rußland — das war ein Fünftel des Weltmennonitentums.

Mitte des 19. Jahrhunderts erlebten die Mennoniten durch den Dienst Eduard Wüsts eine tiefgehende Erweckung, durch die die sogenannte *Brüdergemeinde der Mennoniten* entstand. Die besondere Stärke dieser Gemeinden lag in ihren guten Schulen. Ihre Evangelisten und Zeugen hielten sich aus Gewissensgründen nicht an das Verbot der Regierung gebunden, das die Evangelisation unter Russen untersagte. So wurden die Mennoniten-Brüdergemeinden später zu einem heimlichen Quellort des späteren Stundismus.

Trotz der schweren Verluste durch den zweiten Weltkrieg und Stalins Verfolgung und trotz der zahlreichen Auswanderung nach Übersee lebten bis zum Jahre 1971 noch schätzungsweise 60 000 Mennoniten in der Sowjetunion. Wahrscheinlich ist diese Zahl sogar größer.

3. Die Herrnhuter

Viel bescheidener war der Beitrag *Herrnhuts* an der Evangelisation in Rußland. Schon *Christian David*, der einst die Auswanderung der Mährischen Brüder nach Bertelsdorf leitete und im Jahre 1722 den Gemeinort Herrnhut gründete, ist auf seinen vielen Wanderungen auch in das Baltenland gekommen. *Graf Zinzendorf* selbst machte zweimal eine Reise nach Altlivland, wo er ernstlich in Gefahr geriet. Es kam zu einer bis heute nachwirkenden Evangelisation unter den Esten, in geringerem Maße auch unter den Letten. Dabei zeigte es sich, daß sich das Deutschbaltentum Estlands (mit der Hauptstadt Reval) der pietistischen Botschaft williger öffnete als das südlichere Livland, und erst recht als das lange unter polnischer Oberhoheit abgetrennte Kurland. Der Haß der Zarin *Elisabeth* (1741–1762), der Tochter des großen Peter, bedrohte nicht nur den Grafen, sondern auch die Brüderkreise. Ein Häuflein Herrnhuter, darunter der Arzt *Dr. Kriegelstein*, schmachtete jahrzehntelang in der Peter-Pauls-Festung. Erst die aufgeklärte Katharina II. verhandelte mit Herrnhut wegen einer Brüdersiedlung. So entstand im Jahre 1765 eine kleine Kolonie am Wolgaknie — etwa dort, wo heute Wolgagrad, einst Stalingrad, liegt, an der Grenze zur Kalmückensteppe. Nach dem kleinen Fluß Sarpa nannten die Brüder ihre Kolonie Sarepta — in Erinnerung an 1. Kön. 17,9 ff. Der Boden war zur Kornbestellung ungeeignet, aber es gab gesundes, sogar heilendes Wasser und darum die Möglichkeit zum Gartenbau. Daneben entwickelten die Siedler einen beispielhaften Gewerbefleiß. Mit dem Senf aus Sarepta wurde fast ganz

Rußland versorgt, und „Sarpinka" hieß der bei den russischen und ukrainischen Bauernmädchen beliebte leichte bunte Kattun. Auf allen Jahrmärkten Rußlands konnte man Sarpinka noch zu Anfang dieses Jahrhunderts kaufen. Die Siedler bauten Tabak, zogen Lichter, gründeten Zuckerfabriken, Dampf- und Sägemühlen und zeigten, daß die oft verlachten Pietisten nicht nur zu beten, sondern auch zu arbeiten verstanden. Von hier aus wollten die Herrnhuter Mission unter den Kalmücken treiben, aber der Erfolg ihrer Bemühungen war gering.

Nach dem Regierungsantritt *Nikolaus' I.*, dem Enkel Katharinas, 1825 — als es nur noch eine Kirche gab, die evangelisieren durfte: die orthodoxe Staatskirche — wurden auch der aufblühenden Brüdergemeine wie den andern deutschen Siedlungen die Privilegien Schritt für Schritt entzogen, und in den neunziger Jahren des vergangenen Jahrhunderts hörte Sarepta auf, ein Gemeinort der Brüdergemeine zu sein. Russische, tatarische, kalmückische und andere Zuwanderer überfremdeten Sarepta, das von der neugegründeten Industriestadt Stalingrad schließlich verschluckt wurde. Der Bürgerkrieg mit der weißen Denikin-Armee, das furchtbare Hungerjahr 1921/22 und schwere Epidemien gingen gleich apokalyptischen Reitern über diese Gegend hinweg.

Doch an einer Stelle des russischen Reiches fand Sarepta eine reiche Arbeitsmöglichkeit und so auch seine Daseinsberechtigung als Brüdergemeine: in den deutschen Wolgakolonien. Schon 1764 wurde ein „Herrnhuter" schweizer Herkunft, *Jean Jannet,* Pastor in einer dieser Kolonien. Dieser fand bald Verbindung zu Sarepta und öffnete den Brüdern den Zugang zu den Siedlungen. Die erste Erweckungswelle hier an der Wolga geht auf die Brüder zurück. Im Laufe von 57 Jahren hat Sarepta achtzehn Missionsarbeiter in die Kolonien gesandt, bis konfessionalistische Enge ein Verbot ihrer Arbeit durch die lutherische Kirchenleitung in Petersburg im Jahre 1825 herbeiführte. Diese „Sozietäts"- oder Gemeinschaftsarbeit streute einen guten Samen aus, der durch Generationen seine Wirkung und Kraft behalten hat. Sie war schon um des dauernden Pastorenmangels willen notwendig. Allerdings erreichten die Brüder von den 73 Kolonien (31 waren katholisch) zu intensiver Arbeit nur einen Teil, nämlich 20 Kolonien. 23 besuchten sie gelegentlich, weitere 23 nur selten, den Rest gar nicht.

IV. ALEXANDER I. UND SEINE ZEIT (1801—1825)

Katharina die Große hatte zur Erziehung ihrer zahlreichen Enkel — dazu gehörten außer ihrem Lieblingsenkel Alexander noch Konstantin, Nikolaus (der später Kaiser Nikolaus I.), Michael, und von den Töchtern Pauls Katharina, die spätere Königin von Württemberg, und Maria, die spätere Großherzogin von Sachsen-Weimar, deren Tochter Auguste Gattin Kaiser Wilhelms I. wurde — die Generalin von Lieven aus Estland berufen. Deren Familie blieb dem kaiserlichen Hofe nahe und wurde später ein Zentrum der evangelischen Bewegung in Petersburg.

Von seinem kranken Vater Paul, der — erst recht in seiner kurzen Regierungszeit von 1796—1801 — deutliche Zeichen geistiger Erkrankung zeigte, hatte Alexander wohl den unausgeglichenen Charakter geerbt. Dazu kam folgendes: Alexander hatte von der Verschwörung der Gardeoffiziere gegen seinen Vater gewußt, hatte aber gemeint, daß die Verschwörer den Zaren nur zwingen würden, dem Thron zu entsagen. Nach dem Mord an seinem Vater fand Alexander nicht die Kraft, gegen die Mörder gerichtlich vorzugehen, weil er sich mitschuldig fühlte. Dieser Schatten eines Parricida, eines Vatermörders, begleitete ihn durch sein Leben. Auch machte ihn eine zunehmende Schwerhörigkeit, die er sich nicht merken lassen wollte, mißtrauisch. „Er blieb sein Leben lang verschlossen und ohne jede dauernde Anhänglichkeit", schreibt Pantenius vermutlich etwas einseitig. Sein Geschick wurde durch eine zu frühe Verheiratung durch seine energische Großmutter Katharina weiter belastet. Er war kaum siebzehn Jahre alt, als ihm die zwei Jahre jüngere Prinzessin Elisabeth von Baden angetraut wurde. Daß diese Ehe nicht glücklich wurde, darf nicht nur Alexander angelastet werden. Er trat später in ein ungesetzliches Verhältnis zu Maria Naryschkina, der polnischen Gattin eines russischen Aristokraten.

Die religiöse Erziehung Alexanders wurde bald in die Hand des schweizerischen Erziehers La Harpe gelegt. Welche Theologie dieser Aufklärer vertrat, zeigt folgender Satz, den er eines Tages seinem Schüler diktierte: „Jesus ist ein Jude, von dem die Sekte der Christen ihren Namen hat."

In dem Jahre 1812, als Napoleon seinen Feldzug nach Moskau antrat, kam es zu einer religiösen Erweckung des Zaren — offenbar durch seinen Jugendfreund, den Fürsten Golizyn. Wie weit diese Erweckung zu einer biblischen Bekehrung führte, wissen wir nicht. Die Historiker sprechen gerne von der „mystischen Veranlagung" Alexanders. Aber das war schon damals das allgemeine Stichwort der alten Aufklärer, mit dem sie die Erweckungsbewegung in den Jahrzehnten nach den napoleonischen Kriegen bezeichneten. Uns interessiert hier die für unser Thema wichtige Frage, wie weit Alexander den Einfluß des biblischen Evangeliums in Rußland förderte. Vier Momente fassen wir hierbei ins Auge:

1. der Einfluß des Fürsten Golizyn und seiner Freunde,
2. die Gründung der Russischen Bibelgesellschaft,
3. die Begegnung mit der Baronin Juliane von Kruedener, geborene Baronesse Vietinghoff,
4. die Berufung Johannes Evangelista Goßners nach Petersburg.

1. Der Einfluß des Fürsten Golizyn und seiner Freunde

Der Fürst *Alexander Nikolajewitsch Golizyn* (1773—1844) stammte aus einem alten russischen Adelsgeschlecht. Einer seiner Vorfahren war Erzieher Peters des Großen gewesen. Er selbst wurde im Pagencorps Katharinas der Großen erzogen. Seine gute Begabung führte dazu, daß er der Gespiele der beiden ältesten Enkel Katharinas, der Großfürsten Alexander und Konstantin, der Söhne Pauls, wurde. Es wird berichtet, Fürst Golizyn sei wie seine leichtfertigen Zeitgenossen in der Jugend ein Weltkind gewesen. Das Datum seiner Wendung zum Evangelium der Bibel läßt sich nicht feststellen. Seine spätere Frömmigkeit hatte jene überkonfessionelle Haltung, die für die Erweckungsbewegung kennzeichnend ist. Die orthodoxe Kirche fand dafür wenig Verständnis. Selbst der große russische Historiker Kljutschewski schreibt am Anfang unseres Jahrhunderts über Golizyn: „Ein gutherziger, bis zur Verzükkung gottesfürchtiger Mann, der aber keinen bestimmten Glauben hatte" (II 364). Ganz ähnlich reagierte die Leipziger Polizei, als Johannes Evangelista Goßner auf die Frage nach seinem Glauben antwortete: „Ich bin Christ." Der Beamte antwortete: „Das genügt nicht." Worauf Goßner sich auf die Bibel berief, was ihm aber wenig half, da der Beamte unter Glauben eine bestimmte juristisch feststellbare Konfession verstand.

Die Freundschaft Alexanders mit Golizyn stammt also schon aus ihrer Kinderzeit. Als Alexander fast noch als Knabe verheiratet wurde, wurde Golizyn, der vier Jahre älter war, sein Kammerjunker. Mit dreiundzwanzig Jahren war er bereits Kammerherr. Unter Zar Paul fiel er wie viele seiner Zeitgenossen in Ungnade; er zog nach Moskau und las viel Geschichte und ausländische Literatur.

Als Alexander 1801 den Zarenthron bestieg, berief er seinen Jugendfreund in den Staatsdienst. Zuerst hatte er nur unwichtige Posten. Als aber der Posten des Oberprokureurs des Allerheiligsten Synods frei wurde, machte Alexander ganz unerwartet seinen Freund zum Vorsitzenden, zum Vertreter des Zaren in der höchsten orthodoxen Kirchenbehörde. Es schien, als folgte er damit einer Laune. Golizyn wehrte sich vergeblich mit dem Hinweis auf seinen Standpunkt als Freigeist und Anhänger Voltaires.

Aber diese Berufung scheint zur Erweckung Golizyns geführt zu haben. Er vertiefte sich zum ersten Mal in seinem Leben in das Neue Testament, zog sich von den gesellschaftlichen Vergnügungen zurück und ergab sich mit Eifer seinem neuen Amt. Hier sorgte er für eine bessere Ausbildung der Priester und gründete drei theologische Akademien. Im Jahre 1810 wurde Golizyn Chef auch der neuen Oberverwaltung der geistlichen Angelegenheiten fremder Konfessionen. Damit hatte er sich auch mit den Belangen der lutherischen und reformierten Kirchen in Rußland abzugeben. 1818 schließlich wurde ihm das neu errichtete Ministerium für Kultus und Volksaufklärung unterstellt. Von seiner Stellung als Oberprokureur wurde er damals entbunden. Beamte, die mit ihm arbeiteten, lobten seine Sachlichkeit und Rechtschaffenheit. Selbst Widerspruch konnte er ertragen.

Obwohl Golizyn durch sein Amt voll ausgelastet war, wußte man von ihm, daß er inkognito Armenbesuche machte, um in der Stille Hilfe zu leisten. Frei vom Ehrgeiz und dabei von großem Fleiß, war er einer der angesehensten Minister Alexanders I. Er blieb unverheiratet. Da er des Deutschen mächtig war, schrieb er seine Briefe an die lutherischen Konsistorien der baltischen Ostseeprovinzen in deutscher Sprache.

Daß Golizyns lebendiges Christentum den weichen und religiös ansprechbaren Zaren besonders in der schweren Zeit der französischen Invasion tief beeindruckte, ist verständlich. Es wird erzählt:

„Eines Tages unterbrach der Kaiser seinen gewöhnlichen Spaziergang am Kai der Fontanka und betrat Golizyns Dienstwohnung. Auf dem Tisch im Arbeitskabinett des Fürsten, wohin sich der Kaiser begeben hatte, lag eine altslawische Bibel. Der Kaiser sprach über die trübe Stimmung, die ihn nicht verlasse. Zufällig griff er nach der Bibel, öffnete sie aufs Geratewohl und las den Psalm: ‚Wer unter dem Schirm des Höchsten sitzt und unter dem Schatten des Allmächtigen bleibt, der spricht zu dem Herrn: Meine Zuversicht und meine Burg, mein Gott, auf den ich hoffe.' (Ps. 91, 1)

Einige Zeit darauf fragte er die Kaiserin, seine Gemahlin, ob sie ihm eine Bibel leihen könne. Er begann darin zu lesen und erfuhr an sich selbst, welchen Trost und welche Erhebung ein bedrücktes Menschenherz aus dem Worte Gottes schöpfen könne." Diese Anekdote lesen wir in den Erinnerungen des Geheimrats Peter von Goetze, der ein Mitarbeiter Golizyns, also ein Zeitgenosse, war. Als einen Vertreter der Erweckung wird man ihn nicht bezeichnen können.

2. Die Gründung der Russischen Bibelgesellschaft

Seit der Gründung der Britischen und Ausländischen Bibelgesellschaft in London am 7. März 1804 kann man von einer wachsenden Bibelbewegung im erwachenden Europa sprechen. In fast allen protestantischen Ländern entstanden Bibelgesellschaften (in Deutschland wurden im Laufe eines Jahrzehnts folgende Bibelgesellschaften gegründet: die Nürnberger 1804; die Bergische 1804; die Berliner 1805; die Württembergische 1812 und die Sächsische 1814). Bis zum Jahre 1826 galten sie als Zweiggesellschaften der Britischen. Von da an wurden sie selbständig. An der Gründung der Russischen Bibelgesellschaft, der ersten in einem orthodoxen Kirchengebiet, hatte Pastor J. Patterson, der in Rußland stationierte Sekretär der Britischen, besonderen Anteil.

Es ist wohl mehr als ein seltsames Zusammentreffen, daß an jenem 6. Dezember 1812, an dem Napoleon in Wilna seinen Schlitten bestieg, um auf schnellstem Wege aus Rußland nach Paris zu fliehen, Alexander I. in Petersburg das Dekret unterzeichnete, das die Gründung einer Bibelgesellschaft in seinem Land befahl. In der Franzosennot war ihm das Bibelwort Trost und Kraft geworden. Der 91. Psalm hatte ihm die Tür zu dieser Lebensquelle geöffnet.

Mitglieder der neuen Gesellschaft waren zunächst einige Pastoren und interessierte Laien. An ihrer Spitze stand Alexander Golizyn. Im Jahre 1813 bekam sie ein kaiserliches Privileg, und 1814 wurde Golizyn ihr Präsident. Von nun an war auch die orthodoxe Staatskirche im Bibelkomitee vertreten, und zwar durch sämtliche Metropoliten, Erzbischöfe und Bischöfe. Außerdem gehörten ihm der armenische Bischof Johanne und der römisch-katholische Bischof Siestriencewicz-Bohnsz an, dieser allerdings unter ausdrücklicher Mißbilligung der Kurie.

An Mitteln fehlte es der Bibelgesellschaft nicht, denn sie wurde von Alexander I., wohl auch aus London, unterstützt. Die russischen Bibelausgaben in der alten kirchenslawischen Sprache wurden weiter durch den Allerheiligsten Synod gedruckt, doch die Bibelgesellschaft verkaufte sie zu verbilligten Preisen.

Als Alexander 1814 in London war, empfing er eine Abordnung der Britischen und Ausländischen Bibelgesellschaft. Ihr gegenüber erklärte er, daß „er die Bibelgesellschaft als die allerwohltätigste Institution anerkenne und sie für Rußland besonders notwendig sei" (nach Peter von Goetze). Nach seiner Heimkehr wünschte der Zar, daß neben der kirchenslawischen Ausgabe, die in den Gottesdiensten der orthodoxen Kirche weiterhin gebraucht werden sollte, eine moderne Übersetzung erschien, weil viele Russen die alte Sprache nicht mehr verständen und die Bibel deshalb nur mit äußerster Anstrengung lesen könnten. Dieser kaiserliche Wunsch erregte später Anstoß. Er war aber um so verständlicher, als der Patriarch von Konstantinopel die Übersetzung des Neuen Testamentes in das Neugriechische durch die Londoner Bibelgesellschaft warm begrüßt hatte. Diese Ausgabe verteilte die russische Bibelgesellschaft schon unter den zahlreichen Griechen in Südrußland. So machte sich auch der Allerheiligste Synod an die Arbeit, um den kaiserlichen Wunsch zu erfüllen. Der Archimandrit *Philaret,* der spätere Metropolit von Moskau, ein persönlicher Freund Golizyns, gehörte zur Übersetzungskommission.

In vielen Städten Rußlands bildeten sich nun Zweiggesellschaften, und obwohl die Bibelgesellschaft nur rund vierzehn Jahre bestand, hat sie in den relativ wenigen Jahren Großes geleistet. Sie gehört deshalb zu den wichtigsten Werken der Evangelisation in Rußland, und der russische Stundismus ist ohne sie nicht zu denken. Bei ihrem zehnjährigen Jubiläum, dem eine öffentliche Sitzung im Taurischen Palais unter Golizyns Vorsitz Gewicht verlieh, lag die Übersetzung des Neuen Testaments und des Psalters in neurussischer Sprache vor; außerdem Bibeln und Bibelteile — zum großen Teil in Rußland gedruckt — in finnisch, karelisch, estnisch (zwei Dialekte), georgisch, armenisch, türkisch (zwei Dialekte), samojedisch, tscheremissisch, tschuwasisch, persisch, kalmückisch, burätisch, tatarisch (drei Dialekte) und neubulgarisch, im ganzen in siebzehn Sprachen. Das war eine großartige Leistung!

Die weitere Arbeit wurde dadurch unterbrochen, daß im Jahre 1826 die Bibelgesellschaft durch den Zaren Nikolaus I., Alexanders jüngerem Bruder, unter dem nichtigen Vorwand, nun seien genug Bibeln gedruckt, geschlossen wurde. Erst dessen Sohn Alexander II. gründete sie 1863 neu, und zu seiner Zeit wurde die Übersetzung des ganzen Alten Testaments in das moderne Russisch vollendet. 1917 schlossen die Revolutionäre die Russische Bibelgesellschaft endgültig.

Zu den Freunden Golizyns, die diese Arbeit förderten, gehörte auch Graf *Lieven*, der Kurator der Dorpater Universität. Er hatte sich bemüht, die dortige theologische Fakultät mit Männern der deutschen Erweckungsbewegung zu besetzen, um den auch im Baltenland herrschenden Rationalismus zu überwinden. Ihm ist die Berufung des Theologen Ernst Sartorius zu danken, der ein Gegner des Rationalismus war und später Generalsuperintendent von Ostpreußen wurde. Dem Namen Lieven werden wir später noch begegnen, da diese Familie ein Jahrhundert lang Zeuge biblischen Evangeliums in Rußland gewesen ist.

Von Anfang an war es die Schwäche der Russischen Bibelgesellschaft, daß sie nicht wie im Westen von einer volkstümlichen Erweckungsbewegung, sondern von einem verhältnismäßig kleinen Kreis erweckter Aristokraten getragen wurde. Außer Golizyn und Lieven seien noch der Graf Kotschubei, Koschelew, Turgenjew, Adlerkreutz genannt. Wer Rußland und die russische Staatskirche kannte, den wundert es nicht, daß die Bibelbewegung und damit auch die Bibelgesellschaft von Anfang an mit einer starken Gegnerschaft zu rechnen hatte, der man nicht ohne weiteres bösen Willen zuschreiben darf. Da war zum Beispiel die Sorge des Admirals Schischkow, eines frommen Anhängers seiner orthodoxen Kirche. Er fürchtete, da fast die gesamte Bauernschaft, die zahlenmäßig den größten Teil der Bevölkerung ausmachte, aus Analphabeten bestand, die Verbreitung der Bibel könne einem wilden Sektenwesen Vorschub leisten, das in Rußland ja seit jeher große Verbreitung hatte. Für den frommen und konservativen gebildeten Russen galt die kirchenslawische Sprache als heilig. Nur in ihr dürfe man das Wort Gottes lesen und hören. Alle anderen Übersetzungen galten als böse Profanierung des Heiligen. Diese kirchliche Reaktion gegen die Bibelgesellschaft wirkte sich noch zu Lebzeiten Alexanders, also schon vor der Schließung durch Nikolaus I., aus.

So fremd braucht uns diese Auffassung nicht zu sein, da es vor nicht zu langer Zeit strenge deutsche Lutheraner gab, die selbst eine Revision des alten Luthertextes für unzulässig erklärten. Daß solche Opponenten innerhalb einer Priester- und Sakramentskirche noch viel zahlreicher waren, ist einleuchtend. So schloß Papst Pius VII. 1817 eine kleine katholische Bibelanstalt in Regensburg, die die Bibelübersetzungen von Wittmann, van Eß und Goßner verbreitete, und noch vor wenigen Jahrzehnten wurden die evangelischen Bibelgesellschaften mit dem Bannfluch des Papstes Leo XIII. bedacht. Daß sich heute gerade in der katholischen Kirche eine Bibelbewegung ausbreitet, ist eine staunenswerte Tatsache, der große Beachtung zukommt.

3. Der Einfluß der Baronin von Kruedener

Für das Verständnis der religiösen Entwicklung Alexanders I. ist es nötig, den Einfluß einer nicht unbedeutenden Frau auf den Kaiser zu beschreiben.

Juliane von Vietinghoff ist im Jahre 1764 als Tochter des Rittergutsbesitzers Baron Vietinghoff in Riga geboren. Sie ist durch ihre Mutter eine Enkelin des seinerzeit berühmten Generalfeldmarschalls Münnich, eines deutschblütigen Offiziers, der in der ersten Hälfte des 18. Jahrhunderts das russische Heer nach preußischem Muster umbildete. Als Achtzehnjährige wird Juliane gegen ihren Willen mit dem zwanzig Jahre älteren, bereits zweimal geschiedenen russischen Diplomaten Baron Kruedener verheiratet. An seiner Seite, wegen seiner vielen Dienstreisen aber oft lange von ihm getrennt, lebte sie in Kopenhagen, Venedig, Paris und anderswo wie ihre Zeitgenossen ein leichtsinniges Leben. Sie schildert es in ihrem Roman „Valerie" und wird dadurch weltberühmt. Entscheidend für sie wird das Gespräch mit einem Herrnhutischen Schuhmacher in Riga, der ihr neue Schuhe anmißt. Es macht ihr einen tiefen Eindruck, daß dieser Stille im Lande, der in Armut lebt, fröhlich sein Lebensglück im Glauben an Jesus Christus bekennen kann. Juliane kommt zu einer tiefen Lebensbuße und Umkehr. Mit der gleichen Entschlossenheit, mit der sie sich bisher dem Gesellschaftsleben hingegeben hatte, gibt sie ihr Leben nun ihrem neu gefundenen Herrn und sucht ihm an den Armen und Elenden zu dienen. Ihre soziale Wirksamkeit konzentriert sich auf Süddeutschland (Württemberg-Baden) und die Schweiz sowie das eigene ererbte Rittergut. Ihre Exaltiertheit und Unruhe brachten ihr viel Kritik, ja Anfeindungen ein. Ihr mangelte Menschenkenntnis, und so wurde sie von unlauteren Leuten ausgenutzt. Dennoch — sie wies als eine der ersten auf die großen sozialen Ungerechtigkeiten ihrer Zeit hin und forderte furchtlos die Regierungen auf, Hilfsaktionen einzuleiten. Sie selbst hat ihre gewiß nicht geringen Mittel restlos für die Armen verwendet. In einer Zeit, wo die Regierungen den nach den napoleonischen Kriegen grassierenden Hungersnöten ratlos und oft auch ungerührt gegenüberstanden, suchte sie unermüdlich das Gewissen der Besitzenden zu wecken, so daß sie als Kommunistin bezeichnet wurde. Doch ihre Appelle wurden überhört. Die Antwort bekam Europa im Jahre 1848 durch das kommunistische Manifest von Karl Marx und Friedrich Engels, dem ehemaligen Jünglingsvereinler aus dem frommen Wuppertal. Auch ihr Einfluß auf Alexander I. und ihr Mitwirken an der sogenannten „Heiligen Allianz" bringen ihr die Vorwürfe der Historiker ein. Heute im Zeitalter der Völkerbünde lernen wir jene Allianz objektiver zu bewerten.

Die erste Begegnung zwischen dem Zaren Alexander I. und der Baronin Kruedener erfolgte nach dem Wiener Kongreß. Getrieben, wie sie meinte, von Gottes Auftrag, erzwang die energische Frau eine Audienz bei Alexander in Heilbronn. Der Zar war auf dem Wege zu einer neuen Front gegen den nach der Verbannung auf die Insel Elba wieder in Frankreich gelandeten Napoleon. Nach dem ersten Gespräch darf sie Alexander nach Heidelberg begleiten. Schließlich finden wir sie in dem von den alliierten Truppen besetzten Paris. Es ist kaum zu bezweifeln, daß Juliane eine Lebensbeichte des Zaren zu hören bekommen hat, dessen Gewissen durch den Anschlag auf seinen Vater noch immer belastet war. Sie hat ihn mit Vollmacht auf den Heiland der Sünder hingewiesen. Der Gedanke, daß die Sieger über Napoleon, der damals weithin für das Urbild des Antichristen gehalten wurde, einen im Evangelium Jesu Christi begründeten Bund schließen sollten, wird von ihr angeregt worden sein. Diese „Heilige Allianz", der Zusammenschluß der drei Großmächte Rußland, Österreich und Preußen, hatte auf ewige Zeiten Kriege verhindern und der christlichen Liebe Bahn brechen sollen. Der ausgearbeitete Plan ist von Alexander vorgelegt worden. Es überrascht nicht, daß die „realpolitischen" Diplomaten diesen Plan als schwärmerisch verwarfen. Ob er aber nicht doch nüchterner war als der Friedensplan des humanistischen Schwärmers Woodrow Wilson nach 1918? Heute verlangen weite kirchliche Kreise wieder nach christlichen Maßstäben für die Völkerpolitik. Der Verfälscher der Heiligen Allianz war zweifellos Metternich, der bei Nikolaus I., dem Nachfolger Alexanders, ein offenes Ohr fand. Aus der Heiligen Allianz wurde so ein Hort der Reaktion.

Sicher hat Juliane von Kruedener Alexander für Jahre in seinem christlichen Glauben befestigt. Später öffnete er sich auch anderen Einflüssen. Und wenn sich sein Vertrauensverhältnis zu ihr abkühlte, so geschah das nicht ohne ihre Schuld. Nach all den Erfolgen, die Gott ihr geschenkt hatte, meinte sie, eine prophetische Gabe zu haben, und mischte sich in politische Fragen, die ihrem Urteil nicht unterlagen. Alexander verhielt sich ihr gegenüber bis zuletzt ritterlich. Nach ihrer schweren Erkrankung lud er sie auf die Krim ein, wo sie mit Freunden und Anhängern eine christliche Kolonie zu gründen hoffte. Dort starb sie Weihnachten 1824, bald nach ihrer Ankunft. Vor ihrem Tode gab sie reumütig zu, mit ihren prophetischen Aussagen oft eigenen Überlegungen gefolgt zu sein.

Viele fragen sich, ob diese acht bis neun Jahre im Leben Alexanders, die unter dem seelsorgerlichen Einfluß dieser Frau gestanden haben, nicht doch mit dem Rätsel zusammenhängen, das seinen Tod umgibt. Die Geschichte sagt, daß Alexander 1825, ein Jahr nach dem Tode Julianes, in Taganrog überraschend gestorben sei. Nach vielen Monaten wurde sein Sarg in Petersburg in der Peter-Pauls-Festung beigesetzt. Als die Bolschewisten nach der Revolution den Sarg Alexanders öffneten, fanden sie ihn leer. In der siebten Auflage des Baedekers für Rußland vom Jahre 1912 finden wir auf Seite 507 bei der Stadt Tomsk folgende Notiz: „Der durch seine Ähnlichkeit mit Alexander I. bekannte Asket Feodor Kusmitsch († 1861) liegt in dem 1605 gegründeten Alexejewskij-Mönchskloster begraben (im Tschistjakow'schen Haus an der Monastyrskaja wird noch die von ihm bewohnte Zelle gezeigt)." Es scheint, daß die kaiserliche Familie an die Identität dieses Asketen mit Alexander I. geglaubt hat. Sollte der Kaiser sich entschlossen haben, dem Thron zu entsagen und in sibirischer Einsamkeit den Frieden seiner Seele zu suchen, so hat er zweifellos nur wenige Mitwissende gehabt, und diese haben sich aus naheliegenden Gründen in tiefes Schweigen gehüllt. Das Für und Wider dieser Hypothese, die eine umfangreiche Literatur hervorrief, kann hier nicht erörtert werden.

4. Johannes Evangelista Goßner in Petersburg

Paul I. hatte in seiner kurzen Regierungszeit den katholischen Malteserorden, den Napoleon aus Malta vertrieben hatte, nach Petersburg eingeladen und ihm eine Kirche erbaut — einer der launenhaften Einfälle dieses wunderlichen Zaren. Als Alexander I., sein Sohn, vor der Notwendigkeit stand, einen katholischen Priester an diese Kirche zu berufen, lag ihm daran, einen Mann zu finden, der trotz seiner Zugehörigkeit zur römischen Kirche eine evangelische Verkündigung hatte.

In jenen Jahren lief eine breite Welle der Erweckung durch die Reihen der jungen Kapläne in Bayern. Sie war von Professor Johann Michael Sailer, dem späteren Bischof, und durch die Wirksamkeit des Priesters Martin Boos ausgelöst worden, der selbst durch das Zeugnis einer sterbenden alten Frau zum Glauben an die Rechtfertigung des Sünders durch Jesu Blut geführt worden war*). Aus dem Kreise dieser erweckten katholischen Priester, die mit den erweckten Evangelischen Kontakt hielten, berief Alexander I. im Jahre 1818 *Ignaz Lindl* (1774–1845) an die Malteserkirche. Zwei Jahre später wurde Lindl Propst in Odessa und gründete in Bessarabien die überkonfessionelle Gemeinde Sarata. Er erfüllte nicht alle Erwartungen, die man in Rußland an ihn stellte, wanderte nach Deutschland zurück und trat in Wuppertal der sogenannten Nazarenersekte bei, nachdem seine Hoffnung, eine Pfarrstelle in Korntal bei Stuttgart zu erhalten, nicht in Erfüllung gegangen war. Er war es, der als seinen Nachfolger an der Malteserkirche seinen Freund Johannes Evangelista Goßner empfahl, der wie er durch das Zeugnis von Martin Boos zum Glauben gekommen war und wohl als reifste Frucht dieser Priestererweckung gelten darf.

Goßner (1773–1858) ist eine der interessantesten Gestalten der Kirchengeschichte des neunzehnten Jahrhunderts. Der schwäbische Bauernsohn aus der Nähe Augsburgs studierte Theologie bei Sailer, dem späteren Bischof von Regensburg. Als junger Kaplan las er die Briefe von Martin Boos aus dem Priestergefängnis Göggingen. Goßner erlebte eine tiefe Erweckung und war seitdem ein reformatorischer Prediger und Seelsorger im katholischen Priesterrock. Während seiner Tätigkeit an der Münchener Frauenkirche entstand dort eine geistliche Bewegung, deren Funken bis nach Berlin flogen. Von dort besuchten ihn von Thadden-Trieglaff mit seinen Freunden, die Söhne des Berliner Hofpredigers Sack; auch Schleiermacher reiste nach München, wo Goßner in Privathäusern Bibelstunden hielt.

Eine Zeitlang vertrat Goßner Chr. Fr. Spittler als Sekretär der Christentumsgesellschaft in Basel. Er überlegte ernsthaft den Übertritt zur lutherischen Kirche. Aber der Nürnberger Erweckungspastor Schöner schrieb ihm: „Goßner, bleib, wo Du bist! Der lutherische Teufel ist eben-

---

*) Über diese bemerkenswerte Bewegung, die die katholische Kirche in Bayern in eine Krise führte, liegt heute eine ausführliche und objektive Schilderung aus der Feder eines Ettaler Benediktiners vor: Hildebrand Dussler OSB, Johann Michael Feneberg und die Allgäuer Erweckungsbewegung. Kempten 1959.

so schwarz wie der katholische." Das entsprach der für jene Zeit typischen unkonfessionellen Haltung. Ludwig Richter, der sächsische Maler, der selbst von Haus aus katholisch war, schrieb rückblickend: „Man lebte in einer Strömung, wo alle innerlich lebendigen Christen, Katholiken und Protestanten, sich über den aufgerichteten Zaun hinüber freundschaftlich die Hände reichten, und zwar nicht aus kühler Toleranz, sondern aus dem Gefühl des innigen Einsseins mit dem Einen, dem Heiland und Erlöser Aller" (Lebenserinnerungen, Seite 225).

Jesuitischer Einfluß vertrieb Goßner. Er wurde Religionslehrer in Düsseldorf, wo sich aber bald auch Schwierigkeiten ergaben. Dann kam im Jahre 1819 ein Brief des russischen Botschafters in Berlin, der seine Berufung an die Malteserkirche in Petersburg aussprach. Dort war Goßner nur vier Jahre lang, aber seine Wirkung war erstaunlich. Noch achtzig Jahre später lassen sich seine Spuren in Petersburg verfolgen.

„Es ist mir hier ein weites Tor für das Evangelium aufgetan", schrieb Goßner bald an seine Freunde in Deutschland. Jeden Sonntag hielt er nach der Messe eine evangelische Predigt. Da trafen sich unter seiner Kanzel die Vertreter vieler Völker des großen Zarenreichs; denn seit der Zeit Peters des Großen war es keine Seltenheit, daß man in Petersburg deutsch sprach und verstand. Auch hier war die konfessionelle Engigkeit gesprengt. Wo der Hunger nach dem Evangelium Jesu wach wird, da fallen Zäune und Mauern. Dafür war ja Fürst Golizyn ein Beispiel. Zu ihm paßte Goßner vorzüglich. Später werden sie gleichzeitig gestürzt.

Am 30. Juli 1820 hielt Goßner seine erste Predigt. Vier- bis fünfhundert Hörer füllten das kleine Kirchlein. Er hielt es hier wie in München: die mit Ernst Christ sein wollten, sammelte er in seiner Wohnung. Bald reichte seine Wohnung aber nicht mehr aus. So mieteten ihm seine Freunde ein Palais, in dessen Festsaal über tausend Personen Platz hatten. Hier hielt Goßner wöchentlich seine Bibelstunde. Man sagt, der Kaiser selbst habe zur Miete dieses Hauses beigetragen, obwohl er Goßner nie empfangen hat.

Goßners Einfluß reichte in Kürze über die zehntausend Deutschen, die in Petersburg wohnten, hinaus. Man glaubt nachweisen zu können, daß die Erweckungen in Finnland einen ihrer Quellorte in der Wirksamkeit Goßners haben. In Estland, der nächsten der baltischen Ostseeprovinzen, ist sein Einfluß erkennbar. Die bekannte Theologenfamilie Harnack stammt von einem Gliede seiner großen Personalgemeinde ab.

Außer dem Prediger der kleinen Herrnhuter Gemeine standen die lutherischen Pastoren Goßner meist ablehnend gegenüber, da sie noch von der Aufklärung bestimmt waren. Daß ihm die katholischen Dominikaner mißtrauten, lag näher.

Der regen privaten Geselligkeit im alten Petersburg entzog sich Goßner bewußt, wohl aber hielt er in vielen Privatwohnungen auf Einladungen hin Bibelbesprechungen. Bald entstanden auch nach „Baseler" Muster kleine Missionsstunden. In späteren Jahren hat Goßner für seine Missionsgesellschaft in Berlin, die er im Alter gründete und die heute noch besteht, von seinen alten Freunden an der Newa manche Missionsgabe empfangen.

Zweimal in der Woche gab er Jugendlichen Religionsstunden. Jeder Montag gehörte dem bis dahin geistlich vernachlässigten deutschen Armenhaus. Von Amtshandlungen dagegen hielt er sich ganz zurück, weil seine Amtsbrüder über seinen Einfluß nicht glücklich waren. Ausnahmen bildeten nur einige katholische Familien. Dann mußte er sich aber jedesmal das Einverständnis der Dominikaner erbitten, denn die Malteserkirche hatte keine Parochie.

Schon hier gab Goßner eine „Sammlung auserlesener Lieder von der erlösenden Liebe" heraus. Später wurde er ein in jeder Hinsicht fruchtbarer kirchlicher Schriftsteller. Das bekannte Schlußlied im evangelischen Gottesdienst: „Segne und behüte . . ." soll von ihm sein. Es gehörte zu den meist gesungenen Liedern in der lutherischen Kirche des Baltikums.

Trotz der Zurückhaltung Alexanders fand Goßner Eingang am Hof. Er schreibt: „Vor vierzehn Tagen war ich im kaiserlichen Prachtpalais zu Zarskoje Sselo, wo die Vornehmsten des Reiches — zwar nicht so viele — beisammen waren, und sie waren geradeso demütig und hungrig wie in der hölzernen Hütte. Der Herr hat hier ein großes Volk. Das ist mein Paradies." Und ein anderes Mal: „Es ist hier gut sein. Ein fruchtbarer Boden, ein großes, weites Feld, ja ein großes Tor, das den Eingang in einen ganzen Weltteil beinah öffnet." In seinem Seelsorgezimmer sah er nicht nur Russen, Ukrainer, Deutsche, Finnen, sondern auch je und dann Vertreter tatarischer und anderer asiatischer Völker, die zahlreich nach Petersburg kamen.

Diese so reich gesegnete Zeit währte nicht lange. Vor der Abreise nach Rußland hatte Goßner zu Martin Boos gesagt: „Ich will mir ein russisches Kreuz holen." Es dauerte keine fünf Jahre, da bekam er es in vollem Gewicht aufgelegt. Man sagt, daß der mächtige Graf Metternich, der Kanzler Österreichs und böse Geist der Reaktion in Europa, selbst die Hand im diplomatischen Spiel gehabt habe. Es paßte nicht in seine

Pläne, daß sich der Geist der Erweckung am russischen Hof, im Adel und im Bürgertum der Hauptstadt ausbreitete. Aber auch im Lande erstarkte die kirchliche Opposition, und schließlich ließ sich der Metropolit *Seraphim* zu einer dramatischen Szene hinreißen. Bei einer Audienz bat er den Kaiser kniefällig, nachdem er seine Bischofstiara vom Kopf genommen hatte, um die Entlassung Golizyns, um die Aufhebung des Ministeriums für geistliche Angelegenheiten und die Kontrolle der „schädlichen Bücher". Bei letzteren handelte es sich um einige aus dem Englischen übersetzte Bücher der Bibelgesellschaft und vor allem um Goßners Erklärung des Matthäusevangeliums, in dem die kirchlichen Zensoren Stellen fanden, die mit der orthodoxen Lehre nicht übereinstimmten.

Bei allen Vorbehalten gegenüber dem Charakter Alexanders überraschte es doch, daß er so schnell bereit war, den Forderungen Seraphims zu folgen. Die letzten Jahre des Zaren waren ohnehin von reaktionären Maßnahmen verdunkelt. Offenbar stand er in der Furcht vor einem revolutionären Umsturz, da er von den geheimen Vereinigungen junger Adliger und Offiziere wußte, die später zum Dekabristenaufstand führten. Seine liberalen Berater hatte er längst in die Wüste geschickt, unter anderem den hochbegabten Minister Speranski; er stand jetzt unter dem Einfluß Araktschejews, eines finsteren Autokraten, und verwandelte die Dörfer in Kasernen, was zu viel Verbitterung und stellenweise zu Revolten führte.

Mit dem Sturz Golizyns war auch Goßners Stellung untergraben. Am 19. April 1824 hält er seine letzte Predigt, die anderthalb Stunden dauert. Er ahnt das Ende seiner Petersburger Tätigkeit und bezeugt noch einmal vollmächtig Jesus und sein seligmachendes Blut. Er schließt mit Luthers Worten in Worms: „Hier stehe ich, Gott helfe mir, ich kann nicht anders. Amen."

Am folgenden Samstag bekommt er Predigtverbot. Am Sonntag trifft der Befehl des Generalgouverneurs ein, daß er spätestens am Mittwoch außer Landes gehen müsse. Keine Fürsprache hochgestellter Freunde hilft mehr. Der Zar soll ihm seinen eigenen Wagen zur Reise angeboten haben und reichliches Reisegeld. Goßner verzichtete auf den Wagen.

Zu den treuesten Anhängern Goßners gehörte die Familie des sehr bemittelten Kaufmanns Nottbeck. Dessen Tochter erzählte, wie sie als kleines Kind von der Mutter ans Fenster gehoben worden sei und die Mutter sagte: „Kind, sieh hinaus! So behandelt Rußland seine Propheten." Sie erinnerte sich, einen Mann im offenen Wagen vorbeifahren gesehen zu haben, und an viele Menschen, die am Straßenrand standen und ihm zuwinkten.

Am nächsten Sonntag war Goßners Kirche polizeilich geschlossen. Die orthodoxe Kirche veranstaltete ein Autodafé, d. h. sie verbrannte öffentlich Goßners Bild und seine Schriften. Die „Goßner-Gemeinde" aber blieb noch Jahrzehnte bestehen und sammelte sich in Privathäusern.

Aus der fleißigen Feder Goßners kamen noch viele Schriften — oft heimlich über die Grenze gebracht — zu seinen Freunden, die er sein Leben lang nicht vergessen hat. Trotz großer Erfolge in der späteren Arbeit hat Goßner selbst die wenigen Jahre in Petersburg als einen Höhepunkt seines Lebens angesehen. Adolf von Harnack, der große Gelehrte der Wilhelminischen Zeit, dessen Großvater in Petersburg ein Schneidergeschäft hatte und sich auch zu Goßner hielt, erzählt: „Unvergeßlich sind meinem Vater die Kindergottesdienste Goßners geblieben, obwohl er sie nur als kleiner Knabe besucht hat, denn Goßner verließ bereits im Jahre 1824 Petersburg wieder; aber sein Einfluß auf die Frömmigkeit des Hauses waltete fort, und mein Vater hat den seltenen Mann stets unter seine geistlichen Väter gerechnet, auch nachdem er sich zum strengen Lutheraner entwickelt und damit vom konfessionslosen Christentum Goßners weit entfernt hatte." Der Vater war später in Erlangen und Dorpat Professor der Praktischen Theologie.

Die Erweckungszeit in Petersburg war kurz — etwa von 1812—1824. Unter dem Nachfolger Alexanders I., während der dreißigjährigen Regierungszeit seines jüngeren Bruders Nikolaus I. (1825—1855), wurde die Russische Bibelgesellschaft verboten (1826); es folgte das Verbot jeglicher evangelischer Missionsarbeit, und dieses Verbot traf die Herrnhuter in Sarepta, schottische Missionare in Astrachan und Baseler Missionare im Kaukasus. Die Autokratie des Zaren, die Orthodoxie und der russische Nationalismus, die Stützen seines Staates, gingen an den Realitäten dieses Staates vorbei, der Millionen Andersgläubiger und Fremdstämmiger umfaßte: lutherische Finnen, Esten, Letten und Deutsche; katholische Polen und Litauer; buddhistische Kalmücken und viele Moslems im Kaukasus und in den asiatischen Provinzen. Aber nie haben Tyrannen Realitäten beachtet, und so legte Nikolaus I., der 1855 während des Krimkrieges gegen Frankreich und England starb, den Keim zur großen Revolution rund sechzig Jahre nach seinem Tode. Seitdem glich Rußland einem überheizten Kessel, an dem alle Sicherheitsventile verschraubt waren. Die Explosionen folgten in den nächsten Generationen Schlag auf Schlag: die Geschichte der revolutionären Bewegung begann mit dem Dekabristenaufstand der Gardeoffiziere bei der Thronbesteigung Nikolaus' I. und führte über viele bekannte und unbekannte Verschwörungen hin zu den rebellierenden Gruppen der Nihilisten, Narodniki, Anarchisten, Sozialrevolutionäre und Sozialisten aller Färbungen bis zum Siege Lenins und des Bolschewismus im Herbst 1917.

Diese hundert Jahre, die von der Erweckung bis zur bolschewistischen Revolution führen, sind nun der Hintergrund der in der zweiten Hälfte des vorigen Jahrhunderts entstehenden russischen Stundistenbewegung.

Obwohl die deutschen Bauernsiedlungen fast alle Privilegien verloren, bilden sie doch eine gewisse Ausnahme in der Unruhe jener Zeit. Ihre Kirchen blieben im großen und ganzen unangetastet, wenn sie auch nur geduldet blieben und obwohl niemand aus der Staatskirche in eine evangelische Kirche konvertieren durfte, alle Mischehen ihre Kinder der orthodoxen Staatskirche überlassen mußten und weiterhin den Evangelischen jede Mission und Evangelisation außerhalb der Grenzen ihrer Gemeinden verboten war.

Im Baltenland zog man die Schrauben fester. Estnischen und lettischen Bauern wurde versprochen, sie bekämen eigenes Land vom Zaren, wenn sie zur Staatskirche überträten. Wer dann den Werbern folgte, wartete vergeblich auf Land. Er war aber mit seiner Familie nun für alle Zeiten orthodox geworden.

Pastoren, die es wagten, Sterbenden mit solch einem bekümmerten Gewissen das Abendmahl zu reichen, riskierten Amt und Freiheit. So hatte bald über die Hälfte der Pastoren einen Prozeß am Halse.

Es wäre eine verlockende Aufgabe, den weiteren Einflüssen der Petersburger Bewegung unter den Völkern Rußlands nachzugehen. Wir können aber nur wenige, wenn auch lebendige Einflüsse, erkennen. Es stellt sich deshalb die Frage, weshalb wir diese Bewegung so eingehend hier schildern.

Wie wir später sehen werden, hat die russische „Stunde" ihren Ursprung in der schwäbischen „Stunde". Es ist jener tiefgreifende Einfluß schwäbischer Bauern in der Ukraine auf ihre russische Umwelt. Es erscheint uns reizvoll, aber auch wichtig zu sein, daneben den Verlauf der Petersburger Erweckung zu verfolgen, die unter den gleichen wechselnden Regierungszielen der verschiedenen Zaren sich sowohl nach Ursprung wie auch nach Verlauf so sehr von der Entwicklung im Süden unterscheidet. Wir werden diese beiden ungleichen Ströme später zu einer Bewegung zusammenfließen sehen, deren Leidensgeschichte wir heute mit verfolgen können. Deshalb sei hier noch einiges aus der Petersburger Erweckungsgeschichte nachgetragen.

Es kann nur vermutet werden, daß der baltische Maler Baron *Ludwig von Maydell* aus Dorpat, durch den Ludwig Richter in der Neujahrsnacht 1823 zum Glauben kam, eine Frucht von Goßners Wirken war. Sicher kann das von dem Theologen *Brehm* gesagt werden, der dem skeptischen jungen Emil Frommel aus theologischen Nöten herausgeholfen und ihm den Zugang zu Jesus geöffnet hatte. Sein helfendes Wort „Christus für uns! Christus in uns!" ist das bekannte Stichwort Goßners, das er seiner Biographie von Martin Boos voransetzte. Brehm stammte aus Petersburg und ist dort jung gestorben.

Einer der ungewöhnlichsten Männer dieses Kreises war der polnische Graf *Felician Zaremba* (1794–1874). Nach seinem Studium kam er, ein Kind der Aufklärung, voll religiöser Fragen nach Petersburg. Hier wurde der reformierte Pole durch seinen baltischen Studienfreund von Trompowsky aus Riga mit der Bibel bekannt und erfuhr eine gründliche Umkehr. Seine Lebensgeschichte gleicht dann einem Roman. Er gibt die diplomatische Laufbahn auf, wird Baseler Missionar und läßt sich als solcher in den Kaukasus senden. 1821 kommt er wieder nach Petersburg, wo er von Alexander I. in Audienz empfangen wird. Hier hält er sich neun Monate auf. Es ist als sicher anzunehmen, daß er Goßner predigen hörte und in Verbindung zu ihm trat. Bis 1835 konnte Zaremba — mit einer längeren Unterbrechung — im Kaukasus arbeiten, bis das Verbot Nikolaus' I. der Baseler Arbeit ein Ende setzte. Die durch Zaremba entstandene lutherische Armeniergemeinde in Schemacha zwischen Tiflis und Baku bestand noch im zwanzigsten Jahrhundert.

V. EDUARD WÜST

Anscheinend ohne Zusammenhang mit all diesem Geschehen stand die reiche Wirksamkeit von *Eduard Wüst* (1818–1859). Er hatte im Süden Rußlands ähnliche Geisteswirkungen gehabt wie Goßner im Norden. Seine Tätigkeit fiel in die Regierungszeit Nikolaus' I. mit dessen verhängnisvoller Parole: Ein Zar, ein Volk, ein Glaube. Goßner, der in Petersburg unter den Augen des Zaren lebte, hatte gehen müssen.

Eduard Wüst, weit weg im Süden des Reiches, entfaltete eine reiche Tätigkeit trotz dieses dem Evangelium feindlichen Regimes.

Wüst war der Sohn eines schwäbischen Bäckers und Gastwirts in Murrhardt, einem kleinen Landstädtchen im Schwäbischen Walde. Er war am 23. 2. 1818 geboren, gehörte also einer späteren Generation als Goßner an, starb allerdings schon mit 41 Jahren — nur ein Jahr nach Goßner, der das hohe Alter von 84 Jahren erreichte. Aus frommem Hause stammend, verlor Wüst mit sieben Jahren den Vater. Die Familie wollte, daß er Pfarrer wurde, doch er zeigte wenig Interesse. Bei der Aufnahmeprüfung in das Tübinger Stift, das für Theologen ein reiches Stipendium hat, fällt er durch. Der freie Student verfällt in Tübingen dem Leichtsinn und wird ein Sorgenkind der Familie. Unter vielen Schwierigkeiten schafft er schließlich sein Examen. 1844 ist er Vikar in Bad Rietenau bei Backnang und wird hier in der „Stunde" der Hahnischen Brüder zu persönlichem Glaubensleben erweckt. Nun kommt er durch seine lebendigen Predigten und treuen Hausbesuche, die in vielen Häusern das Glaubensfeuer entfachen, in Konflikt mit den Pfarrern. Aus den benachbarten Gemeinden, deren Pfarrer der „Stunde" nicht wohl gesinnt sind, besuchen Gemeindeglieder seine Predigten und Stunden. Die unbegründeten Klagen beim Konsistorium führen zur Entlassung des Vikars, der längere Zeit ohne Beschäftigung bleibt. Durch den Methodistenmissionar Müller in Winnenden wird Wüst in seinem Glauben befestigt und bestätigt.

Danach führte ihn Gott seiner Aufgabe zu: Die württembergischen Auswanderer am Asowschen Meer hatten geglaubt, ohne Pfarrer auskommen und sich mit Laienpredigern begnügen zu können. Aber es ging ihnen wie dem bekannten Jürn Jakob Swehn in Amerika, und nun wandten sie sich an Wilhelm Hoffmann, den Vorsteher der von ihm selbst in Korntal bei Stuttgart gegründeten Evangelischen Brüdergemeinde, mit der Bitte, ihnen einen passenden Pfarrer zu senden. Wüst war nach Rücksprache mit Hoffmann bereit. Im Sommer 1845 machte er die beschwerliche Reise in den Osten und traf nach vier Wochen in Odessa ein. Schon bald fand er Gemeinschaft sowohl bei den sogenannten Separatisten — so hießen früher die Pietisten, die der Kirche den Rücken kehrten — wie bei den lutherischen Siedlern. In der Kolonie Neuhoffnung hatte er seine Predigtstätte. Vierzehn Jahre hat Wüst hier gewirkt, bis er im Juli 1859 von seinem Herrn abgerufen wurde.

Er hatte die Gabe der Bußpredigt. Bald kam es zu einer Erweckung. Hin und her entstanden Gebets- und Bibelkreise. Der Branntweingenuß wurde erfolgreich bekämpft. In ihrer Sündennot kamen die Menschen zu ihrem Pfarrer, um zu beichten. Das war kein Platzregen, der sich schnell verläuft, sondern ein segnender Landregen. Bis 1859 konnte man drei Wellen immer neuer Glaubensbewegungen erkennen. Überall spürte man wieder christliche Sitte und Ordnung. Dreimal täglich las der Hausvater am Tisch ein Kapitel aus der Bibel und schloß mit freiem Gebet. An der sonntäglichen Kinderlehre nahmen viele Erwachsene teil, und am Sonntagabend sammelte sich die „Stunde" mit freier Aussprache über dem Bibelwort. Allmonatlich war Missionsstunde. Liebesmahle und Psalmenbetrachtungen wechselten einander ab.

Hier im Süden wurde ähnlich wie durch die Herrnhuter Sareptas in den Wolgakolonien ein Glaubensgrund gelegt, der der später hereinbrechenden Not standhielt. Unter den verschleppten deutschen Kolonisten in Sibirien und Turkestan gibt es auch heute unter bolschewistischer Herrschaft noch Hunderte von Hausgemeinschaften um die Bibel. Als damals in den benachbarten Russendörfern Epidemien ausbrachen, sorgte Wüst dafür, daß die Russenkinder von den deutschen Nachbarn unentgeltlich Milch bekamen. Und als 1852 in Württemberg Mißernte war, organisierte er eine Hilfsaktion fürs Mutterland. Neue Kirchen wurden gebaut. Strenge Gemeindezucht sorgte dafür, daß die staatlichen Behörden jahrelang in diesen Kolonien keine Strafsachen hatten. Im Krimkrieg schuf Wüst Hilfe für die verarmten Judendörfer der Nachbarschaft und vermittelte den tatarischen Moslim auf der Krim das nötige Saatgut. Hier zeigte der Pietismus aufs neue, daß er sich der sozialen Verantwortung weit über die Grenze von Kirche und Volk bewußt war.

Wüst wurde auch in die neu entstandenen mennonitischen Nachbargemeinden gerufen. Hier entstand durch seinen Dienst jene Erweckung, aus der die sogenannte *Mennonitische Brüdergemeinde* hervorging, die über ein Jahrhundert in Europa und in Übersee die erweckten Gemeindeglieder sammelte. Es ist wahrscheinlich, daß diese Gründung auf den Rat Wüsts zurückging, der ja von der Brüdergemeinde in Korntal nach Rußland geschickt worden war, die ihrerseits eine Sammlung Erweckter aus der württembergischen Landeskirche war. Die Korntaler wiederum hatten in mancher Beziehung die Herrnhutische Brüdergemeine zum Vorbild. So entstand im Laufe der Jahrhunderte eine fruchtbare Ernte aus der einst in Mähren entstandenen „unio fratrum", dem Bund der Brüder, der in der Hussitischen Bewegung seine Wurzel hatte. In diesen Brüdergemeinden suchte man weniger die große Organisation als vielmehr die Gemeinschaft von Brüdern im Glauben, im Gebet und im Dienst. Bruderliebe trieb Wüst im Jahre 1849 nach Petersburg, um dort mit den Erweckten Gemeinschaft zu haben. Er reiste weiter nach Reval, wo er an der alten Olaikirche Pastor Huhn besuchte, der hier im ähnlichen Segen wirkte wie Wüst im Süden Rußlands. Der unvergeßliche Dienst Huhns wurde nach Jahrzehnten fortgesetzt durch Traugott Hahn d. Ä. Es ist beweglich zu sehen, wie die weiten Entfernungen Rußlands nicht hinderten, daß die Brüder einander suchten und fanden. Im übrigen blieb Wüst im Süden, bereiste auch die Krim, wo er in Simferopol predigte und für gegenseitige „Brüderbesuche" sorgte, wie sie noch heute bei den Gemeinschaften in Württemberg im Schwange sind. Kampflos blieb Wüsts Tätigkeit auch hier nicht. Es bleibt bei der Erfahrung des Apostels Paulus, der den Korinthern schreibt: „Mir ist eine große Tür aufgetan, die viel Frucht wirkt — und es sind viel Widersacher da" (1. Kor. 16, 9).

Als Samuel Keller im Jahre 1880 — über zwanzig Jahre nach Wüsts Tod — seine erste Pfarrstelle im Süden Rußlands erhielt, stieß er noch auf sichtbare Spuren von dessen Wirksamkeit. Und als er später auf der Krim Dienst tat, lernte er in seinem großen Kirchspiel zwei Gemeinden kennen, die er die „bekehrten" Dörfer oder die „Brüderdörfer" nannte. Diese stammten noch aus der Tätigkeit Wüsts, dessen Bild noch in manchem Kolonistenhaus hing, bis alle diese Siedlungen im zweiten Weltkrieg zerstört wurden.

Es bleibt auch hier die Frage: Wie weit wirkten diese Bewegungen über die Grenzen der deutschsprachigen evangelischen Gemeinden hinaus? Noch immer war den Ansiedlern alle missionarisch-evangelistische Tätigkeit unter den Gliedern der orthodoxen Staatskirche bei strengster Strafe verboten. Selbst Keller mußte aus Rußland fliehen, weil ihm um seiner erfolgreichen Predigttätigkeit willen, die über die Ufer seiner Gemeinde hinauswirkte, die Verbannung nach Sibirien drohte.

Aus jener ersten Zeit lassen sich sichtbare Spuren unter den Russen nicht nachweisen. Wohl gab es im Süden sogenannte „evangelische" russische Sekten, das heißt solche, die gewisse Ähnlichkeiten mit der evangelischen Kirche aufwiesen. Dazu gehörten vor allem die Molokanen („Milchtrinker"), eine Gemeinschaft, die sich mit der Bibel begnügte, aber derart ausschließlich, daß sie sich gegen ihre Umwelt abschloß und nicht missionierte. Später wird auch diese Gruppe erweckt; aber nicht durch die Deutschen, sondern durch einen bekehrten Perser. Sie scheinen zu Wüst keine Beziehung gehabt zu haben. Wir wissen nicht einmal, ob Eduard Wüst Johannes Bonekemper in Rohrbach bei Odessa persönlich gekannt hat, obwohl sie beide gleichzeitig wirkten. Doch lag das Arbeitsfeld Wüsts weit östlicher.

B. Der Stundismus
bis zur bolschewistischen Revolution

I. DIE WURZELN DES RUSSISCHEN STUNDISMUS

Alle bisher aufgezeigten Einflüsse des Evangeliums im großen weiten Reich des Ostens scheinen nur vorübergehend und vereinzelt wirksam gewesen zu sein. Ob und wieweit sie zu der Erweckung der russischen Bauern in der zweiten Hälfte des neunzehnten Jahrhunderts beigetragen haben, entzieht sich bisher unserer Kenntnis. Für die nun folgenden Entwicklungen bilden sie aber den Hintergrund, den man kennen muß, um die späteren Ereignisse zu verstehen.

Unter dem Sammelnamen „Stundismus" verstehen wir die große *Bewegung unter Ukrainern und Russen* (zum Teil auch unter den benachbarten Völkern) *in der zweiten Hälfte des vorigen Jahrhunderts*, als deren Erben uns heute in der Sowjetunion der „Allsowjetische Bund der Evangeliumschristen/Baptisten" begegnet. Im engeren Sinn ist der Stundismus eine *in der russischen Ukraine entstandene Erweckungsbewegung unter Ukrainern und Russen*, die ihren direkten Ursprung in der sogenannten „Stunde" der in einer neuen Bewegung erweckten deutschen Bauern in Südrußland hatte. Diese Bewegung ging von dem Ort Rohrbach aus und hatte dort ihren Höhepunkt in den Jahren 1835—46. Aus dieser Gemeinschafts-„Stunde" wurde die Bezeichnung, die ursprünglich ein Spottname gewesen sein mag, als Fremdwort ins Russische übernommen.

Dieser Einbruch des biblisch-reformatorischen Evangeliums in den zum Zarenreich gehörenden Teil der Ukraine erfolgte mit einer solchen Dynamik, daß es vielen wie ein Wunder erscheint. Trotz starken Widerstands breitete sich die Bewegung von dem Gebiet zwischen dem Dnjepr und der Ostgrenze von Bessarabien erstaunlich schnell nach Norden und Osten aus. Selten hat eine Erweckung einen so schnellen Lauf genommen.

Die orthodoxe Kirche hatte den religiösen Hunger unter Ukrainern und Russen nicht stillen können. Darauf ließen schon früher die unzähligen Sekten verschiedenster Art schließen — mystische und rationale, ekstatische und politische, moralische und schwärmerische. Dazu kam die unglückliche Verknüpfung von Glaube und Politik, Religion und Nationalismus. Und immer vertrat die Staatskirche die Staatspolitik des Zaren. Dies war das Erbe von Byzanz. Dabei war die Kirche zum Büttel des Staates geworden und die staatliche Polizei zum ausführenden Organ der Kirche.

Unter diesen Verhältnissen hat der nun entstehende Stundismus schwer leiden müssen. Es waren dieselben Leiden, denen die alten Raskolniki zur Zeit Nikons im siebzehnten Jahrhundert ausgesetzt waren. Nun sollte eine evangelische Bewegung, die zunächst nichts anderes sein wollte als eine innerkirchliche Gemeinschaftsbewegung, denselben Leidensweg gehen. (Die evangelischen Staatskirchen, die aus den Landeskirchen der Reformation entstanden, waren gewiß auch Fehlentwicklungen. Aber ihre Rechte sind mit dem Herrschaftsanspruch der zaristischen Kirche kaum zu vergleichen. Diese Tatsache müssen wir im Auge behalten, um das Martyrium der Stundisten unter Alexander III. und Nikolaus II. zur Zeit des Oberprokureurs des Allerheiligsten Synods, Konstantin Petrowitsch Pobjedonoszew, einigermaßen zu verstehen.)

Die von Rohrbach ausgehende Bibelbewegung war eine der drei Quellen, denen die große evangelische Bibelbewegung, die heute den so breiten Strom der Evangeliums-Christen-Baptisten in der Sowjetunion bildet, entsprang.

Die zweite Quelle war der deutsche Baptismus: *Johann Gerhard Oncken* (1800—1884), Gründer der deutschen Baptistengemeinden und Prediger in Hamburg, sandte baptistische Handwerker nach Rußland, die durch ihr Zeugnis wirken sollten, da das Gesetz jede andere Art Mission unterband. Oncken selbst war auch einige Male nach Rußland gereist, und sein Bote Kalweit hatte in Tiflis die erste slawische Baptistengemeinde gegründet, von der starke Wirkungen bis weit in den Norden ausgingen. Wir werden sie Seite 97 ff. eingehender schildern.

Die dritte Quelle war jene zweite Bewegung in Petersburg, die durch die Salonbibelstunden des englischen Lords *G. A. W. Radstock* (1833—1913) entstanden war. Der Evangelist gehörte zu den sogenannten „offenen Brüdern“ („open brethren“), zu denen auch der bekannte Georg Müller in Bristol und Dr. Baedeker gehörten, Radstocks später für Rußland so bedeutsam gewordener Freund, der sich in einer Evangelisation Radstocks bekehrt hatte. Wieder war es wie in den Jahren 1812—24 ein kleiner Kreis, der sich aus dem Adel, hohen Beamten und der Hofgesellschaft zusammensetzte und über bedeutende Mittel verfügte, die bereitwillig in den Dienst der Sache Christi gestellt wurden.

Mit diesen drei Quellorten ist gewiß noch nicht alles gesagt. Es muß auf die missionsfreudige mennonitische Brüdergemeinde hingewiesen werden, die durch Eduard Wüsts Tätigkeit entstanden war. Wir werden auch einige Einzelpersonen nennen müssen, durch die Gott diese Bewegung förderte. Dazu kommen die vielen Namenlosen, Unbekannten, die die Sache Gottes entscheidend weitergetrieben haben.

1. Die Stunde in Rohrbach

Pastor *Hermann Dalton*, von 1858—1888 Pastor der deutschen reformierten Gemeinde in Petersburg, hatte als solcher auch einige reformierte Kolonistengemeinden in Südrußland zu inspizieren, zu denen die Gemeinde Rohrbach, nördlich von Odessa, gehörte. Dalton selbst stand den Stundisten mit brüderlicher Liebe bei, einer der wenigen, der sie in ihrer schwersten Leidenszeit öffentlich verteidigte. Von ihm haben wir einen Bericht über den russischen Stundismus, der zu den besten Quellen über diese erste Zeit gehört und den wir dem folgenden Abschnitt unter Ergänzung durch andere Quellen zugrunde legen.

Die von Gott erwählten Werkzeuge in Rohrbach waren die beiden Pastoren *Johannes Bonekemper* und sein Sohn Karl. Johannes, der Vater, war 1795 in Nümbrecht im oberbergischen Kreis des Rheinlands geboren. Er stammte aus einer armen Familie, verlor früh seine beiden Eltern und hatte, da er schon als kleiner Junge für sich sorgen mußte, nur eine dürftige Schulbildung. Er kam zu einem Schmiedemeister in Elberfeld in die Lehre. Hier war damals Erweckungszeit, aber Johannes Bonekemper bekannte später, daß er die Frommen gehaßt habe. Und dann wurde der junge Schmiedelehrling gerade durch eine Frau, über die er sich wegen ihres Glaubens lustig machen wollte, für Jesus gewonnen. Er schreibt: „Unser Herr wollte sie brauchen als Werkzeug an meiner unsterblichen Seele." Nach seiner Soldatenzeit wurde er Mitglied im Jünglingsverein von Pastor Döring. Hier hörte er von den deutschen Auswanderern nach Südrußland, und hier erreichte ihn auch der Ruf seines Herrn zum Dienst. Daraufhin meldete sich Bonekemper nach Basel, wo fünf Jahre vorher (1816) die Missionsschule eröffnet worden war. Dort schickte man ihn für ein Vierteljahr nach Ifferten zu Pestalozzi, der seine Eignung prüfen sollte und feststellte, daß Bonekemper ganz erhebliche Begabungen hatte; er würde die großen Lücken in seiner Schulbildung schnell ausfüllen. Im Oktober 1821 wurde er in die Missionsschule in Basel aufgenommen, wo er zweieinhalb Jahre intensiv lernte, unter anderem auch die englische Sprache. In Lörrach wurde er 1824 ordiniert, und schon am Tage darauf war er auf der Reise nach Rohrbach bei Odessa, wohin er berufen worden war. Zweitausendfünfhundert Gemeindeglieder gehörten zu seiner Parochie. Außer dem Pfarrdorf Rohrbach waren es die Siedlungen Worms, Johannesthal, Friedrichsthal, Waterloo, Stuttgart und Julienfeld — alle anderthalb bis zweieinhalb Stunden Wegs entfernt. Dazu kamen noch einige verstreute evangelische Deutsche in den nächsten drei Städten: Wosnessensk, das acht Stunden entfernt war, Nikolajew 75 Kilometer, und die Gouvernementsstadt Chersson, zu der er 150 Kilometer weit fahren mußte. Dies alles war für einen Anfänger eine ungeheure Aufgabe. Hier nun hatte Johannes Bonekemper 24 Jahre lang — bis 1848 — gewirkt. Der Zustand der Gemeinde war böse. Sie war total verwildert. Trunksucht und Sittenlosigkeit hatten sich breit gemacht, und die Schule war verwahrlost. Aber Gott benutzte die fleißige Arbeit Bonekempers, der bei der Jugend einsetzte und bald auch Gemeindebibelstunden einführte, zu einer Erweckung. Sie hatte in den Jahren 1835—46 ihren Höhepunkt.

Johannes Bonekemper wurde einer der Schlüsselgestalten der stundistischen Erweckung, und Rohrbach war für ein Jahrzehnt bei den Behörden und bei der orthodoxen Kirche ihr vielgenannter Ursprungsort. Hier holten sich die erweckten Ukrainer ihre ersten Erkenntnisse und auch Rat in den ersten Nöten und Schwierigkeiten. Wir verdanken es dem späteren Pastor in Rohrbach, Heinrich Roemmich, daß er uns die Geschichte der Rohrbacher Gemeinde unter Hinzuziehung der Tagebücher Johannes Bonekempers aufzeichnete.

Rohrbach war 1810 zusammen mit der Kolonie Worms von elsäßischen, pfälzischen, badischen und einigen württembergischen Einwanderern gegründet worden. Reformierte und Lutheraner hatten sich zu einer „evangelischen Gemeinde" zusammengeschlossen, eine der ältesten deutschen Gemeinden in der Nähe Odessas.

Von 1812—14 hatte Pastor *Hübner* hier amtiert und über den sittlichen Tiefstand der Gemeinde geklagt, die in ihren ersten Jahren ohne Pfarrer gewesen war. Armut, Mißernten, die völlig unzureichenden Wohnungen in Erdhütten (sogenannten „Semljanki") leisteten der Verwahrlosung Vorschub. Hübner schreibt: „Trotz der vielen Heimsuchungen konnte der Sittenlosigkeit nicht genügend Einhalt geboten werden. Die wenigsten achteten auf die züchtigende Hand Gottes zu ihrem Wohle.

Wer sich im Taumel der Verschwendung in der Macht berauschender Getränke auszeichnete, durfte darauf rechnen und auch stolz sein, bei seinen Brüdern Beifall zu gewinnen, die im Schatten der Branntweinlokale ihre Hände ausruhen ließen, unbekümmert um das Wohl ihrer Nachkömmlinge ... Die Jugend war ausschweifend herangewachsen. Die meisten lernten kaum lesen."

Zehn Jahre später, als Johannes Bonekemper 1824 nach Rohrbach kam, sah es nicht anders aus. Und trotz vieler Mühen des jungen neuen Pastors änderte sich in den ersten vier Jahren nichts. Zwar gab es in einigen Häusern kleine Erbauungsstunden, zumal 1817 neue Siedler aus Württemberg hinzu gekommen waren. Bonekemper schreibt in seinem Tagebuch:

„Daß es dabei mein Wunsch und Verlangen war, nicht bloß den einen oder den andern, sondern alle gerettet zu sehen, weiß niemand besser als Gott und ich. Aber daß ich diesen Wunsch bis jetzt nicht in Erfüllung gehen sah, sondern fast bei allen ein tägliches Schlimmerwerden wahrnehmen mußte, und wieviel Unruhe, Kummer und Sorge darüber mein Herz gefühlt hat, das weiß ebenfalls niemand besser als Gott und ich."

Im fünften Jahr seines Dienstes begann dann Gottes Geist zu wehen. Am 10. März 1829 kann Bonekemper in sein Tagebuch schreiben:

„Seit einem Vierteljahr werden unsere gewöhnlichen Sonn- und Festtagsgottesdienste ungewöhnlich fleißig und zahlreich besucht, wie auch die seit dieser Zeit hier eingeführten Wochen-Katechismuspredigten über unser Erwarten von vielen andächtig angehört werden. Noch mehr gefragt aber sind die privaten Erbauungsstunden ... Schon seit vierzehn Tagen werde ich von verschiedenen Personen teils bei Tag, teils bei Nacht (aber besser am Abend, wie Nikodemus tat aus Furcht vor den Juden) besucht. Bei diesen Besuchen klagen mir diese Personen ihre Angst, Not und Seelengefahr und fragen mich bittend, was sie tun müssen, um selig zu werden."

Es ist kirchengeschichtlich interessant, daß gleichzeitig in Berlin und in Pommern, in Württemberg und in Wuppertal, in Hamburg und Bremen fast wörtlich Gleiches berichtet wird. Der Geist Gottes, der die Gewissen erweckt, weht durch ganz Europa — eine Erscheinung, die rational nicht zu erklären ist. Bonekemper berichtet in seinem Tagebuch ausführlich von diesen seelsorgerlichen Begegnungen und seinen Gesprächen. Wir bringen hier einige, die besonders charakteristisch sind:

Eine Frau hört bei einer Beerdigung das Wort aus Jes. 26, 2: „Tut die Tore auf, daß hereingehe das gerechte Volk, das den Glauben bewahrt!"

Voll Schrecken bekennt sie, daß sie nicht zum gerechten Volk gehöre, weil sie den Glauben nicht bewahrt habe. Schon tags darauf kommt ihr Mann: Er könne die Unruhe nicht mehr ertragen! Er sei schon einige Male unterwegs zum Pastor gewesen, sei aber stets umgekehrt. Bald darauf kommt ein Mann, der mit einem, der acht Jahre lang Soldat gewesen war, einem rohen und gottlosen Mann, fleißig in der Bibel gelesen hat. Er habe die Predigt vom viererlei Acker gehört und fürchte, zum schlechten Lande zu gehören. Bald kommt auch sein Genosse und bekennt, er sei schon seit Jahren im Kampf mit Fleischessünden, Welt und Teufel. Aber nun liest er mit vielen Besuchern aus Arndts „Wahrem Christentum" und singt und betet mit ihnen! Ein eben konfirmierter Knabe meinte, einen Meineid getan zu haben, weil er sein Konfirmationsgelübde nicht hielt. Nun ist er traurig über seine „Hartherzigkeit" im Unterricht.

Die Gegnerschaft läßt nicht auf sich warten. Bei einer Beerdigung hatte Bonekemper über den Wandel im Licht und den Wandel in der Finsternis gesprochen. Da werde auch von denen geredet, die in den Branntweinhäusern säßen. Daraufhin erging sich der Schankwirt in Schmähreden gegen Bonekemper. Doch auch dieser Mann wurde von der Erweckung erfaßt. Tag und Nacht war die Tür des Pastorats den Heilsverlangenden geöffnet.

Am 29. März 1829 schreibt Johannes Bonekemper in sein Tagebuch:

„Ungeachtet dessen, daß es in dergleichen privaten Amtsgeschäften auch viel Unangenehmes gibt, macht es mir im allgemeinen doch recht viel Freude und Vergnügen, denn es sind Herzenssachen."

Aus der Nachbarschaft kamen andere evangelische Pastoren, um sich mit Bonekemper auszusprechen. Einer von ihnen, der an schweren Depressionen litt und für einige Tage sein Gast war, bekannte, er habe in zehn Jahren noch nicht so ruhige Tage und Nächte gehabt wie im Hause Bonekempers! Bonekemper schreibt am 24. April 1829 in sein Tagebuch:

„O Gott, errette doch um des seligen vergossenen Blutes willen und um deiner Verheißung willen seine arme Seele aus aller Gewalt und Gefahr zu deinem Lob und Preis. Amen."

Immer wies Bonekemper in seiner Seelsorge auf das rechte Verhältnis zu Jesus und auf die Notwendigkeit einer Wiedergeburt hin. Er wußte auch Gäste, die durchreisten, auf das Eine, was not tut, hinzuweisen. Manch einer war beeindruckt von seinem Glauben und Bekenntnis, auch von seiner seelsorgerlichen Erfahrung.

Um das Versammlungswesen, das sich verstärkte, vor den im Süden Rußlands verbreiteten Sekten zu schützen, verlegte er die Versammlungen ins Schulhaus, wählte einen Brüderrat von acht Männern und erarbeitete mit ihnen eine Verordnung über die „Stunden". Drei Männer wurden zu Vorstehern gewählt. Nach einer Ansprache vor den zahlreichen Mitliedern über Hebr. 10, 19—25 wurde die Verordnung verlesen und innerhalb einer Woche von den Teilnehmern unterschrieben. Es waren etwa hundert Glieder. Eine große Hilfe für den Pastor war ein gläubiger Lehrer Eberhard in der Siedlung Worms, der dort die Stunde leitete.

1832 wurden die konfessionellen Verhältnisse durch Nikolaus I., der auch in solchen Fragen autokratisch regierte, verändert. Die Kirchenordnung der lutherischen Kirche in Livland wurde auf die Gemeinden der Kolonisten übertragen, obwohl z. B. den ehemaligen Württembergern die liturgische Form in den Gottesdiensten unbekannt war. Brenz, der Reformator Württembergs und enger Freund Luthers, hatte nicht wie dieser den sonntäglichen Meßgottesdienst unter gewissen Veränderungen übernommen, sondern den schlichten Wochengottesdienst. Trotz des lutherischen Bekenntnisses hat daher die Kirche Württembergs bis heute einen Gottesdienst, der mehr der reformierten Schweizer Form ähnelt. Nun mußte sogar das reformierte Rohrbach die lutherische Form annehmen und lehnte diese Zumutung ab. Der Propst Fletnitzer in Odessa eiferte aber für das Luthertum. Dabei konnte er von Bonekempers Seite keine Unterstützung finden und wurde daraufhin ein scharfer Gegner Bonekempers; er machte ihm das Leben sauer. Erst im Jahre 1836 wurde erreicht, daß Reformierte und Lutheraner je ihre gottesdienstliche Form erhielten. Die Einheit, die sich so sehr bewährt hatte, war bedroht, obwohl es der gleiche Pastor war, der nun wöchentlich die Form des Gottesdienstes wechseln lassen mußte. Eine unsinnige Bestimmung, doch wollte keiner der beiden Teile auf den geliebten Seelsorger verzichten.

Im Winter 1837/38 stieg die Welle der Erweckung neu an. In der Kolonie Waterloo war zeitweilig die halbe Gemeinde in der „Stunde". Besonders die Jugend war von Gottes Geist ergriffen. Am 10. Februar 1838 heißt es im Tagebuch:

„Unser treuer Herr und Heiland läßt sich wieder in Worms, Johannesthal, Waterloo und Güldendorf wie auch hier in Rohrbach nicht unbezeugt. Aber auch — dem Anhören nach — in Odessa nicht. Auch in Nikolajew scheint er jetzt meinem lieben Bruder Doll eine derartige Freude bereiten zu wollen, indem daselbst ebenfalls seit dem Neujahrstag dieses Jahres sich ein Häuflein zu bilden begonnen hat."

1846 gab es „turbulent verlaufene Erweckungen", aber sie wurden alle in den geordneten Versammlungen aufgefangen. So wurde jede Spaltung vermieden.

Daß Fletnitzer jeden Anlaß zur Kritik benutzte, war zu erwarten. Aber Bonekemper reagierte gelassen. Er schreibt an einen Freund:

„Selbst Jesus und seine Apostel haben die Unruhe in die Welt gebracht, wie man aus dem Neuen Testament ersehen kann."

Der Vorwurf verursachter Unruhe in der Kirche gehört zu den fast klassisch gewordenen Ausdrücken besorgter Kirchenbehörden angesichts sich ausbreitender Erweckungsbewegungen.

Bonekemper wurde nun in die umliegenden Gemeinden zu Predigten eingeladen — mit Ausnahme der Gemeinde Fletnitzers. 1838 begleitete er seinen Propst auf einer Visitationsreise durch Bessarabien. Sowohl in Tarutino wie in Sarata, der ehemaligen Gemeinde von Ignaz Lindl, wurde er gebeten, als Pastor dort zu bleiben. Doch Bonekemper blieb Rohrbach treu bis zum Jahre 1848. Erst dann wurde er durch üble Klatschgeschichten, die von Odessa ausgingen, veranlaßt, eine Gemeinde in der Dobrudscha zu übernehmen, die damals noch zur Türkei gehörte.

Nach seinem Weggang schrieb der Lehrer von Rohrbach:

„Eine neue Epoche begann für uns mit dem Jahre 1824. Gott erbarmte sich in jeder Hinsicht über uns und sandte nach seiner weisen Absicht den ernsten Prediger des Evangeliums, Johannes Bonekemper, hierher, der mit großem Segen wirkte ... lange noch wird uns sein hinterlassener Segen im Andenken sein, den er in seinem vierundzwanzigjährigen Wirken gestiftet hat."

Als fünfzig Jahre später Hermann Dalton die reformierte Gemeinde Rohrbach visitierte, schreibt er: „Ist auch schon fast ein halbes Jahrhundert verstrichen, seitdem der ehrwürdige einstige Baseler Missionszögling seine ein Vierteljahrhundert innegehabte Stelle niedergelegt, so kennt und ehrt man doch noch heute in weiten Kreisen den frommen, ehrwürdigen Vater Bonekemper" (a.a.O. S. 7).

Auch Pastor Heinrich Roemmich, dem wir diese Nachrichten verdanken, schreibt, daß seine Eltern in Worms, seiner Heimat in Südrußland, mit hoher Achtung von Bonekemper und seinen Erweckungspredigten gesprochen haben. Die „Stunde" in Rohrbach blieb bis zur Bolschewistenzeit erhalten. Wir halten diese Zeugnisse fest, weil versucht wurde, dem Ruf Bonekempers zu schaden. Er fand sein Grab in seiner Heimat Nümbrecht im Oberbergischen Kreise. Auf seinem Grabstein wird er „Der Vater des Stundismus" genannt. Es mag hier eine Verwechslung mit seinem Sohne Karl stattgefunden haben, der der russischen Sprache mächtig war und in der Zeit, wo er Pastor in Rohrbach war, für die russischen Erntearbeiter die Stunde in russischer Sprache hielt. Diese „Stunden" waren zweifellos grundlegend für die Erweckung einiger Männer, die Führer im russischen Stundismus wurden. Dennoch besteht die Bezeichnung „Vater des Stundismus" für den alten Bonekemper in gewissem Sinn zurecht. Die tiefgehende Erweckung in Rohrbach, die Gott in den Jahren des Dienstes Vater Bonekempers schenkte, waren die Voraussetzungen dafür, daß ein reichliches Jahrzehnt nach dem Abgang Johannes Bonekempers aus Rohrbach der Funke der Erweckung zu den ukrainischen Bauern übersprang.

Schmerzlich bleibt die Entfremdung dieser Erweckungsgemeinde von ihren kirchlichen Vorgesetzten. Man möchte auch hier um das Verständnis der Situation ringen. Die meisten lutherischen Pastoren Südrußlands kamen aus dem Baltenland. Hier war der württembergische Pietismus völlig unbekannt, und die „Stunde" mochte als schwärmerisch verdächtigt werden. Für Fletnitzer mögen auch persönliche Gründe der Anlaß seiner Kämpfe gegen Bonekemper gewesen sein. Als Bonekemper nach dem Tode seiner ersten Frau, der Tochter eines deutschstämmigen Beamten, ein schlichtes Gemeindeglied heiratete, wurde in Odessa übel über ihn geklatscht. Ob wirklich dies der Grund der Amtsniederlegung Bonekempers war, ist nicht auszumachen. Der Sohn und spätere Nachfolger schreibt, des Vaters Gesundheit sei „durch das kräftige Predigen nach und nach untergraben gewesen". Der Vater wirkte noch einige Jahre in der deutschen Siedlung Atmagea bis zum Jahre 1853. Als der Krimkrieg ausbrach, räumten die Türken die Dobrudscha. Bonekemper zog in seine rheinische Heimat, wo er im Jahre 1857 mit einundsechzig Jahren starb.

Nachfolger Bonekempers wurde der Schweizer Pastor *Ühlinger*, der vorher am deutsch-reformierten Waisenhaus in Petersburg tätig war. Ihm folgte wenig später *Bonekempers ältester Sohn Karl*. Dieser hatte die russischen Schulen in Kiew und Odessa besucht und wanderte nach kurzer Hauslehrertätigkeit in Konstantinopel nach Amerika aus. Bei einem schweren Sturm auf dem Ozean soll er seine persönliche Wendung zu Jesus vollzogen haben. Er wurde presbyterianischer (reformierter) Pfarrer in den USA, war später acht Jahre Lehrer in St. Chrischona, der Predigerschule der von Spittler gegründeten Pilgermission. Von dort aus besuchte er seine Heimat Rohrbach bei Odessa und wurde auf dieser Besuchsreise zum Pastor der Gemeinde gewählt. Als der Kampf der Zarenregierung gegen den Stundismus seinen Höhepunkt erreichte, mußte Karl auf Druck der Behörden aus Rohrbach in die Moldau versetzt werden, weil man von seinem Einfluß auf die ukrainische Bauern wußte. Später wanderte er wieder nach Amerika aus, wo er sein Leben beschloß. Er war es, der den ukrainischen Bauern die „Stunde" schenkte.

2. Die Ukrainer

Es war gewiß Gottes Vorsehung, daß der Stundismus, diese folgenreiche Erweckung, unter den ukrainischen Bauern begann, die sich nach Geschichte und Mentalität so von den Großrussen des Nordens unterscheiden, daß es heute eine starke nationalistische Bewegung unter den Ukrainern außerhalb der Sowjetunion gibt.

Die Emanzipationsbewegung unter den Bauern nach der Aufhebung der Leibeigenschaft 1861 durch Alexander II. (1855—1881) war in der Ukraine besonders stark, weil hier die Bauern verhältnismäßig spät — erst vor etwa 80 Jahren — unter den Druck der Leibeigenschaft gekommen waren: unter Katharina II., die sich sonst auf ihre aufgeklärte Haltung vieles zugute tat. Sie hatte dieses harte Gesetz auch auf die Ukraine ausgedehnt, und zwar nach dem Anschluß der einst polnischen Gebiete der Ukraine an das Zarenreich. Bei ihrer ausgedehnten Günstlingsherrschaft hatte sich die Zarin genötigt gesehen, den in ihren Augen verdienten Männern durch Güterverleihung eine Auszeichnung zuteil werden zu lassen. Weil nun im weiten Rußland seit langem die Leibeigenschaft der Bauern herrschte, Katharina aber eine Aufhebung dieser unmenschlichen Ordnung um der damit verbundenen wirtschaftlichen Erschütterung willen nicht riskierte, galten neuerdings auch die ukrainischen Bauern als Leibeigene.

Die Aufhebung der Leibeigenschaft geschah zu so ungünstigen Bedingungen für die Bauern, daß sie die wirtschaftliche Not nur schwer überwanden. In der Ukraine hatten die Bauern aber die privilegierten deutschen Bauernkolonien in ihrer Nachbarschaft. Sie sahen dort, wie die Landwirtschaft lukrativ gestaltet werden konnte, und lernten von ihren deutschen Nachbarn nicht nur bessere Methoden, sondern auch Fleiß und Sparsamkeit zu schätzen, soweit die Deutschen durch die Erweckungen aus der Resignation der Notjahre heraus zu sittlicher Erneuerung gekommen waren. Der wache ukrainische Bauer erkannte den Zusammenhang zwischen Glauben, Familien- und Dorfleben und dem Erfolg der Arbeit. Die Erweckten, das stellten sie fest, kannten ihre Bibel. Zur Kenntnis der Bibel mußte man lesen und schreiben lernen. So forderte der evangelische Glaube mehr geistige Bildung, als der russische Mushik zum Anhören seiner Liturgie und zum Befolgen der vorgeschriebenen Riten brauchte.

Dazu kommt aber, daß der Ukrainer ein für geistige Bildung besonders aufgeschlossener slawischer Stamm ist. Dazu erzog ihn, wie wir sahen, seine Geschichte.

Schon nach dem Anschluß der Ukraine an das großpolnisch-litauische Reich (1320) studierten Ukrainer auf westeuropäischen Universitäten. Hier und durch die reformierten Polen und Litauer kamen sie mit der Reformation in Berührung. Ein großer Teil Polens war durch die Arbeit des Johannes a Lasco für die reformierte Predigt gewonnen und erst durch die jesuitische Gegenreformation wieder fast ganz unter den römischen Einfluß gebracht worden. In diesen Kämpfen standen orthodoxe Ukrainer mit den Reformierten und den Mährischen Brüdern in einer gemeinsamen Abwehrfront.

Als man den Ukrainern nach dem Florentiner Konzil 1489 die Union aufzunötigen versuchte, bildeten sie zur Abwehr des Katholizismus Laienbruderschaften, ein sonst der Orthodoxie fremdes Element von Laienaktivität.

Wir erwähnten schon Petrus Mogila und dessen berühmte Theologenschule in Kiew, die nach dem Vorbild der Jesuitenschulen eingerichtet, also vom Westen beeinflußt war, obwohl sie durchaus antikatholisch arbeitete. Das Kollegium dieser Schule unterhielt enge Beziehungen zur Universität Königsberg, was wiederum die evangelischen Einflüsse verstärkte.

Alle diese Auseinandersetzungen schufen der Ukraine durch Jahrhunderte hindurch einen Vorsprung vor Moskau. Dieser Vorsprung wirkte sich aus, als die Ukraine wieder unter das Regiment Moskaus kam — der östliche Teil unter Peter dem Großen, der westliche unter Katharina der Großen, unter der durch die Auferlegung der Leibeigenschaft eine neue Leidenszeit für die Ukraine begann. Aber während

Alexander II. die Bauern wieder befreite, baute er die Eigenständigkeit der Ukraine systematisch ab. Die Ukrainer nannte man jetzt die Kleinrussen (malorossy). Der Name Ukraine durfte im öffentlichen Leben nicht mehr gebraucht werden. Laut kaiserlichem Ukas vom Jahre 1876 war auch der Gebrauch der ukrainischen Sprache in der Schule und in der Kirche verboten. Der Druck ukrainischer Literatur wurde untersagt, die ukrainische Sprache galt als bäuerlicher Dialekt, dem keine kulturelle Bedeutung zustand.

Bei der Dreiteilung Polens unter Katharina der Großen (1772, 1793, 1795) hatte Österreich einen bedeutenden Teil der Ukraine erhalten: Galizien und die Bukowina. Hier nun wurde das Ukrainertum national und literarisch kräftig gefördert. Das entsprach der politischen Spannung zwischen der Donaumonarchie und dem Zarenreich. Die österreichische Regierung tat alles, um der Bevölkerung jenseits der Grenze ihre Liberalität zu beweisen. Damit bestärkte sie die Sehnsucht der russischen Ukrainer nach dem Westen.

Für unser Thema ist ferner die Tatsache wichtig, daß nicht nur Petersburg, sondern auch die Ukraine Beziehung zu Halle, der Stadt August Hermann Franckes, unterhielt. Der Pietismus war den Ukrainern nicht etwas völlig Fremdes. Der von ihnen hochgeschätzte Religionsphilosoph und Dichter *Grigorij Skoworoda* (1722—1794) soll 1751—53 in Halle studiert haben. Damals lebte zwar August Hermann Francke längst nicht mehr, aber sein Sohn und sein Schwiegersohn Freijlinghausen verwalteten sein geistliches Erbe. Nach seiner Rückkehr pilgerte der seltsame Skoworoda mit seiner Bibel durchs Land und bekämpfte das Klosterwesen wie den Rationalismus. Er hat gewisse Ähnlichkeiten mit seinem Zeitgenossen Johann Georg Hamann, dem Magus des Nordens, und ist symptomatisch für die geistige Offenheit des Ukrainers. Ein Wort Skoworodas kennzeichnet seinen Pietismus: „Die Welt griff nach mir, aber sie konnte mich nicht fassen." Auch der Nationaldichter der neuen Ukraine, *Taras Schewtschenko* (1814—1861), der das ukrainische Nationalgefühl mächtig belebte, schöpfte gern aus der Bibel. Damals wurde das Neue Testament ins Ukrainische von dem Ukrainer *Pantelejmon Kulisch* übersetzt, aber der Allerheiligste Synod verbot den Druck des Buches.

Da aber die Schulsprache Russisch und nicht Ukrainisch, die großrussische Sprache also dem Ukrainer vertraut war, spielte es keine geringe Rolle für die Erweckung in der Ukraine, daß 1875 zum ersten Mal eine Vollbibel in der russischen Volkssprache — also nicht in der altslawischen Kirchensprache — erschien. Das Neue Testament und die Psalmen waren schon in den zwanziger Jahren fertiggestellt worden — damals von der Russischen Bibelgesellschaft.

3. Zwei Wegbereiter

John Melville († 1886) war Schotte und ein streng calvinistischer Puritaner. Er hatte sich früh der Bibelverbreitung geweiht und kam im Alter von etwa zwanzig Jahren in den Süden Rußlands. Bis 1848 arbeitete er in eigener Verantwortung und wurde dann in den Dienst der Britischen und Ausländischen Bibelgesellschaft übernommen. Sechzig Jahre lang war er bis tief in den Kaukasus hinein deren Vertreter und Bibelbote. Er tat seine Arbeit unter Alexander I., in den für alle Evangelisation sehr schwierigen Jahren unter Nikolaus I., unter dem liberaleren Alexander II. und in der Zeit der Reaktion unter Alexander III. Melville starb 1886. Dalton schreibt von Melville (a.a.O. S. 13): „Auf meiner ersten Reise in das südliche Rußland habe ich den lieben, demütigen Christen persönlich kennengelernt . . . Jahrzehntelang durchwanderte er den Süden Rußlands, die Krim, den Kaukasus, Armenien bis an die persische Grenze." Alle kannten und schätzten den Wassilij Iwanowitsch, wie er sich russisch nennen ließ: Ukrainer und Deutsche, besonders die Mennoniten im Donezgebiet, die Karaiten (eine jüdische Sekte), Armenier, Tataren, Türken. Unter allen verteilte er das Wort Gottes — wenn nicht als Vollbibel, so doch das Neue Testament oder auch nur Evangelien in ihrer Muttersprache oder Traktate. Wer nach der Wahrheit Gottes hungerte, den sammelte er in irgendeinem Hinterstübchen, um dort in einer sehr schlichten Weise das Wort Gottes auszulegen. Die im alten Rußland „allwissende" Polizei schien nichts zu merken; auf jeden Fall hinderte sie ihn nicht. „Noch nach seinem Tode bin ich seinen Spuren im Kaukasus begegnet", schreibt Dalton. Es ist nicht zu ermessen, wie diese treue Saatarbeit des Zeugen Melville den späteren Stundismus zuerst vorbereitete und dann stärkte. Eine einzige uns bekannt gewordene Zahl bezeichnet das Anschwellen des Bibelhungers: Im Jahre 1869 wurden von Odessa aus, wo Melville sein Bibeldepot hatte, 2 323 Bibeln verbreitet — drei Jahre später (1872) waren es 69 346 Bibeln bzw. Bibelteile.

Über Iwan Wassiljewitsch (John Melville) sind manche Anekdoten erhalten, die, soweit sie von Augenzeugen stammen, glaubwürdig sind.

Der unverheiratet gebliebene, unermüdlich umherreisende Mann muß eine eiserne Gesundheit gehabt haben. Er nutzte jede gegebene Gelegenheit zum Zeugnis. Dabei war er nicht, was man einen liebenswürdigen Charakter nennt. Seine schottische Sprödigkeit verband sich mit puritanischer Gesetzlichkeit. Auch während des herzlichsten Gesprächs stand er punkt zehn Uhr abends auf, um Gute Nacht zu sagen. Mitten im Bericht eines Missionars stand er, als die Uhr zehn schlug, auf und verabschiedete sich. „Ordentliche Leute gehen um zehn Uhr nach Hause", sagte er und verschwand. Ein andermal war er bei einem gläubigen Bruder am Sonntag zum Mittag eingeladen. Der Gastgeber holte noch schnell die eben reif gewordenen Kirschen vom Baum. Melville: „Glaubst du, daß ich Kirschen esse, die am Sonntag gepflückt sind? Niemals rühre ich so etwas an." Seine puritanische Sabbatauffassung konnte sich mit der Synagoge messen.

So unbeugsam sein Glaube an Jesus und die Wahrheit des Wortes Gottes war, so streng war er mit sich selbst in seinen Grundsätzen. Man muß Rußland ein wenig kennen, um zu verstehen, was das in den Augen der Russen bedeutete. Hier war ein „ganz anderer" in ihrer Mitte. Stieß man sich auch an ihm, so imponierte er doch in seiner Geschlossenheit. Sein Ziel war nicht Propaganda für eine Kirche oder Konfession. Er brachte nur die Bibel und zitierte allein ihr Wort — nie irgendein Menschenzeugnis! Gewöhnlich nannte er auch nicht selbst das Wort, sondern nur die Bibelstelle, und veranlaßte sein Gegenüber, die Stelle nachzuschlagen, und überließ es dann dem Lesenden, die Folgerungen zu ziehen. War er Zeuge von Streitgesprächen — etwa über die Taufe oder besondere Fragen der letzten Dinge —, so konnte er die Augen schließen, als ginge ihn der Streit nichts an. Am Schluß des Gesprächs wies er dann auf die entscheidenden Bibelworte hin: „Habt ihr das nicht gelesen? Es ist doch ganz klar!" fügte er lächelnd hinzu. Widersprach jemand dem Bibelwort, so schwieg er mit wieder geschlossenen Augen. Ihm genügte das Wort der Bibel. Daß der Stundismus wie auch der Baptismus so streng bibelgebunden blieb bis in die Gegenwart, dazu hat Melville einen entscheidenden Beitrag geleistet. Die evangelische Bewegung in Rußland wurde und blieb bis heute eine Bibelbewegung.

Ein späterer Freund Melvilles berichtet, wie in seiner Schule, der Kreisschule einer der entlegensten Städte Rußlands, der Schulinspektor mit einem hochgewachsenen Mann in die Klasse trat, einem Engländer, der Bibeln und Neue Testamente verbreitete. Dieser Besuch blieb nicht ohne Folgen: Später las der Inspektor selbst den Schülern aus dem Neuen

Testament vor. Und hier war es, wo der Erzähler zum ersten Mal die Geschichte vom verlorenen Sohn hörte. Später wurde er selbst ein Bruder im Glauben.

Lange nicht alle verborgenen Zeugen der Christuswahrheit, die an der kommenden Erweckung mitwirkten, können wir so genau erfassen wie John Melville. Aber einer soll noch genannt werden: *Jakow Deljakowitsch Deljakow*, genannt *Kascha Jagub* — Priester Jakob. Er war von Geburt ein Nestorianer aus Persien und wurde durch die amerikanischen presbyterianischen Missionare erweckt und zum Glauben geführt. Es scheint, daß die Presbyterianer solche Erweckte in großer Zahl in ihren Bibelschulen ausbildeten und sie dann als freie Boten durch die Länder schickten. Die Zahl war zu groß, um sie alle in der relativ kleinen Arbeit Persiens als Evangelisten zu verwenden. Und nicht alle haben sich so bewährt wie Kascha Jagub. Dieser hatte einen Bruder Simon, der auch in die Welt gereist, aber nun verschollen war. Deljakow suchte ihn in Rußland und fand ihn in Rostow am Don, mit einer Russin verheiratet, aber leider an den Alkohol gebunden.

Unterwegs stellte Deljakow überrascht fest, wie gerne sich die Menschen, denen er begegnete, auf Glaubensfragen ansprechen ließen. Er hatte bald soviel Russisch gelernt, daß er sich verständigen konnte. Und nun erkannte er, welch ein großes Missionsfeld vor ihm lag, das nach Erntearbeitern rief. Er berichtet brieflich der Presbyterianermission nach Urmia, dem Sitz der Missionsleitung, und erzählt auch nach seiner Heimkehr von den offenen Türen. Die Mission erkannte den Auftrag Kascha Jagubs, gab ihm neues Reisegeld nach Rußland und gewährte ihm zugleich ein kleines Taschengeld von etwa fünfzig Mark monatlich. Das war Anfang der sechziger Jahre, als die Erweckung unter den Bauern der Ukraine begann. Es zeigt die Genügsamkeit, aber auch die praktische Veranlagung Jagubs, daß er auf dieser arg schmalen Basis rund dreißig Jahre lang seine Missionsarbeit tat. Er reiste bis nach Sibirien, besuchte die Deportierten auf der Insel Sachalin und soll auch in der Mandschurei gewirkt haben. Auch er heiratete eine Russin, von der er einige Kinder hatte. Sein Lebensende verlebte er in den USA. Das ist ungefähr der äußere Rahmen seines Lebens.

Über den Dienst Deljakows wird viel erzählt. Er fand auch Verbindung zu den schon erwähnten Molokanen, den „Milchtrinkern", die ähnlich den Quäkern die Sakramente verwerfen und weder Pfarrer noch Prediger kennen, wo jedes Gemeindeglied zu predigen berechtigt ist und

Bibellesung und Erklärung im Mittelpunkt stehen. 1805 hatten sie von Alexander I. die Religionsfreiheit erhalten und durften sich nun an der unteren Wolga im Gebiet von Saratow und Astrachan ansiedeln. Sie galten als fleißige, saubere und nüchterne Separatisten, die alles weltliche Wesen, Theater und Vergnügen ablehnten. Durch ihre geistliche Inzucht waren sie in unfruchtbare Gesetzlichkeit und Enge geraten. Deljakow erreichte mit seinem Zeugnis die Neubelebung einiger Siedlungen. So entstanden die Neu-Molokanen, die sich später der Stundistenbewegung anschlossen. Aus ihrer Mitte kamen einige bedeutende Führer der Erweckungsbewegung hervor, von denen noch zu erzählen sein wird: Prochanow und Pawlow.

Man erzählt, daß Deljakow seine Reisen oft als Hausierer machte, um — wie die mittelalterlichen Waldenser — der Obrigkeit nicht aufzufallen. So kam er von Siedlung zu Siedlung, von Dorf zu Dorf. Unter den mancherlei Kurzwaren, die er den Bauern verkaufte, bot er zuletzt auch Bibeln an. Fand er offene Türen, so hielt er eine Versammlung und verbreitete das Wort Gottes. Seine Anspruchslosigkeit empfahl ihn den schlichten Russen, und seine Armut war gewiß ein Schlüssel zu ihrem Vertrauen. Ein alter Russe erzählt von seiner Bekanntschaft mit Kascha Jagub:

„Meine Familie bestand aus mehr als fünfundzwanzig Personen, von denen die meisten erwachsen waren. Den reisenden Mann, der immer vom Evangelium sprach, nahm ich gern in mein Haus auf, sprach selber mit großer Liebe mit ihm vom Glauben, forschte, was er sagte, verglich es mit dem Worte Gottes und ließ ihn auch oft im Kreise meiner versammelten Familie von der Heiligen Schrift reden und Gottes Wort auslegen, was meine Leute und auch besonders hinzu gekommene Nachbarn und Bekannte gerne hörten. Aber eines Tages mußte ich diesem Manne verbieten, mein Haus zu besuchen, weil ich merkte, daß seine Besuche nicht allein verschiedene Dispute, sondern auch förmliche Spaltungen in meiner zuvor friedlichen Familie verursachten. Er schaute mich aber ernst an und sagte: ‚Verbietest du einem Diener Gottes, der deinen Kindern das Evangelium von Jesus und die Bekehrung zu ihm predigt, dein Haus zu betreten? Bedenke das!' Und ich gab nach, so daß er nach wie vor in mein Haus kommen durfte. Doch endlich wurden mir diese unaufhörlichen Disputationen und Gespräche ganz unerträglich, so daß ich dem Manne, mit dem ich mit allen seinen Ansichten einverstanden war, sooft er wiederkam, sagte, er solle wegbleiben. Ging er aber aus der großen Stube hinaus, so konnte ich sicher sein, daß er durch die Küche

in ein anderes Zimmer gekommen war, um dort mit einigen meiner
Leute, die ihn gerne hörten, über göttliche Dinge zu reden und zu beten.
Er wußte, daß ich im Grunde meines Herzens nicht gegen ihn war; denn
er sprach nur mit Beweisen aus dem Worte Gottes; daher kam er auch
immer wieder zu mir, und wir waren trotz meines Unwillens immer
wieder in dem lebhaftesten Gespräch, an welchem meine Kinder sich gewöhnlich beteiligten. Der Mann wollte — und machte kein Hehl daraus
—, daß ich als das Haupt der Familie für das Evangelium gewonnen werden solle. Nun, dies ist auch geschehen, und er ist uns jetzt, wenn er uns
mit seinem Besuche erfreut, der allerliebste Gast."

Dieser schlichte Bericht eines Glaubenden ist ein Beispiel, wie Deljakow und eine große Schar unbekannt Gebliebener die gute Botschaft von
Jesus Christus durch die Völker Rußlands trugen. Gott hat noch viele
Werkzeuge gehabt. Wegen der Gegnerschaft der Staatskirche suchten sie
unbekannt und anonym zu bleiben. Wieviel sie trotzdem zu leiden hatten, wird noch zu berichten sein.

Wandernde Mönche, Pilger und wunderliche Heilige waren ja in Rußland seit Jahrhunderten unterwegs. Die russischen Schriftsteller — Dosto-
jewski in seinem Roman „Die Dämonen", Ljesskow und andere — berichten davon. Gewiß waren auch unredliche Gestalten unter ihnen. Wir
kannten einen Bettler, der Jahr für Jahr für seine Reise nach Jerusalem
bettelte, aber wohl nie zum Ziel gekommen ist. Viele von ihnen waren
aber ehrliche Gottsucher. Sie suchten nach der „Prawda", das heißt nach
der göttlichen Wahrheit, nach der wir unser Leben ausrichten. (Es ist
ein schlauer Trick der Bolschewisten, daß sie ihre große amtliche Zeitung
auch „Prawda" nannten.)

II. DIE ANFÄNGE DES UKRAINISCHEN STUNDISMUS
(1860)

1. Die ersten Reaktionen der orthodoxen Kirche gegen die „Stunde"

Über die ersten Stundendörfer, in denen sich nach dem Vorbild der
schwäbischen „Stunden" ukrainische Bauern um die Bibel sammelten,
können wir uns ein ungefähres Bild machen — und zwar aus Quellen,
die dem Stundismus ablehnend gegenüberstanden.

Der Ukrainer Dr. theol. Michael Klimenko zeigt uns in seiner Dissertation von 1957, wie die russische orthodoxe Kirche in der Ukraine die Entstehung der Stunde aufnahm. Er benutzte dazu das Archiv des verstorbenen Professors D. Steinwand in Erlangen, der selbst einst Pastor in Südrußland war und eine Sammlung russischer Literatur über den Stundismus aufbewahrte. Da die Berichte von orthodoxen Priestern und Theologen stammen, geben sie insofern ein objektives Bild, als sie mit dem Stundismus nicht sympathisieren. Was sie vom Verhalten der orthodoxen Kirche und der Regierung berichten, wird daher auch nicht übertrieben sein. Es handelt sich zum Teil um offizielle Berichte der staatlichen und staatskirchlichen Behörden, die bisher wenig bekannt waren. Michael Klimenko behandelt die Zeit von 1860 bis 1884 — also vor der einsetzenden Verfolgung des Stundismus durch Pobjedonoszew, den Oberprokureur des Allerheiligsten Synods. Es sind demnach die ersten knappen zweieinhalb Jahrzehnte einer relativ ruhigen Entwicklung des Stundismus. Relativ allerdings nur im Vergleich zu der furchtbaren späteren Verfolgung*).

a. Die erste „Stunde" im Dorfe Ossnowa

Obwohl erst 1866 die Presse in Petersburg über die „neue Sekte" der Stundisten in Südrußland berichtet, hatte Dalton schon vier Jahre vorher eine flüchtige Begegnung mit den Männern, die wir als Gründer der Stunde ansehen können. Als reformierter Pastor besuchte er die seinem Konsistorium unterstellten deutschen reformierten Gemeinden im Süden, darunter auch die Gemeinde Rohrbach. Hier in Rohrbach, wo schon zu Zeiten des Vaters Bonekemper reformierter und lutherischer Gottesdienst nebeneinander bestanden, fielen Dalton in einer Stunde der deutschen Gemeinde, die Pastor Karl Bonekemper in russischer Sprache hielt, zwei ukrainische Männer auf, von denen er meint, es könnten Ratushnyj und Onischtschenko gewesen sein, die dann im benachbarten Dorf Ossnowa mit einer eigenen Stunde begannen.

Ihr Dorf grenzte an die Felder der zwölf Kilometer entfernten Gemeinde Rohrbach und hatte keine eigene orthodoxe Kirche. Zum Gottesdienst mußten die Einwohner in das sieben Kilometer entfernte Kirchdorf

*) Wir ziehen bei dieser Schilderung die Berichte Hermann Daltons, des Zeitgenossen der ersten Stunde, und Pfarrer Roemmichs, des letzten Pastors von Rohrbach, heran.

Rjassnopolje gehen. Im Jahre 1887 — also fünfundzwanzig Jahre später — umfaßte Ossnowa achtzig Bauernhöfe mit rund zweihundertzwanzig männlichen Personen. 1862 mag es nicht viel kleiner gewesen sein. Da 1862 die Stunde in Ossnowa bereits bestand, werden wir ihren Anfang in das Jahr 1860/61 ansetzen dürfen. (1960 feierte der Allsowjetische Bund der Evangeliumschristen/Baptisten das hundertjährige Bestehen des Stundismus.)

Wir wollen den Kampf dieser kleinen Gemeinde, über die relativ viel Nachrichten vorliegen, als Beispiel genauer zu verfolgen suchen.

Erst aus dem Jahre 1865 liegt ein offizieller Bericht durch den orthodoxen Propst Kirjakow an den Erzbischof Dimitrij von Odessa über die „reformierte Sekte in Ossnowa" vor. Viel konnte der Propst noch nicht berichten. Nur, daß er dem zuständigen Priester in Rjassnopolje, dem Kirchdorf für Ossnowa, befahl, die „Verdächtigen" zu beobachten. Die Art der Sekte war noch nicht näher bekannt. Man meinte wohl, daß die reformierte Gemeinde in Rohrbach dahinter stehe und es sich um eine Annäherung an den reformierten Glauben handele. Wir müssen dabei im Auge behalten, daß die kleine Zahl der Erweckten nicht beabsichtigte, ihrer orthodoxen Kirche untreu zu werden. Sie hofften auf ein ähnliches Verhältnis zur Kirche, wie sie es bei den pietistischen Gemeinschaften zur evangelischen Kirche kennengelernt hatten. Es gehört zur Tragik dieser ersten Stundisten, daß sie nicht erkannten, daß eine Priesterkirche nie eine solche Mündigkeit und innere Selbständigkeit ihrer Glieder ertragen kann wie eine evangelische Kirche in ihren landeskirchlichen Gemeinschaften. Es bedurfte jahrelanger Konflikte und Leiden, bis beide Teile erkannten, daß sie nicht miteinander gehen konnten.

Am 10. Februar 1865 fragt der Priester Stoikow aus Rjassnopolje bei den Lokalbehörden („Wolostj") in Ossnowa an, wie groß die Zahl der Teilnehmer der Stunde sei, ob auch deutsche Pastoren anwesend seien und ob während der Versammlungen die Ikonen (Heiligenbilder) versteckt würden. Von Anfang an gehen Staatsbehörde und Kirche zusammen. Anders war es im alten Rußland nicht denkbar. Die Sorge um die Ikonen zeigt den treuen orthodoxen Priester.

Eine Woche später liegt die amtliche Antwort vor. Seit vier Jahren (!) fänden die Versammlungen im Hause Michael Ratushnijs statt. Deutsche Pastoren kämen nicht hin. Als Besucherzahl wird angegeben: siebzehn Männer und drei Frauen. Dieses kleine Häuflein war also Gottes Senfkorn, aus dem der große Baum gewachsen ist, unter dessen Schatten heute Millionen Gläubiger leben. Offenbar wußten die Zivilbehörden längst von der Stunde, hielten sie aber nicht für eine Sekte, die der Kirche Gefahr bringe. Stoikow schreibt im April an den Propst, es sei nichts Besonderes zu berichten. Sie lesen in ihren Zusammenkünften das Evangelium und singen „Hymnen", kirchliche Choräle. Einige Texte fügt er bei. Aber nun sind es schon zweiunddreißig Personen — vierundzwanzig Männer und sechs Frauen, dazu je ein Bürger aus Odessa und Wosnessensk. Es kommen also gelegentlich auswärtige Gäste hin. Die Stunde von Ossnowa ist bekannt geworden und mag auch schon parallele Versammlungen an andern Orten haben. Nun ist bis zum Herbst Ruhe. Erst im Oktober 1865 klagt der Propst, die Ossnowaer Stundisten hätten auch im Nachbardorf eingeladen. Der Priester solle feststellen, ob die Verdächtigen noch Ikonen in ihren Häusern hätten und diese auch wirklich verehrten. Überraschenderweise kann Stoikow in seiner Antwort diese Sorge des Propstes zerstreuen. Offenbar war der Konflikt über die Heiligenbilder, die später bei den Verhören eine so große Rolle spielten, noch nicht aufgebrochen. Der eifrige Priester aber schreibt noch, er habe den Bauern das Lesen der heiligen Schrift verboten. Dieses Verbot war rechtswidrig und blieb unerfüllt. Er bot ihnen aber auch an, ihnen am Sonntagnachmittag eine Stunde mit Bibelerklärung zu halten. Von diesem Angebot wurde kein Gebrauch gemacht.

Bald fragt zum ersten Mal der Friedensrichter nach Informationen über die „Sekte der Reformatoren". Er habe gehört, sie läsen dort auch in deutscher Sprache; auch seien ihre russischen Schriften und Gebetbücher im Ausland gedruckt!

Diese Gerüchte und die dahinter liegende Sorge von weltlicher Seite ist für das alte Rußland ungemein charakteristisch. Jedes Druckerzeugnis unterlag der Zensur — sogar eine Todesanzeige. Zudem war, wie schon erwähnt, die ukrainische Sprache im Druck verboten. Doch wurden ukrainische Schriften heimlich aus Österreich eingeführt. Darum sind alle ausländischen Bücher als solche verdächtig. Außerdem gehört zum orthodoxen christlichen Glauben die russische Sprache.

Man hat nun den Eindruck, daß dem Priester Stoikow die ganze Sache lästig wird. Seine Berichte nach oben verharmlosen offenbar die Sache, damit man ihn in Ruhe lasse. Denn im Februar 1866 berichtet er, daß die Stundisten (dieser Name war damals allerdings noch nicht im Gebrauch) regelmäßig zur Kirche kämen, an der Beichte und dem Abendmahl teilnähmen und die Hausversammlung eingestellt hätten. Aber zur biblischen Aussprache kämen sie nicht zur Kirche, und an den Festtagen (Mittwoch und Freitag) tränken sie Milch. So sei berichtet. Alle diese Berichte gehen ihren Instanzenweg. Was die paar Dutzend Bibelleser tun, beschäftigt zuerst den Priester, dann den Propst, dann den Erzbischof von Odessa und schließlich ein Hohes Konsistorium. Die Antwort von oben, die den Ortspriester erreicht, ist recht nichtssagend: Er wolle alles „mit der nötigen pastoralen Vorsicht und Umsicht" behandeln. Das dürfte für einen Gemeindeleiter kein neuer Gesichtspunkt sein.

b. Die Bewegung breitet sich aus

In Ossnowa hatte offenbar Ratushnyj als ehemaliger Gemeindevorsteher auch über die Stunde hinaus Einfluß; man respektierte ihn. Im Nachbardorf Ignatowka lagen die Dinge anders. Hier entfaltet sich eine Gegnerschaft von seiten der Einwohner. Am 30. 12. 1866 hören wir aus Ignatowka, daß drei Familien wegen Abfalls von der orthodoxen Kirche und Übertritts zum „reformatorischen Gesetz"(!) aus dem Dorf entfernt und vertrieben werden sollen. Wörtlich heißt die Mitteilung des Dorfältesten: „Wir als Dorfgemeinschaft haben entschiedene Maßnahmen ergriffen, die Sektierer zur Vernunft zu bringen. Aber alle unsere Maßnahmen und Bitten blieben ohne Erfolg. Die Sektierer machen unserer Dorfgemeinschaft den Vorwurf, den wahren Glauben vergessen zu haben, und nennen uns Verlorene. Außerdem beschimpfen sie die heiligen Ikonen und die Satzungen der orthodoxen Kirche. Um die weitere Entwicklung dieser von ihnen erwählten Religion unter unserer Bevölkerung nicht zuzulassen, haben wir das letzte Mittel ergriffen."

Einen Erfolg hatte dieser gewaltsame Schritt nicht. Die neue Stunde blieb in Ignatowka, obwohl ein Gutsbesitzer berichtete, zwei Urheber der Sekte seien unter die Rekruten gesteckt worden. Ein eigenartiger Weg religiöser Auseinandersetzung!

Seit Anfang 1866 kämpfen kirchliche und weltliche Behörden unabhängig voneinander gegen den sich ausbreitenden Stundismus. In den Berichten des Friedensrichters („mirowoi posrednik") an den Gouverneur in Odessa heißt es u. a.:

„Im Dorfe Ossnowa ist eine Sekte gebildet worden. Dazu gehören zwanzig Personen. Sie versammeln sich nachts (!) und singen Hymnen aus russischen und deutschen Büchern . . ." „Viele Bauern aus Ossnowa stehen seit Jahren im Dienst bei Deutschen in Rohrbach, lernten dort auch deutsch und nehmen ihre Lehre an ..." „Auch die reformierten Kolonisten versammeln sich nachts, singen ihre Hymnen und lesen Bücher heiligen Inhalts." „Michael Ratushnyj war längere Zeit landwirtschaftlicher Vorarbeiter in Rohrbach." „Gleichzeitig haben sich sieben Bauern aus Ignatowka und Rjassnopolje (dem Kirchdorf) zur Sekte bekehrt."

Zwei Wochen nach diesem letzten Bericht verlangt der Gouverneur von der Polizei eine „ausführliche Information über die entstandene Sekte". Erst vom Februar 1867 liegt ein Polizeibericht bei den Akten: „Die Sekte ist tatsächlich anstößig, weil sie den Charakter des Raskol (Schisma) hat, der dem reformierten Raskol ähnlich ist." Nach den polizeilichen Nachforschungen seien es in Ignatowka fünfzehn Seelen, im Pfarrdorf Rjassnopolje fünf Familien, in Ossnowa vierzehn Familien. Doch diese Zahlen scheinen nur geschätzt zu sein. Es heißt dann weiter: „Sie versammeln sich in Häusern, lesen Bücher in kirchenslawischer Sprache" (was fraglich sein dürfte, sonst wäre das ja ein Zeichen ihrer Orthodoxie), „die sie sich, übrigens manchmal unter der Leitung ebenfalls reformierter Raskolniki aus Rohrbach, auslegen. Infolgedessen hatte sich bei den Bauern, den Anhängern des Raskol, eine hartnäckige Meinung gebildet, nach der sie die orthodoxe Kirche nicht mehr besuchen, die Ikonen nicht mehr verehren und auch die Gebräuche des orthodoxen Glaubens nicht mehr einhalten. Der Priester hier war ein Grieche" (Stoikow?), „konnte schlecht russisch sprechen und überzeugte sie deshalb nicht. Die Gemeinschaft bildete sich nach Ermittlung im Jahre 1862."

Man merkt diesem Bericht an, wie schwer es einem Polizeibeamten gewesen sein mag, ein Urteil über diese Bewegung zu bekommen. Immerhin läßt sich hier ein interessanter Schluß ziehen: Da Karl Bonekemper, der gut russisch sprechen konnte, erst 1865 nach Rohrbach kam, hat er die Stunde in Ossnowa demnach schon vorgefunden. Dann aber ist der Vorwurf, er hätte die Stunde in Ossnowa ins Leben gerufen, falsch. Es mögen schlichte pietistische Bauern aus Rohrbach oder sonstwoher gewesen sein, die die Urheber waren. Trotzdem: Die Reformierten von Rohrbach sind schuld!

Nach dem Urteil des Erzbischofs Alexius, der im Jahre 1908 eine Materialsammlung zur Geschichte des Stundismus herausgab, hatte der Gouverneur über die Persönlichkeit Karl Bonekempers eine gute Meinung. Er nannte ihn einen „denkwürdigen Menschen" („sametschateljnyj tschelowjek"). Das klingt anerkennend. Bonekemper wurde allerdings später nach Bessarabien versetzt. Die lutherische Kirchenleitung in Odessa war auf die pietistische Bewegung in Rohrbach nicht gut zu sprechen. Auch gehörte es zur Kirchenpolitik der deutschen evangelischen Kirche in Rußland, Konflikten mit der Regierung möglichst aus dem Wege zu gehen, zumal sie selbst nur zu den „geduldeten" Konfessionen des Zarenreichs gehörte.

Da nun die Presse gelegentlich neue Artikel über den Stundismus brachte, waren die Behörden genötigt, Stellung zu nehmen. Vom Februar 1867 liegt eine Anfrage des Generalgouverneurs von Kotzebue an den Gouverneur von Odessa vor. Solche vom Zaren eingesetzte Generalgouverneure regierten völlig souverän über mehrere Gouvernements und hatten besondere Vollmachten: sie konnten z. B. über ihr Gebiet den „Kriegszustand" oder gar den „Belagerungszustand" erklären, wie es auch in den baltischen Ostseeprovinzen Est-, Liv- und Kurland in der Revolutionszeit 1905 geschah. Kotzebues Generalgouvernement Neurußland bestand aus den Südprovinzen am Schwarzen Meer. Er hatte einen Artikel in der Odessaer Tageszeitung „Odesskij Westnik" über den Stundismus gelesen und wollte wissen, was davon zu halten sei. Wir erkennen, wie das Interesse an den Ereignissen vom Dorf hinaufsteigt bis zu den höchsten Behörden. Selbst Petersburger Zeitungen brachten Reportagen über die neue „Sekte".

Vielleicht treffen wir deshalb den Propst Kirjakow im März des Jahres in den von der Bewegung befallenen Orten Ossnowa, Rjassnopolje und Ignatowka. Er will sich durch Gespräche mit den „Abgefallenen" selbst ein Bild machen. Sein Eindruck ist: Bisher kann von einer Sekte nicht die Rede sein. Zwar sind die Leute unter den Einfluß des Luthertums (!) gekommen, hätten aus Neugierde auch deutsche Gottesdienste besucht, sängen auch ihre Lieder nach deutschen Melodien, aber die Bücher, die sie lesen, seien „kirchlich orthodox". Ausländische Bücher habe er nicht gefunden. — Man wird daran erinnern müssen, daß die Bibel unter dem „Imprimatur" des Allerheiligsten Synods gedruckt wurde.

Der Bischof Alexius aus Odessa kann daher nach oben berichten: Es handele sich um pietistische Zirkel zur gegenseitigen Erbauung, wie sie seit der Aufhebung der Leibeigenschaft auch anderswo zu finden seien. Dieses Urteil: Wir haben es mit orthodox kirchlichen Gemeinschaftsleuten zu tun, wird dem Befund wohl gerecht. Was wäre geworden, wenn die Kirche weitherzig genug geblieben wäre, solche Kreise zu ertragen! Andererseits müssen wir aber verstehen, daß die dogmatisch und liturgisch so fest gegründete Orthodoxie sich selbst aufgegeben hätte, wenn sie in ihrer Mitte diese allein von der Bibel bestimmte Frömmigkeit zugelassen hätte. An der Ikonenfrage und an der Frage der Heiligenverehrung wäre früher oder später doch der Gegensatz aufgebrochen. Eine Gemeinde, die die Offenbarung allein in der Bibel und nicht in der kirchlichen Tradition sah, sprengte das Band der Staatskirche.

Das sich allmählich steigernde Interesse der weltlichen Behörden mag auch noch eine andere Ursache gehabt haben. In den sechziger und noch mehr in den siebziger Jahren des neunzehnten Jahrhunderts wuchs die heimliche revolutionäre Strömung der Narodniki, später der Sozialrevolutionäre, die schließlich im Jahre 1881 zur Ermordung Alexanders II. führte. Diese Bewegung versuchte – allerdings weithin erfolglos – unter den Bauern Fuß zu fassen. Im Jahre 1874 (darüber liegen Daten vor) gingen Tausende revolutionärer Studenten „unter das Volk" und suchten die Bauern, die durch die völlig unzureichende Landzuteilung nach der Aufhebung der Leibeigenschaft unzufrieden waren, gegen die Regierung aufzuhetzen und Revolten zu inszenieren. Das galt besonders von den Wolgaprovinzen, die schon in früheren Jahrhunderten die Aufstände eines Stenka Rasin und eines Pugatschow erlebt hatten und die Erinnerung an sie pflegten. Aber auch in den sogenannten neurussischen Südprovinzen wirkten die Studenten. Die Gouverneure waren zu besonderer Wachsamkeit verpflichtet. Jene Narodniki haben – wie sie selber eingestanden – wiederholt versucht, in den Sekten, die in Rußland so zahlreich waren, Bundesgenossen zu finden. Aber trotz wiederholter Anläufe hatten sie hier keinen Erfolg.

Eine ähnliche Bewegung wie in Ossnowa entstand 1867 hundertzwanzig Kilometer nordwestlich von Odessa. Sie fand anscheinend aber keine weitere Entwicklung. Hier hatte der Kreis von Ossnowa nicht mitgewirkt. Der Polizeikreischef des Kreises Ananjew berichtet nämlich an den Gouverneur von Cherson, ein Bürger von Ananjew habe im Vorwerk (chutor) Nikolajewskij eine „Stunde" begründet. (Dieser Name scheint sich für ähnliche Erscheinungen nun eingebürgert zu haben.) Es handelte sich um den katholischen Polen Adam Foissarowskij. Bei Haussuchungen seien in der kleinen Siedlung in jedem Haus ein Neues Testament der Synodalausgabe – also kirchlich approbiert – gefunden worden. „Die heiligen Reliquien erkennen sie nicht an, dadurch lästern sie Gott. Sie tadeln die Heiligen, schmähen die Ikonen und leugnen das Kreuz." Ein Soldat namens Lew Popow unterrichte vier Knaben und zwei Mädchen „in einem der orthodoxen Wahrheit widersprechenden

Geiste". Fünfzehn Familien — mit Kindern fünfunddreißig Personen — standen auf der Liste. Der Polizeichef verhaftete den Soldaten Popow und beschlagnahmte die Bücher. Die Teilnehmer kamen nicht nur aus Nikolajewskij, sondern auch aus Odessa, Nikolajew, sogar aus Bendery (Bessarabien). Katholiken und Orthodoxe saßen zusammen. Dieser Bericht zeigt, was dabei herauskommt, wenn die kirchliche Obrigkeit die Polizei zu Hilfe nimmt. Die Gouvernementsverwaltung in Cherson hat in diesem Fall der Polizei eine gerichtliche Verfolgung der Angelegenheit verboten. Die Bücher mußten zurückgegeben werden. Wir hören später von diesem Kreis nichts mehr. Möglicherweise wurde diese „ökumenische" Gemeinschaft unterdrückt. Aber als Symptom ist diese kleine Episode interessant. An wie vielen Orten mag ähnliches geschehen sein, ohne daß es an die große Glocke kam!

c. Die weitere Entwicklung in Ossnowa und Umgebung

Im Juli 1867 hatte der Untersuchungsrichter (!) dem Erzbischof von Odessa seine Akten mit den Ergebnissen seiner Untersuchungen eingereicht. Nun ernannte dieser einen besonderen Priester, der sich der „Abtrünnigen" annehmen sollte. Der Bericht des Untersuchungsrichters zeigt eine ähnliche Überforderung wie der oben erwähnte Polizeibericht. Neben dem Verwerfen kirchlicher Zeremonien (z. B. der Bekreuzigung), des Fastens, der Verehrung der Ikonen, der Anbetung der Heiligen stellt die Anklageschrift fest, die Abtrünnigen seien vom orthodoxen Glauben abgefallen und hätten stattdessen „die evangelische Lehre und die apostolischen Briefe" angenommen! Offenbar fiel dem Untersuchenden auf, daß sie in ihren Versammlungen auch die Briefe der Apostel im Neuen Testament miteinander lasen. Sie mögen dem sicher orthodoxen Beamten unbekannt geblieben sein.

Nun übernimmt Propst Kirjakow selbst das Gespräch mit den Versammlungsteilnehmern. Auch er scheint die Tendenz gehabt zu haben, auszugleichen und die Gegensätze zu entschärfen. Gerade im Blick auf den späteren Fanatismus im Kampf unter Pobjedonoszew sollte die zum Frieden mahnende Bemühung mancher untergeordneter kirchlicher Organe anerkannt werden. Die Neuheit des Phänomens brachte sie gewiß auch in Verlegenheit, zumal sie die Bescheidenheit der Stundisten und ihren echten Bekennermut geschätzt haben werden. Schon nach drei Wochen berichtete der Propst, es hätte sich nichts Neues zu dem schon Bekannten gezeigt.

Doch der Erzbischof entscheidet: Die Sekte ist gefährlich, weil sie die Sakramente, das Priestertum, Ikonen und Heiligendienst verwerfen. Vom Standort der orthodoxen Kirche ein sehr begreifliches Urteil. Propst und Ortspriester müssen sich eine Rüge gefallen lassen. Der (griechische?) Priester wird versetzt. Ein frisch aus dem Seminar kommender junger Nachfolger Nogajewskij tritt an seine Stelle.

Kurz darauf berichtet der Propst, die Stundisten „versicherten unter Tränen, ihren Glauben nicht verlassen zu haben, keine neue Lehre zu kennen und darum auch keinen Urheber nennen zu können. Sie fühlten sich nicht schuldig, wenn sie sich versammelten, um die Bibel zu lesen und zu singen. Gerne würden sie selbst mit dem Erzbischof sprechen".

Es muß dazu bemerkt werden, daß die orthodoxe Kirche nie ein Bibelverbot gekannt hat, und die russischen Bibeln wurden bekanntlich in dem vom Allerheiligsten Synod approbierten Text gedruckt.

Der Propst hatte bei der Einführung des neuen Priesters wieder Gespräche und berichtet, die Stundisten hätten sich beklagt, schuldlos verhaftet gewesen zu sein. „Wir werden ruiniert, wenn wir gewaltsam von der Arbeit abgehalten werden." Leider ist nicht festzustellen, wer und wie lange er verhaftet war. Man wird an Ratushnyj denken können. Dieses ist die erste Nachricht von einem polizeilichen Eingriff. Leider ist es nur der Anfang neuer Nöte.

Ende 1867 gibt es noch ein interessantes Schriftstück von anderer Seite, das manche überraschende Nachricht enthält. Ein uns sonst unbekannter Gutsbesitzer mit Namen Znatschko-Jovorskij wendet sich mit einem Schreiben direkt an den Generalgouverneur von Kotzebue. Es scheint eine förmliche Denkschrift gewesen zu sein, die zeigt, daß der Stundismus unter diesem nun fest geprägten Namen eine weit größere Verbreitung hatte, als sich bisher bei der Betrachtung Ossnowas und seiner Umgebung vermuten ließ. Der Verfasser überschreibt seine Denkschrift: „Die Gemeinschaft der Stundisten im Süden Rußlands." Er betont die feste Organisation der Bewegung, die schon ihre eigenen Sitten habe. Im Dorfe Kulikowka (Kreis Odessa) wurde sie durch das energische Einschreiten des Priesters unterdrückt. Der Verfasser befürchtet bei den Stundisten sogar „kommunistische Prinzipien" — ein gefährlicher Verdacht in der Zeit entstehender revolutionärer Bewegung im ganzen Zarenreich!

Diese Denkschrift scheint ohne Folgen geblieben zu sein. Die Tagespresse schrieb allerdings darüber. Sie nennt sogar die unkontrollierbare

Zahl von ca. 300 Anhängern. Der Gouverneur von Cherson erklärt beruhigend: Es handele sich um eine rein religiöse Bewegung ohne bedenklichen Hintergrund. Damit will er den politischen Verdacht abwenden. Es sei eben ein Verein von Leuten, die gerne daheim die Bibel läsen. Da von Odessa her John Melville, der Bote der Britischen und Ausländischen Bibelgesellschaft, ganz offiziell mit der Bibelverbreitung beschäftigt war, lag auch kein Grund zur Beunruhigung vor. Wohl aber lag im Januar 1869 zum ersten Mal eine Anfrage des Ministers des Inneren aus Petersburg vor — betreffend die „Stundowzen" (eine neue Form des Namens, die sich aber nicht einbürgerte). Welche Antwort der Minister bekam, ist unbekannt. Doch ist anzunehmen, daß nach oben hin alles möglichst verharmlost wurde.

Inzwischen hat nun auch der neu eingesetzte eifrige Priester Nogajewskij an den Erzbischof berichtet: die Stunde nimmt nicht ab! Sie suchen zu beweisen, daß sie rechte Christen sind. Sonntags gehen sie statt in die Kneipe in ihre Versammlungen. Auch das übrige Volk schenkt ihnen Sympathie. Die Deutschen hätten sich des einfachen Volkes angenommen und suchten, durch Lesen und Auslegen des Evangeliums zu helfen. „Denn das Volk lebt sonst wie das Vieh." Die Deutschen seien am Stundismus schuld! Er selbst versuche, das Vertrauen der Stundisten zu gewinnen. Eine Neuordnung auf dem Lande sollte man nicht unterdrücken.

Wir wissen, daß die revolutionäre Propaganda starken Einfluß auf die Priesterseminare hatte. Hier waren einigermaßen zum Nachdenken erzogene Männer, die durch ihren Beruf bald großen Einfluß auf die Bauern haben konnten. Bekanntlich war auch Joseph Dschugaschwili, später Stalin genannt, in seiner Jugend Priesterseminarist gewesen und damals mit revolutionärem Schrifttum bekannt geworden.

Der junge Nogajewskij sah: Hier sind sittliche Kräfte am Werk, die nicht zu leugnen sind. Während der arme Mushik seine Sorgen beim Schnapstrinken zu vergessen sucht und am Sonntag in der Kneipe Karten spielt, lesen die Stundisten die Bibel, beten und singen. Hier war offenbar eine Not überwunden, die die orthodoxe Kirche bisher nicht bewältigt hatte. Wo hatten die Leute das gelernt? Beim benachbarten Kolonisten, wo solche Versammlungen gang und gäbe waren!

Dahinter steckte der soziale Notstand. Zwar war der Bauer nicht mehr Sklave, aber er mußte das Land bezahlen, das er bearbeitete und das kaum ausreichte, um leben zu können. Die Großgrundbesitzer hatten durch ihren Einfluß das Gesetz verwässert. Das sollten sie später teuer bezahlen. Erst der vor dem ersten Weltkrieg ermordete Ministerpräsident Stolypin erkannte die Bedeutung eines freien und wirtschaftlich starken Bauerntums für Rußland. Aber da war es zu spät.

Im Mai 1868 geht ein Bericht vom Erzbischof von Odessa an den Generalgouverneur: Die Verdächtigen seien zwar keine Sektierer, dennoch bitte er zu überprüfen, welche Maßnahmen gegen sie zu ergreifen seien. Sollte man etwa den Deutschen verbieten, mit den russischen Bauern gemeinsame Versammlungen zu halten? Sollte nicht Ratushnyj als Anführer und Verführer aus Ossnowa entfernt werden? Die Gleichsetzung von Kirche und Staat verwirrt die Kompetenzfrage. Zugleich wird auch die völlige Rechtlosigkeit des einzelnen deutlich. Zwar ist gegen ihn keine gesetzliche Anklage möglich (nicht einmal als Sektierer!), aber man kann ihn ohne Gericht verjagen. Wir in Westeuropa sollten diese Verhältnisse im Zarenreich etwas genauer studieren. Dann würden wir gegenüber den Maßnahmen der neuen Kremlherrscher nicht mehr so fassungslos sein. So war es — und so blieb es! Der Generalgouverneur hatte bekanntlich die Macht, „auf administrativem Wege", das heißt in völliger Willkür, einen Menschen nach Sibirien zu verschicken, ohne darüber Rechenschaft geben zu müssen. An diese Anarchie des Rechtswesens hatte sich das russische Volk seit Jahrhunderten gewöhnt. Selbst die erfreuliche Reform Alexanders II. hatte daran prinzipiell nichts geändert.

Ebenfalls 1868 berichtete der Erzbischof an seine höchste Kirchenbehörde, den Allerheiligsten Synod in Petersburg: Da sich die neue Sekte (also doch!) durch eifrige Proselytenwerbung auszeichne — also eine starke Anziehungskraft zeigte —, hoffe der Erzbischof auf das Eingreifen der Zivilbehörde. Geistliche Mittel standen ihm offenbar nicht zur Verfügung.

Am 8. Juli 1868 setzten sich die Stundisten zum ersten Mal bei den hohen Behörden zur Wehr. Die Eingabe an den Generalgouverneur von Kotzebue trägt vier Unterschriften: Ratushnyj, *Kapustjan, Balaban* und *Ossadskij*. Hier lernen wir nun einige neue Namen kennen, die kirchengeschichtliche Bedeutung gewinnen. Leider wissen wir auch hier nicht die Einzelheiten und Ereignisse, die vorangingen, und können nur Rückschlüsse aus der Klageschrift ziehen. Die Unterschreibenden bitten um den Schutz des Gesetzes gegen die Geistlichkeit, deren Quälereien sie nicht mehr ertragen können. „Die zivilen Behörden nehmen die Partei der Geistlichkeit und setzen uns vielen Bestrafungen aus, während wir völlig schuldlos sind", heißt es wörtlich. Am 6. Januar 1867 sei eine

Verhaftung durch den Dorfältesten auf Betreiben des Dorfpriesters erfolgt. Wer da vor anderthalb Jahren verhaftet wurde, wird nicht gesagt. Etwa Ratushnyj? Es scheint, daß der Verhaftete erst am 18. 9. 1868 ohne Gerichtsverfahren in Odessa wieder freigelassen wurde.

Es heißt weiter in der Beschwerdeschrift: „Sie peinigen uns wegen des Lesens des Evangeliums ... Wir wollen christlich leben, und sie wollen uns zwingen, es zu lassen. Wir aber wollen nicht vom Christentum abfallen, sondern nach dem Evangelium leben, wie es geschrieben steht. Und dafür quälen sie uns."

Diese Klage zeigt in ihrer Schlichtheit, was Stundismus ist — eine Bibelbewegung, der es nicht um kirchliche Organisationsfragen oder um theologische Probleme geht. Hier geht es um lebendigen Glauben und um gelebtes Christentum.

In einem polizeilichen Bericht über die Persönlichkeit Ratushnyjs heißt es: „Seine wirtschaftlichen Verhältnisse sind gut; in sittlicher Hinsicht hält er sich ruhig; aber seine Lehre bringt Unruhe in die Bevölkerung. Er hält hartnäckig an der Stunde fest und versucht, sie auszubreiten."

Ein paar Monate später (Herbst 1868) heißt es in einem weiteren Polizeibericht: Ratushnyj, Balaban und Kapustjan läsen sonntags in den Versammlungen aus der kirchenslawischen Bibel vor (demnach dem traditionellen kirchlichen Text). In Gebärden und in ihrer Kleidung ahmten sie die deutschen Kolonisten nach. Sie trügen starke hohe Stiefel und lernten auch darin von ihren Nachbarn.

Ratushnyj beklage sich, daß sein Hof durch die Verfolgung ruiniert sei (offenbar war er der längere Zeit Verhaftete, etwa mit Unterbrechungen?). Er klage auch darüber, daß ihn die Dorfbewohner einen Häretiker, ja einen Antichristen nennen.

Die Quellen sagen leider nichts über Erfolg und Mißerfolg der Eingabe der Stundisten. Aber es scheint, daß ein örtlicher Polizeibeamter, der Isprawnik, auf eigene Faust Schritte unternahm, während dem Gouverneur die ganze Sache bedeutungslos erschien. Anfang 1869 stellte der Isprawnik Ratushnyj „unter strengste polizeiliche Aufsicht". Was heißt das? Darf R. den Ort nicht mehr verlassen? Muß er sich regelmäßig bei der Polizei melden? Wollte hier ein kleiner Dorfpolizist seine Tüchtigkeit erweisen? Am Ende des Jahres meldet derselbe Isprawnik, daß die Stunde sich nach auswärts nicht mehr ausgebreitet habe. Daraufhin erklärte die Gouvernementsverwaltung, die Sache sei nun als erledigt zu betrachten und die Akte zu schließen.

Ein Jahr später wurde sie wieder geöffnet. 1870, ein knappes Jahrzehnt nach der Entstehung der Stunde in Ossnowa, wurden die Kämpfe härter.

Im März beschloß das „Wolostj-Amt", das einige Dörfer umfaßte, die Stundisten müßten entfernt werden. Praktisch hatte dieser Beschluß keinen Wert, aber er zeigt die Stimmung der Nachbarn, die vielleicht auch neidisch auf die wirtschaftliche Tüchtigkeit der Stundisten waren. Der Beschluß wurde nicht ausgeführt, weil er „nur der Beschluß einiger Beamter der Amtsverwaltung" sei.

Im gleichen Monat berichtet der Gouverneur von Cherson an das Ministerium des Innern nach Petersburg, es ginge in der Stunde nicht um Dogmen oder Lehrfragen. Er sah vielmehr die Ursache der Bewegung in der geringen Qualität der Priester. Sie hätten nicht die Eigenschaften, „die sie aufgrund der Heiligen Schrift haben sollten". Hier setze die Kritik der Stundisten ein. Man brauche gebildete, erfahrene Priester, die aber die Eparchie von Cherson nicht aufzuweisen habe.

Man merkt an diesem Urteil, daß der Gouverneur ein gewisses Verständnis für die Stundisten hat und daß seine eigene Meinung von den Dorfpriestern nicht gerade hoch ist. Die Kirche billigte den Städten Pfarrer mit einer gewissen Bildung zu, sie sollten dort eine gesellschaftlich anerkannte Stellung einnehmen; für das Dorf und die schlichten Analphabeten der ländlichen Proletarier genügte ein Priester, der schlecht und recht die Liturgie und die heiligen Gebräuche verrichtete; theologische Bildung konnte gut entbehrt werden. Das entsprach den beiden Bildungsgängen, die die orthodoxe Kirche anbot: Die geistliche Akademie, die etwa unseren theologischen Fakultäten entspricht, besuchte nur die Auslese der Begabten. Die übrigen aber erhielten eine seminaristische Ausbildung, die aber für jene Probleme nicht vorbereiten konnte, wie sie in den Fragen der Erweckten an die Priester zum Ausdruck kamen. Diese Dorfpriester waren meist schlecht besoldet, und so begegnen sie uns in der russischen Literatur nicht selten mit einem fatalen Hang zum Alkohol. Sie waren für den Dienst an den von Alkohol beherrschten Bauern nicht gerüstet.

Die Versammlungen der „Stunde" wuchsen weiter. In Ignatowka werden Anfang des Jahres vierzig Personen gezählt, im Kirchdorf Rjassnopolje sogar hundert! Dabei wird betont, daß es meist jüngere Personen seien. Einmal heißt es sogar, im Bezirk Rjassnopolje gehöre die Mehrzahl der Bauern zur Stunde, was wohl eine Übertreibung gewesen sein wird. Aber hinter dieser Aussage muß irgendein Eindruck gestanden haben. Daß die Alten fester an der Tradition hielten, die Jungen aber nach dem Neuen fragten, dürfte verständlich sein.

In diesem Jahr, 1870, begann der Zusammenhang der Stundisten mit der Kirche zu zerreißen. Ein Bericht sagt, der Priester besuche die Stundisten nicht mehr, weil ihm dort Mißachtung entgegenkommt: wenn der Priester sich dem Hause nähere, verschwänden die Bauern aus der Hintertür.

Es könnte sein, daß die Verhaftung Ratushnyjs auf Veranlassung des Priesters zum Bruch mit der Kirche führte. Zum ersten Mal vollziehen die Stundisten in diesem Jahr eine Beerdigung ohne priesterliche Hilfe, auf die sie nun keinen Wert mehr legen. Das mußte als Kriegserklärung aufgefaßt werden. Im Mai 1870 begannen die Stundisten, ihre Ikonen zum Priesterhaus zu bringen und sie dort abzulegen. Sie begründeten diesen Schritt damit, daß sie allzu oft Vorwürfe zu hören bekämen, sie mißachteten die Ikonen.

Im September des Jahres hatte der Erzbischof von Odessa ein persönliches Gespräch mit Ratushnyj. Da aber auch sein Wort erfolglos blieb, bat er nun den Gouverneur von Cherson um eine „gesetzliche Bestrafung des Häretikers".

Im Juni wird schon von 219 Gliedern der Stunde von Ossnowa gesprochen. Von 54 Familien des Dorfes sollen nur noch sieben orthodox geblieben sein. Von Ignatowka heißt es, ein Drittel der Bevölkerung sei stundistisch.

Wer waren die Führer dieser Bewegung? Wir wollen drei dieser Männer kurz charakterisieren, soweit das nach hundert Jahren möglich ist.

1. *Michael Ratushnyj* ist zweifellos eine Führernatur. Er soll im Jahre 1886 erst 56 Jahre alt gewesen sein, ist also um 1830 geboren und steht 1870 im besten Lebensalter. Er hat eine große Landwirtschaft, bewohnt ein Steinhaus, besitzt Pferde und Zugochsen. Vor seiner Bekehrung war er der Dorfälteste (Gemeindevorsteher) — also der führende Bauer von Ossnowa. Der Gouverneur kannte ihn persönlich und schätzte seinen Charakter und seine Begabung. Er hatte ihm den Rat gegeben, zur Orthodoxie zurückzukehren und selbst Priester zu werden. Offenbar schien er ihm zu diesem Beruf besser geeignet als der kirchliche Amtsträger von Ossnowa.

In jungen Jahren war Ratushnyj arm. Er hatte eigentlich das Schusterhandwerk gelernt. Seine landwirtschaftlichen Kenntnisse wird er in

Rohrbach gewonnen haben, wo er bei den Kolonisten gearbeitet hatte. Wie viele Bauern jener Zeit hat er erst als Erwachsener das Lesen und Schreiben erlernt und sich eine gute Kenntnis der Bibel erworben. Er ist ein Beispiel für viele Ukrainer, die uns durch ihre schnelle Auffassungsgabe und natürliche Intelligenz oft in Staunen versetzen. Um das Evangelium in die Nachbardörfer zu tragen, reiste er oft als Händler umher, ähnlich wie Kascha Jagub. Als Hausierer getarnt kam man leicht von Haus zu Haus.

2. *Gerassim Balaban* (genannt Witinkow), ca. 1832 geboren, war Ratushnyjs fleißiger Helfer und ein Evangelist des Stundismus. Er stammte aus dem Dorf Tschaplinka im Gouvernement Kiew. Erst 1867 kam er als Saisonarbeiter nach Ossnowa. Durch seine Nüchternheit und durch seinen Fleiß wurde er ein vermögender Bauer, der 18 Pferde und etliches Vieh besaß. Ein Zeichen dafür, daß bei den rechten sittlichen Voraussetzungen der Bauer auf einen grünen Zweig kommen konnte. Er galt als besonders redebegabt.

Ehe die systematische Verfolgung der Stundisten unter Alexander III. begann, haben diese Stundisten sich wirtschaftlich an die Spitze ihrer Dorfgemeinschaften emporgearbeitet. Vom deutschen Nachbarn hatten sie gründlich die Landwirtschaft gelernt. Kneipe und Kartenspiel mieden sie. Sparsamkeit und Fleiß sowie das christliche Verantwortungsbewußtsein des nüchternen Menschen machten sich überall bemerkbar.

3. *Onischtschenko* ist zwar der Mitbegründer der Stunde von Ossnowa, tritt aber kaum in den Vordergrund. Er wird in den Polizeiberichten nie genannt. Eine Zeitlang war er Wanderarbeiter und lebte offenbar bei den deutschen Bauern in der Gegend von Nikolajew. Ein stiller Mystiker, der schon früh den orthodoxen Gottesdienst mied und oft in die deutschen evangelischen Kirchen ging. Von seiner Frau und seinem erwachsenen Sohn lebte er getrennt — wohl, weil sie seine Glaubenshaltung nicht teilten. Er bekochte sich und nähte sich auch seine Kleider selbst. Er galt als ungewöhnlich fleißig. Es scheint, daß er sich schon vor den beiden anderen zum biblischen Glauben bekehrt hatte. Ratushnyj holte sich gerne bei Onischtschenko Rat. „Gott gab mir Licht und dem Michael (Ratushnyj) den Verstand", soll Onischtschenko gesagt haben, ein Sonderling, wie sie auch bei Erweckungen im Westen manchmal zu finden sind. Ein einziges Mal — im Jahre 1870 — stand er auf einer Liste der Stundisten, die der Starosta (Dorfälteste) aus dem Dorf zu entfernen suchte. Aber sein Name war der letzte auf der Liste.

d. Die Stunde in Karlowka und Ljubomirka

In der nächsten Nachbarschaft von Ossnowa wird ein Dorf jenseits des Bug genannt, wo auch eine Stunde entstand — Kostantinowka. Näheres über ihre Geschichte wissen wir nicht. Dazu kam jedoch eine offenbar von Ossnowa ganz unabhängige Bewegung in den beiden Dörfern Karlowka und Ljubomirka im Kreis Jelisawetgrad (heute: Kirowograd). Stellvertretend für viele andere wollen wir die führenden Männer dieser beiden Dörfer und ihre Gemeinden beschreiben:

In *Karlowka* bekam die Bewegung von Anfang an einen baptistischen Charakter. Die Kindertaufe wurde abgelehnt und statt dessen die Taufe an Gläubigen als allein biblisch anerkannt. Das war der Einfluß des deutschen Kolonisten *Ephraim Pritzkau* im Nachbardorf Alt-Danzig. Hier war seit den sechziger Jahren eine baptistisch ausgerichtete Erweckung, die von Anfang an mit der Orthodoxie gebrochen hatte. Unter der Führung der beiden ukrainischen Bauern *Trifon Chlystew* und *Jefim Cymbal* schlossen sich zehn Bauern zu einer ukrainischen Baptistengemeinde zusammen. Von auswärts kamen noch dazu: *Feodor Golumbowskij* und *Grigorij Woronow*. Letzterer war ein Bürger aus der Kreisstadt Jelisawetgrad. Vorübergehend ließ sich mehr als die Hälfte der kleinen Gemeinde zur Rückkehr zur Orthodoxie überreden. Aber da vier Bauern fest blieben und unter Berufung auf das Wort aus Jes. 44 die Ikonenanbetung ablehnten, kehrten die übrigen wieder in die Baptistengemeinde zurück. Es wird sich um Jes. 44, 10—20 gehandelt haben, wo mit derben Worten die Sinnlosigkeit des Bilderdienstes gestraft wird. Daß eine Verbindung nach Ossnowa bestand, ist sehr fraglich, da dort zu jener Zeit die Tauffrage noch keine Rolle spielte.

Vielleicht schon ein Jahr früher entstand im Nachbardorf *Ljubomirka* ohne Beziehung zur Gemeinde in Karlowka eine Stunde, die mehr den Charakter von Ossnowa hatte. Die führenden Bauern waren hier *Maxim Krawtschenko* und *Iwan Rjaboschapka*. Der letztere wurde eine wichtige Gestalt in der Geschichte des Stundismus.

Iwan Rjaboschapka ist etwa 1832 geboren. Er soll erst 1857 als Schafhirt nach Ljubomirka gekommen sein. Zwei Jahre später trat er in den Dienst eines deutschen Müllermeisters (Martin Hübner?). Durch ihn, der offenbar im Glauben stand, bekam er seinen ersten Eindruck vom Evangelium. Der Siebenundzwanzigjährige kaufte sich auf einem Markt ein russisches Neues Testament (stoßen wir hier etwa auf die Spuren des schottischen Bibelboten John Melville?). Es wird erzählt, daß der

Müller das Buch bei ihm liegen sah und ihn fragte, ob er es auch verstehe. Rjaboschapka, der erst hier ruissisch lesen und deutsch sprechen gelernt hatte, soll dem Müller geantwortet haben: „Wenn ich mich nach diesem Buch richten wollte, so müßte ich mein ganzes Leben ändern." Worauf jener antwortete: „Iwan, entweder wird dieses Buch zum Fundament deines Lebens, oder du fällst dich an ihm zu Tode." So habe es Rjaboschapka später selbst erzählt.

Nun, das Buch wurde das Fundament seines Lebens. Er fand in noch jungen Jahren eine Lebensgefährtin, heiratete und kaufte sich in Ljubomirka an. Im Jahre 1886 — etwa fünfundzwanzig Jahre später — ist Rjaboschapka ein wohlhabender Mann, der ein großes Anwesen mit zwei Schmieden, einer Dreschmaschine, drei Pferden und Vieh hatte. Auch hier müssen wir bedenken, daß der Neid derer, die es nicht so weit brachten, in den dörflich engen Verhältnissen nicht ausblieb. Er hat bei der späteren Verfolgung oft eine Rolle gespielt.

Rjaboschapka wurde einer der gesegnetsten Evangelisten der ersten Generation des Stundismus. Bald zählte die entstandene Stunde zwanzig Männer, die allen kommenden Prüfungen gewachsen waren. Diese blieben nicht aus. Schon 1867 wird Rjaboschapka nach vergeblicher Vernehmung zum ersten Mal verhaftet, aber bald wieder freigelassen. Im Jahre 1868 folgt die zweite Verhaftung — „auf längere Zeit", wie lange, wird nicht näher gesagt. Es heißt aber, daß ihn der Friedensrichter von Jelisawetgrad „zur Strafarbeit in anderen Kolonien eingesetzt" hätte. Im alten Zarenreich war alles möglich. Sehr lang kann diese Deportierung nicht gedauert haben. Der Versuch, ihn und Krawtschenko aus der Dorfgemeinschaft auszuschließen, scheiterte am Einspruch des Generalgouverneurs von Neurußland. Die Männer seien weder „schädlich noch lasterhaft", sagt er. Wir bemerkten schon, daß man von oben her günstiger über diese nüchternen Arbeiter dachte. Allerdings, als Rjaboschapka sich beim Senat in Petersburg, der höchsten Appellationsbehörde, beschwerte und die Bestrafung des Friedensrichters forderte, weil ihm Unrecht geschehen ist — was ihm der Senat auch zubilligte! —, da hat der gleiche Generalgouverneur den Senat gebeten, davon abzusehen; es dürfe auch nicht der Schein entstehen, daß die Stundisten gefördert würden! Das sei für die Kirche peinlich und mache einen schlechten Eindruck. Ob wohl inzwischen der Erzbischof den Generalgouverneur besucht hatte?

Im Jahre 1870 sind durch Rjaboschapka schon in elf Dörfern Stunden entstanden. Geldstrafen und gelegentliche Verhaftungen schlossen die

Brüder nur um so enger zusammen. Man half sich gegenseitig. Auch hier merkt man eine gewisse Verlegenheit der Behörden. Die Kirche wartet auf den Eingriff des Staates. Der Staat sagt: das ist Kirchensache!

Am 11. Juli 1870 wird bekannt, daß die Stundisten von Ljubomirka und Umgebung ihre Ikonen aus den Zimmern entfernen und auf den Speicher bringen. Nun wird die Stunde in Ljubomirka schon von 65 Männern und 75 Frauen besucht. (Die Frauen sind hier in der Mehrzahl zum Unterschied von Ossnowa.) Im ganzen Kreis Jelisawetgrad sollen 224 Stundisten leben. Im gleichen Jahr bricht die Stunde von Ljubomirka mit der orthodoxen Kirche durch die Annahme der Glaubenstaufe — wohl unter dem Einfluß von Karlowka.

e. Die Stunde in Tschaplinka

Auch im Gouvernement Kiew breitete sich die Stunde aus. Die Bauern waren gewöhnt, sich als Saison- und Erntearbeiter zu verdingen. Im weiten Rußland mit seinem verschiedenartigen Klima reift die Ernte nicht zu gleicher Zeit. Da Mähmaschinen noch nicht vorhanden waren, war jede Männerkraft in der Erntezeit begehrt. Dieser Austausch von Kräften förderte auch den geistigen Austausch und den geistlichen Einfluß.

Im Kreise Taraschtscha, Gouvernement Kiew, lag das Dorf *Plosskoje*. Schon 1868 sammelten sich hier Bauern, die als Erntearbeiter im Gouvernement Cherson gewesen waren, zum Bibellesen. Der Bauer *Pawel Cybulskij* stellte sein Haus zur Verfügung. Erst ein Jahr später merkte der Priester etwas davon und meldete es dem Propst. Da Verhandlungen mit Cybulskij und einem andern Stundisten namens *Tyschkewitsch* erfolglos waren, wurden sie ins Gefängnis geführt. Denn sie bekannten offen, daß die Kreuze und Ikonen, die Reliquien und die Gottesmutter Maria „wirkungslos" seien. Dazu behaupteten sie gar, daß Trunksucht Sünde sei! Ein Protokoll behauptet zwar, die beiden hätten später zur Kirche zurückgefunden. Man wird aber zu bedenken haben, daß die Untergebenen ihren Vorgesetzten gerne den gewünschten Erfolg zu melden suchten.

Auch im Dorfe *Roshki* entstand eine Versammlung. Das führte dazu, daß die geistliche Behörde die Priester zu größerer Wachsamkeit ermahnte. Sie sollten aber auch Wege suchen, ihrerseits das Verlangen nach geistlicher Speise zu stillen. Sie sollten die Trunksucht und andere Laster bekämpfen und eine sittliche Lebensführung fördern. So erfreulich das alles ist, so bleibt es doch lauter Flickwerk und „Werkerei", wenn der Glaubensweg der Bibel, den jene Stundisten gefunden hatten, nicht verkündet wird.

Im Dorfe Tschaplinka, wo wir über die Vorgänge näher unterrichtet sind, erschien der Stundist *Balaban* aus Ossnowa, der treue Mitstreiter Ratushnyjs. Balaban war in Tschaplinka geboren und sollte auf polizeiliche Anweisung hin sich hier einen Paß ausstellen lassen. Da sich die Sache verzögerte und Balaban solange in Tschaplinka bleiben sollte, benutzte er diese Gelegenheit, um auch hier eine Stunde zu sammeln. Zwar bekam er eine Vorladung nach Kiew und eine kurze Haft, aber nach seiner Entlassung hatte er um so mehr Erfolg. Dreimal in der Woche hielt er Versammlungen — bald auch in benachbarten Dörfern.

Im Januar 1872 wird Balaban mit einigen andern verhaftet, aber inzwischen ist an Predigern kein Mangel. Es ist charakteristisch für den Ukrainer wie für den Russen, daß sie für ihre gewonnene Überzeugung erfolgreich einzutreten wissen. Daran profitierte auch die revolutionäre Bewegung jener Jahrzehnte. Es findet sich überall schnell der „udarnik", das heißt der Propagandist. Das Ähnliche gilt von dem erweckten Christen. Wenn er erst seine grundlegende Erfahrung gemacht hat, so ist er eigentlich schon ein Evangelist. Diese natürliche Begabung des Slawen ist der stundistischen Bewegung über hundert Jahre lang sehr zum Nutzen gewesen. Studierte oder auch nur seminaristisch vorgebildete Prediger waren stets in der Minderheit. Das gilt selbstverständlich auch für die Gegenwart. Denn die evangeliumschristlich-baptistische Bewegung in der Sowjetunion hat auch bis heute keine Bibelschule, geschweige denn ein Predigerseminar. Und dennoch läuft das Wort durch das Riesenland des Ostens.

Freilich mußten damals viele erst das Lesen lernen. Das Übungsbuch dazu war die Bibel, nach deren Wort sie ein so großes Verlangen hatten. Man muß ja auch immer neu daran erinnern, daß mit der Abschaffung der Leibeigenschaft eine Emanzipationsbewegung besonders unter den jungen Bauern begann, die einen starken Bildungsdrang entwickelten. Die Priester ihrer Kirche blieben auf ihre Fragen meist stumm.

Auch hier in Tschaplinka ging es zuerst nur um eine innerkirchliche pietistische Gemeinschaftsbewegung. Erst die Eingriffe des Priesters mit Polizeihilfe führten zur selbständigen Gemeindebildung. Als das kirchliche Konsistorium eine Kommission bildete, die mit den Abgefallenen reden sollte, um sie zur Orthodoxie zurückzugewinnen, mußte bei allen diesen Gesprächen ein Polizeibeamter zugegen sein. Offenbar sollte die Angst vor der rohen Gewalt die Leute einschüchtern. Daß es um Roheit ging, zeigte sich bald. Der Polizist hier hieß Popow. Er war der „stanowoj pristaw", das heißt der Polizeiaufseher, ein Polizeioffizier. Fand er in einem Hause keine Ikonen mehr, so griff er zur Peitsche und suchte durch Auspeitschen der Eltern wie der Kinder die kirchliche Ordnung wiederherzustellen! Mag es nicht gerade die Methode des Konsistoriums gewesen sein, so blieb diese handgreifliche Zurechtweisung, die keine Einzelerscheinung war, den kirchlichen Behörden gewiß nicht unbekannt. Es war ein Rückfall in die Zeit vor Aufhebung der Leibeigenschaft, die in den Gehirnen Subalterner noch nicht ausgestorben war. Die Brüder aber mußten leiden. Ein orthodoxer Berichterstatter, Lukjanow, mußte zugeben: „Diese Art förderte die Sache nicht!"*) Man denkt unwillkürlich an die Szene Apg. 5, 40 ff.

Der orthodoxe Priester Roshdestwenskij erzählt von Popow: „Er war fast ständig betrunken, intellektuell unentwickelt, grob und böswillig und bestechlich. Bald zeigte er seinen Heldenmut. Als ‚Patriarch der Stundisten' bekannt, verfolgte er die Stundisten, wo er nur konnte, jagte die Versammlungen auseinander, schlug die Teilnehmer und verhaftete sie nach Belieben. Das hatte zur Folge, daß die Stundistenversammlungen nunmehr noch geheimer und mit größerer Vorsicht abgehalten wurden.**)

Soweit der Bericht eines gewiß objektiven orthodoxen Berichterstatters. Wer diese Mentalität der alten Zarenbehörde nicht kennt, verkennt auch die Methoden des Bolschewismus.

Bevor die oben genannte Kommission des Konsistoriums unter Assistenz von Polizeioffizier Popow ihre „Ermahnungen" begann, wurde der Ortspriester versetzt. Doch der Erfolg der kirchlichen Bemühungen war gleich null. Dabei wollten die fünfzig Teilnehmer der Versammlung in Tschaplinka durchaus keine Stundisten sein, mit dem Makel einer Sekte behaftet. Sie seien nichts anderes als „wahre Christen" und gründeten sich auf die Aussagen des Neuen Testaments. Andere Lehrbücher lehnten sie ab.

*) Lukjanow, Grigorij, Zwei, drei Worte aus der Geschichte des südrussischen Stundismus. Aus dem Wochenblatt „Die neue Zeit", dritter Band, August 1879 (in russischer Sprache).
**) Roshdestwenskij, Arsenij (Priester): Der südrussische Stundismus. Petersburg 1889 (in russischer Sprache).

Im November 1872 trugen die Stundisten ihre gesamten Ikonen zur Ortskirche und legten sie im Glockenturm nieder. Als eine neue offizielle Ermahnung Anfang Dezember 1872 wieder ergebnislos verlief, berichtete der Propst an den Metropoliten von Kiew und schlug vor, sämtliche Stundisten aus dem Ort zu entfernen und in ein anderes Gouvernement zu verschicken. Es scheint, daß diese rigorose Methode nicht durchführbar war.

Im gleichen Monat wird gegen Balaban ein Prozeß vor Gericht durchgeführt: Wegen Verführung Orthodoxer zum Stundismus und wegen Blasphemie (wahrscheinlich wegen Verachtung der Ikonen) wird er zu einem Jahr Gefängnis unter Anrechnung der Untersuchungshaft verurteilt. Alle andern Angeklagten werden freigesprochen. Auch hier könnte man Parallelen zu modernen Prozessen in der Sowjetunion finden.

Als Balaban im Mai des nächsten Jahres frei wird (1873), beginnt er sofort wieder seine alte Tätigkeit. Er wird bald wieder verhaftet und im Oktober des Jahres nach Odessa geschickt, wo gegen ihn und andere Brüder aus Ossnowa ein neuer Prozeß eingeleitet wird. Sein Ausgang ist uns unbekannt.

Auch als das Kiewer Konsistorium einen für diese Aufgabe besonders geeigneten Mönchspriester schickte, den ehemaligen Katholiken Wladimir Terlezkij, erweist sich das als Fehlschlag. Er kehrt bald wieder in sein Kloster zurück, hinterläßt aber eine Empfehlung, wie man mit dem Stundismus fertig werden könnte. Auch er weiß keine andere Hilfe als

Verbannung der „Anführer" der Stunde in entfernte Gebiete,
Verbot von Hausversammlungen durch soldatische Einquartierung (vergleiche die berüchtigten Dragonaden zur Bekämpfung der Hugenotten unter Ludwig XIV.),
Verbot der Ein- und Ausreise „verdächtiger" Personen,
polizeiliche Überwachung der reisenden Händler,
scharfe Bestrafung aller „Blasphemie",
Ernennung streng orthodoxer Lehrer und Kanzleischreiber.
Dazu: *Versammlung der Dorfgeistlichen* zur Besprechung der Lage in ihren Gemeinden,
Belehrung homiletischer und katechetischer Art,
Gründung von orthodoxen Laien-Bruderschaften zur „Befestigung der Sittlichkeit",
sonntägliche Bibelstunden.

Alle diese Vorschläge brachte Terlezkij persönlich bei den kirchlichen Behörden wie beim Generalgouvernement vor. Bis auf die letzten positiven Vorschläge erinnert vieles peinlich an die späteren Tscheka-Methoden oder an die frühere Inquisition der römischen Kirche, aus der der Ratgeber stammte. Jedes Mittel ist recht, wenn die Leute nur „linientreu" werden. Wie schwer die orthodoxe Kirche in den Revolutionsjahren unter den gleichen Bedrückungsmaßnahmen gelitten hat, ist bekannt. Die positiven Vorschläge Terlezkijs wären einer Durchführung wert gewesen, doch fehlten weithin die geistlichen Voraussetzungen dazu.

Der Generalgouverneur berichtete im gleichen Sinne an den Minister des Inneren nach Petersburg. Aber dieser lehnte alle Verbannungen ab. Noch regierte der liberale Alexander II. Bei seinem Sohne Alexander III. sollten allerdings nicht nur Verbannungen, sondern noch grausamere Mittel der Bedrückung eingesetzt werden. Der „liberale" — dieser Ausdruck kann im Zarenreich von damals nur relativ verstanden werden — Minister schrieb, man wolle keine Märtyrer schaffen. Außerdem würden die Verbannten ihre Lehre nur weiter verbreiten, und alles würde schlimmer werden.

Die Folge aber war, daß die kirchliche Behörde, die sich vom Minister im Stich gelassen fühlte, um so mehr die lokale Polizei in Anspruch nahm. Einer der Stundisten — der Name wird nicht genannt — wurde „zur Belehrung" in ein Kloster geschickt, wo unglaubliche Zustände herrschten. Das alles berichtet der oben erwähnte orthodoxe Priester Roshdestwenskij und bemerkt, daß durch alle diese Maßnahmen das Gegenteil erreicht wurde.

Die Stundisten ihrerseits suchten nun Schutz bei der Reichsregierung. So fuhr Ratushnyj im Jahre 1873 nach Petersburg, um dem Zaren ein Bittgesuch der Stundisten zu überreichen. Ob er Erfolg hatte, ist leider nicht festzustellen. Auf der von ihm beigefügten Liste standen 61 Namen aus Tschaplinka, 18 aus Plosskoje, 15 aus Kutschkowka und 12 aus Kossjakowka (also einige neue Dörfer). In der Bittschrift heißt es, daß zur Zeit 35 Personen wegen ihrer Zugehörigkeit zum Stundismus im Gefängnis säßen.

Daraus wird ersichtlich, daß sich Ratushnyj über Ossnowa hinaus (das im Gesuch nicht einmal genannt wird) zum Wortführer und Beschützer der Brüder berufen weiß. Weiter ist zu bemerken, daß die Verhaftung aus Gründen religiöser Überzeugung nicht erst eine bolschewistische Erfindung, sondern alte zaristische Tradition ist.

2. Die Bildung einer Kirchengemeinschaft des Stundismus

a. Die Voraussetzungen

Wie kam es, daß diese aus der orthodoxen Kirche entstandene und sich als innerkirchliche Bewegung verstehende Erweckung zu einer baptistischen Kirchenbildung führte? Da heute der Bund der Evangeliumschristen/Baptisten in der Sowjetunion einen bedeutenden Teil des Weltbaptismus darstellt, kann man von einer kirchengeschichtlichen Entscheidung sprechen, die jene schlichten Bauern in der Ukraine im Jahre 1884 fällten, als sie den Russischen Baptistenbund gründeten.

Es ist erwiesen, daß die orthodoxe Staatskirche die Stundisten aus ihrer Kirchengemeinschaft ausstieß. Mögen die äußeren Symptome — etwa die Absage an den Ikonendienst von seiten der Stundisten — diesen selbst die Initiative der Trennung zuschieben, so ist doch deutlich geworden, daß die auf ihre Tradition und ihre kirchlichen Kanons gegründete orthodoxe Kirche diese mündigen Glaubenden nicht ertragen konnte. Die Stundisten hatten eine Glaubenshaltung gefunden, die unabhängig war vom Priester und vom Sakrament. Sie wollten sich allein auf die Bibel stützen. Daß sie dabei zu „Protestanten" im eigentlichen Sinn des Wortes geworden waren, das wird ihnen erst später klar.

Ein Übertritt aber zur evangelischen Kirche — ob lutherisch oder reformiert — war unmöglich, denn eine evangelische Kirchengemeinschaft russischer Sprache sollte es nach Gesetz nicht geben. So waren die Stundisten kirchlich heimatlos.

Es darf die Frage gestellt werden, warum von der deutschen lutherischen Kirche keine sichtbare Hilfe für die Stundisten kam. Man hat der gewiß nicht kleinen lutherischen Kirche der Rußlanddeutschen und Balten den Vorwurf gemacht, daß sie um ihrer grundsätzlich regierungstreuen Haltung willen der stundistischen Bewegung nicht geholfen hat. Wer aber die Geschichte der lutherischen Kirche im Baltenlande liest, ist erstaunt, mit welcher Tapferkeit und mit welchem Leidensmut sich Gemeinden und Pastoren gegen die Intoleranz der Zarenregierung 'wandten. Unter Nikolaus I. begann die lange Kette der 'Pastorenprozesse, weil zahllose Pastoren ihrem Gewissen mehr folgten als den Vorschriften der Regierung. Viele wurden ihres Amtes enthoben, andere ins Innere Rußlands verbannt, manche kamen in Haft. Es ist also nicht wahr, daß die Lutheraner dem Kaiser mehr gehorchten als Gott, auch wenn sie bis zur Grenze des Möglichen loyal zu bleiben suchten. Daß diese Grenzen ihre subjektiven Maßstäbe haben, wissen wir auch aus den Bekenntniskämpfen jüngerer Zeit.

Daß dann die freikirchlichen Kreise der Baptisten und der Mennoniten mehr wagten, das wird ihnen für alle Zeiten als hohes Verdienst anzurechnen sein. Sie hatten es insofern etwas leichter, als die Anerkennung des deutschen Baptismus erst im Laufe dieser Kämpfe erfolgte. Die Baptisten deutscher Zunge waren bis dahin in Rußland so wenig anerkannt wie die Stundisten. Sie waren also Genossen des gleichen Schicksals, und das verbindet.

Die Glaubenstaufe als Eintrittsakt in eine organisierte Gemeinde fand bei den Stundisten Verständnis. Der Ritus ihrer bisherigen Kirchengemeinschaft gab ihnen nicht, wonach sie hungerten. So war die Frage naheliegend: Was brachte uns denn die an uns vollzogene Säuglingstaufe? Eine biblische Antwort gab ihnen die Orthodoxie nicht, die wie der westliche Katholizismus sieben Sakramente kennt, von denen die meisten aber nach reformatorischem Urteil keinen biblischen Grund haben. Wie leicht war es, diesen Jungbekehrten zu sagen: Die neue Kirchengemeinschaft sollte mit einer neuen Taufe beginnen. Gewiß kann man dagegen kluge theologisch-dogmatische Einwände machen. Aber sie sind „unrealistisch", wie heutzutage manche Politiker zu sagen pflegen. Denn die komplizierte Theologie lag diesen jungen Bibelchristen nicht. Der Baptist aber war bereit, mit den Stundisten zu leiden und zu wagen. Wie sollte da der Stundist auf der Suche nach neuen kirchlichen Formen nicht hellhörig werden!

Dazu kam, daß auch die ersten deutschen Baptistengemeinden, die durch Oncken, Lehmann, Köbner usw. gegründet wurden, von den deutschen damaligen Staatskirchen als „verderbliche Sekten" bekämpft wurden. Es war noch ein weiter Weg — und ein leidensreicher für die Baptisten — bis zur ökumenischen Haltung, die das Monopol der Staatskirche, später der Volks- und Landeskirche brach. Auch wenn wir an der Säuglingstaufe festhalten, sollten wir hier objektiv und brüderlich urteilen. Dazu hilft stets geschichtliches Denken.

Es sei noch ein letzter Gedanke erwähnt. Die orthodoxe Kirche hat ihren Gliedern, wie wir schon zu zeigen suchten, einen sinnenhaften Ritus geschenkt. So eindeutig die Stundisten die Ikonenanbetung ablehnten, die ja für uns Evangelische das am schwersten zu begreifende Phänomen an der Ostkirche ist, so blieben die Ukrainer und Russen doch unbewußt Erben dieser Erziehung. Sie wollten darum auch ein sichtbares, erfahrbares Kennzeichen der Gnade und Nähe Gottes haben, an dem sie erkennen können, daß er sie aufnimmt. Eine Taufe mit wahrhaftigem Untertauchen im Fluß oder Meer, später in dem tiefen Taufbecken eines Gotteshauses, das bedeutete ein starkes, auch körperlich erfahrbares Erlebnis. Es ersetzt den Verlust von Weihrauch und Kerzen und goldenen Priestergewändern. Wir Christen des Westens denken zu abstrakt und es bedarf der eigenen Bemühung, um unseren slawischen Brüdern folgen zu können. Im übrigen war die Taufe durch Untertauchen den orthodoxen Christen selbstverständlich, da auch der Priester das Kleinkind dreimal im tiefen Taufstein im Wasser untertaucht.

Ehe der Stundismus baptistisch wurde, hatte die Tauffrage schon unter den deutschen Kolonisten zu Erörterungen geführt. Die Mennoniten in Jekaterinoslaw und an der Molotschna im Donezgebiet waren von Anfang an Taufgesinnte. Sie tauften nur diejenigen, die zu bewußtem Glauben erwacht waren. Aber die Erweckung zur Zeit Eduard Wüsts führte in der mennonitischen Brüdergemeinde zu einer neuen Tauf form — der Säuglingssegnung mit späterer Glaubenstaufe. Zwischen den älteren Mennoniten und der mennonitischen Brüdergemeinde kam es darüber zu einem ernsten Zwist.

Im Jahre 1863 erhielt die mennonitische Brüdergemeinde die Anerkennung durch die Regierung in Petersburg, aber die Mennoniten mit ihrer älteren Geschichte wollten sich nicht mit den Baptisten zusammentun. Abgesehen von anderen Unterschieden hielten sie fest an ihrem Privileg der Verweigerung des Waffendienstes, während die Baptisten darin weiterziger waren; diese verpönten auch den Tabakgenuß nicht wie die Mennoniten.

Am 10. 5. 1864 wurde in der deutschen Kolonie Alt-Danzig die erste baptistische Glaubenstaufe vollzogen. Oncken selbst kam in diesem Jahr nach Alt-Danzig und wurde hier sogar vorübergehend verhaftet. Der Kolonist J. Pritzkau war der erste deutsche baptistische Älteste.

Erst fünfzehn Jahre später — im Jahre 1879 — gelang es, die staatliche Anerkennung für die deutschen Baptisten in Rußland zu erhalten. Solange es sich um eine Angelegenheit der Deutschen handelte, war der Staat dazu bereit. Man konnte sogar je und dann den Eindruck gewinnen, als wäre der Regierung eine kirchliche Spaltung unter den Deutschen willkommen, um die Geschlossenheit der lutherischen Kirche zu schwächen. Nach dem Grundsatz: „Divide et impera", d. h. „teile und beherrsche!"

b. Die Glaubenstaufe unter den Ukrainern

Der Übergang des Stundismus zum Baptismus vollzog sich allmählich. Noch jahrzehntelang gab es unter den Stundisten heiße Kämpfe zwischen Kindertäufern und Glaubenstäufern. *Dr. Johannes Lepsius*, der einzige deutsche Missionsmann, der aktiv den Stundisten zur Seite stand, erzählt, daß er auf einer Konferenz solch einen Bruderkampf erlebt hätte. Als in der Pause Tee gereicht wurde, goß nach russischem Brauch der junge Mann Lepsius zuerst ein wenig schwarzen Tee-Extrakt ins Glas, um dann aus dem Samowar das kochende Wasser nachzugießen. Lepsius fragte ihn, ob es nicht auch möglich sei, zuerst das kochende Wasser ins Glas zu gießen und hernach den Extrakt. Der junge Russe antwortete: „Nitschewo! (d. h. Es ist bedeutungslos). Wenn nur beides zusammenkommt." Lepsius schien das die beste Lösung in der Tauffrage. Ob zuerst der Glaube und dann das Taufwasser, oder zuerst das Wasser und dann der Glaube — wenn nur beides zusammenfindet!

Jakob Kroeker erzählte von einer ähnlichen streitbaren Konferenz, die am Schluß von der Polizei aufgelöst wurde. Die beiden führenden Vertreter, sowohl der Vertreter der Kindertaufe als der der Glaubenstaufe, wurden verhaftet und in die gleiche Zelle des Gefängnisses gesperrt. Dort sei es zuerst zu einer rührenden Aussöhnung gekommen, die durch mehrere Bruderküsse besiegelt wurde. Dann legten sich die beiden auf den kalten Fliesen zur Ruhe, der Mantel des einen wurde als Unterlage benutzt, mit dem des anderen deckten sie sich zu! Kroeker fügte mündlich hinzu: „So muß oft die weltliche Polizei mithelfen, daß die Bruderliebe wieder zur Geltung kommt."

Für die Glaubenstaufe unter den urkrainischen Stundisten trat auch der Mennonit *Gerhard Wieler* aus der Molotschna ein. Er und einige seiner Brüder vollzogen die weiteren Taufen unter den Stundisten. Dafür wurde Wieler 1865 eine Zeitlang in Haft gehalten. So haben wir das Mennonitentum als einen wichtigen Faktor in der Entwicklung des Stundismus zum Baptismus anzusehen.

Im Kreise von rund dreißig deutschen Kolonisten, die dem Baptismus beitraten, wurde auch der genannte Cymbal getauft. Dieser wiederum taufte im Jahre 1870 den *Iwan Rjaboschapka* aus Ljubomirka und zwei andere Stundisten. Im Jahre darauf taufte Rjaboschapka den Ratushnyj.

Balaban, der Freund Ratushnyjs, protestierte zuerst gegen den neuen Ritus. Im Gegensatz zu den gesetzlich vorgeschriebenen Gebräuchen der Orthodoxie war die Flucht in einen reinen Spiritualismus verständlich. So hatte Balaban zu Anfang eine große Zahl von Gesinnungsgenossen. Aber schließlich suchten auch diese alle nach einer neuen Organisation und kirchlichen Form, die es ohne gemeinsame Regel nicht gibt.

Zu Beginn der achtziger Jahre hatte der Stundismus schon weite Verbreitung gefunden, nicht nur in den südlichen und südwestlichen Gouvernements — Bessarabien, Cherson, Jekaterinoslaw, Kiew, Podolien, Wolhynien, Minsk, Mohilew, Tschernigow, Poltawa —, er war auch in die russischen Gebiete des Nordens, bis nach Orel und Twer, gedrungen. Ebenso breitete er sich im Dongebiet bis in den Kaukasus aus.

Es lag nahe, daß man die Gemeindeorganisation der biblischen Urgemeinde als Vorbild zu nehmen suchte. An der Spitze jeder Ortsgemeinde stand je ein Ältester und ein Diakon. Da diese Organisation keine staatliche Anerkennung fand, lag alles am starken inneren Band echter Bruderliebe. Dazu war der Slawe schon von Natur geneigt. Da sie aber jetzt Opfer forderte, ergab sich hieraus eine gute Auslese.

Das alte Rußland kannte keine staatlichen Standesämter; alle personalen Familienakten lagen bei der Kirchgemeinde. So legten die Brüder nun eigene Listen ihrer Gemeindeglieder an, obwohl diese vor den Behörden nichts galten. Die Trauung der Stundisten wurde staatlich nicht anerkannt; ihre Ehen galten daher als Konkubinate, die Kinder als unehelich. Das ergab schmerzliche Konflikte.

Am 30. 4. 1884 tagte die erste selbständige Konferenz der russischen Baptisten. Leiter der Konferenz war der deutsche Mennonit *Johannes Wieler*, ein weiteres Mitglied der zahlreichen Sippe Wieler.

c. Gerichtliche Eingriffe

Wie wir sahen, war der Staat in den ersten Jahren in der Bekämpfung der Stundisten unsicher. Es gab für diese Fälle keine klare gesetzliche Grundlage. Aber das spielte im alten Rußland keine hindernde Rolle. Es gab, wie schon erwähnt, die Vollmacht zu „administrativem" Handeln, das heißt nach Ermessen, selbst ohne gesetzliche Vorschrift. Aber diese Stundisten erfuhren bei Hoch und Niedrig viel Sympathie. Sie waren tüchtige Arbeiter und Landwirte, sie waren nüchtern und sparsam und daher gute Steuerzahler. Es gab deshalb Stellen, die sie aus sehr säkularen Gründen begrüßten. Aber auch ihre echte Frömmigkeit beeindruckte manchen frommen Orthodoxen. Selbst Ljesskow, der für die Pietisten in den Petersburger Salons nur Spott hatte, fand warme und anerkennende Worte für die Stundisten, die ihre Kinder gut erzogen und ein vorbildliches Familienleben hatten.

Der Übertritt zu einem Schisma, etwa dem alten Rasskol (den Altgläubigen) oder zu einer Sekte, war zwar verboten; aber nach dem Gesetz konnte nur der Verführer bestraft werden, nicht der Verführte. Selbst Richter fragten sich, warum der Rasskol der Altgläubigen inzwischen geduldet wurde, der Stundismus aber nicht. Es gab Staatsanwälte, die sich weigerten, Klage gegen die Stundisten zu erheben. Auch ihre Abendversammlungen zum Bibellesen konnten nicht verboten werden. Es mußten also zuerst neue Gesetze gegen den Stundismus geschaffen werden. Das aber brauchte Zeit. Derweil lief der Strom unaufhaltsam weiter.

Der Staatsanwalt des Kreisgerichts von Odessa schrieb in guter Kenntnis der Bevölkerung: Der Stundismus sei eine Reaktion gegen die tiefe religiöse und moralische Unwissenheit des Volkes. Es fehle an Führung im geistlichen Leben und am Unterricht in der Wahrheit des christlichen Glaubens. Die Liturgie bleibe ohne rechte Erklärung und Deutung. Die Kasualien würden gegen Geld vollzogen. Viele Priester gäben mit ihrem Leben ein schlechtes Beispiel. Es fehle ein geistlicher Einfluß auf die Gewissen!

Das ist ein herber Vorwurf gegen die orthodoxe Kirche aus ihren eigenen Reihen. Man wird kaum zur Entschuldigung sagen können, daß die Kirche nicht mit der aufbrechenden Emanzipation des Bauerntums nach seiner Befreiung gerechnet habe, da es ja ihre allereigenste Aufgabe ist, Erkenntnis Gottes durch Kenntnis der biblischen Schrift zu fördern, was Lesen und Nachdenken einschließt. Gewiß war bis dahin die Landbevölkerung unkritisch und konservativ. Nun aber lernte sie lesen und selbständig denken und ihre eigene Kirche leitete sie nicht an. Im Gegenteil, sie führte einen Abwehrkampf und stützte sich dabei auf administrative Maßnahmen des Staates. Dagegen nahm sich die liberale Presse, die ohnehin in Opposition gegen die Regierung und die Staatskirche war, energisch der Stundisten an.

Im Jahre 1878 wurden Ratushnyj, Balaban, Kapustjan und andere aus Ossnowa angeklagt, aber vom Schwurgericht für unschuldig erklärt und freigesprochen. Das geschah wiederholt. Mehrfach auch wandten sich Ratushnyj und auch Rjaboschapka mit Bittschriften „an den Allerhöchsten Namen", d. h. an den Zaren. Von Erfolgen wissen wir nichts.

1879 erschien ein neues Gesetz, das den Baptismus anerkannte und ihm das Recht gab, nach seiner Ordnung Gottesdienste abzuhalten. Die Stundisten hofften, von diesem Gesetz betroffen zu werden. Leider aber stellte sich bald heraus, daß nur die deutschen Baptisten gemeint waren. Den russischen und ukrainischen Baptisten blieb diese Freiheit vorenthalten mit der Begründung, sie seien von der orthodoxen Kirche abgefallen. So blieb den Stundisten nur der gefährliche Weg der Illegalität.

Auch ein zweites Gesetz vom Jahre 1883, das den Rasskolniki (Altgläubigen) und andern älteren Sekten weitere Erleichterungen brachte (z. B. Gottesdienst in Privathäusern), durfte nicht zugunsten der Stundisten ausgelegt werden.

Trotzdem muß gesagt werden, daß über die siebziger Jahre hinaus die Vertreter des Staates in der Bekämpfung des Stundismus zurückhaltender waren als die Kirche, die ja auch unmittelbarer betroffen war. Freilich, die Polizei stand weiter dem Priester zur Verfügung. Es gab vielerorts Freiheits- und Geldstrafen oder Knutenhiebe für den Besuch der stundistischen Versammlungen. Es kam vor, daß den Versammelten alle Bücher, selbst die orthodoxen, fortgenommen wurden. Das alles war die übliche Art der Selbstjustiz, zu der öfters auch der nichtstundistische Teil der Bevölkerung aufgehetzt wurde. Einen Dorfältesten jedoch, der Gewalttaten gegen die Stundisten geduldet oder gar verschuldet hatte, setzte der Gouverneur ab. Ein Staatsanwalt protestierte, als Anfang der siebziger Jahre der Gouverneur die Teilnehmer einer Stundistenversammlung mit Geldstrafen belegte. Dann wieder wurden Begräbnisse der Stundisten ohne Priester, der seine Beteiligung verweigerte, durch die Polizei gestört. Es ließen sich noch viele solche Vorkommnisse aufzählen, die zeigen, daß eine gewisse Willkür in der Behandlung der Stundisten herrschte.

Welch eine Verwirrung der Begriffe dabei vorkam, bewies der Priester von Ljubomirka, der in einer Denkschrift die „Unsittlichkeit und Schädlichkeit" der Stundisten dadurch zu beweisen suchte, daß er über die Mormonen in USA berichtete, die er mit den Stundisten verwechselte. Der neue Bischof von Odessa, Leontij, ging so weit, vom Oberprokureur des Allerheiligsten Synods, Graf Tolstoi, ein Verbot auch der deutschen Bibelstunden in Rohrbach zu verlangen, sie hätten einen gefährlichen Einfluß. (Das erinnert an die sowjetischen Bibel-verbote: Wer heute eine Bibel in die SU schickt, bekommt sie mit dem Stempel zurück: „Sapreschtschenno!", d. h. Verboten!)

Bis zur Zeit Pobjedonoszews blieben die weltlichen Behörden zurückhaltender, dagegen wurde in der öffentlichen Kritik an der Kirche keine Zurückhaltung geübt: Die staatlichen Stellen betonten, der Priester von Ljubomirka reize die Orthodoxen zu Gewalttaten, statt sie zu beruhigen; mit Gewalt ließe sich nichts erreichen.

1881 berichtet der Gouverneur von Cherson an den Minister: Die Bewegung ist dauernd im Wachsen. Es zeigte sich also nach zwanzig Jahren, daß alle Gegenwirkungen vergeblich gewesen waren.

Zwei Jahre später schreibt der Oberpriester von Rjassnopolje, die Stundisten seien kühn, selbständig, entschlossen, die Orthodoxen dagegen unentschieden und mutlos. Die Stundisten trieben offene Propaganda und würden von den Deutschen und von den „Sozialisten" (!) unterstützt.

Vom Standpunkt der orthodoxen Staatskirche mag diese seltsame Terminologie ein gewisses Recht gehabt haben, denn nach ihrer Auffassung war nur der orthodoxe Christ ein echter Russe. Der Vorwurf aber, die Stundisten würden von den Sozialisten, d. h. für jene Zeit: von den Nihilisten und Rebellen, unterstützt, war giftig und verlogen.

Die Stundisten konnten sich nur durch Offenheit und mutiges Zeugnis gegen die bösen Verleumdungen der Geheimbündelei schützen. Gewiß, es stimmte, daß sie mit ihren Brüdern im Glauben bis in den fernen Kaukasus hinein Verbindung hielten und oft Besuch von Fremden bekamen. Diese wurden dann als „dunkle Personen" bezeichnet, weil es ungewöhnlich war, daß Bauern weiter sahen, als der Blick vom Kirchturm reichte. (Im übrigen ist der Vorwurf heimlicher Verschwörung oder verdächtiger Geheimbünde auch in der Zeit des alten Pietismus in Deutschland ein beliebter Anklagepunkt gewesen.)

Dennoch kann Rjaboschapka auf einer Glaubenskonferenz in der Molotschna im Donezgebiet der mennonitischen Brüdergemeinde berichten, sie hätten nun (1882) nach Jahren harter Bedrängnis seit zwei Jahren Ruhe und hielten ihre Versammlungen ohne Furcht. Im Dorfe Einlage hätten sich die Stundisten sogar ein Bethaus bauen können. Das war ein neues Datum selbständiger Kirchenbildung. Dabei muß man festhalten, daß, da eine gesetzliche Ordnung fehlte, es sich immer nur um lokale Zustände handelte.

Daß die orthodoxe Kirche nun auch in geistlicher Hinsicht aktiver wurde, war eine schöne Nebenfrucht des Stundismus. Die Kirche begann den Analphabetismus der Bauern zu bekämpfen, Predigten sollten zur Regel werden, hier und da wurden Bibelstunden eingeführt, jedenfalls empfohlen. Ja, es wurden sogar von der Kirche Bibeln verteilt. Nur — die Dorfpriester seien zu Diskussionen mit den Stundisten unfähig, seufzt der Erzbischof Dimitrij.

Im Jahre 1880 entstand eine orthodoxe Laienbruderschaft, wie sie der Mönch Terlezkij, der ehemalige Katholik, empfohlen hatte. Sie stellte sich unter den Schutz des Heiligen Andreas, des Schutzheiligen der Ukraine und der russisch-orthodoxen Kirche. Als Ziel dieser Bruderschaft galt die Bekämpfung des Stundismus. Also leider wesentlich ein negatives Ziel. Doch waren ihre Mittel weithin positiv: die Unterhaltung und Verbreitung gesunder orthodoxer Lehre, auch die Gründung eines Verlages, der Bücher, Broschüren, Traktate, Predigten verbreiten sollte. Später sandte die Bruderschaft auch Missionare — wir würden heute sagen Evangelisten — aus, die gegen die Stundisten reden sollten. Aber selbst die Bischöfe mußten zugeben, daß alle diese gut gemeinten Maßnahmen die weitere Verbreitung des Stundismus nicht hinderten. Die Kirche erreichte die Ohren der Erweckten nicht mehr.

Nach dem furchtbaren Ende Alexanders II. durch die Bombenwürfe der Sozialrevolutionäre trat im Jahre 1881 sein Sohn Alexander III. die Nachfolge an. Im Sinne seines Großvaters Nikolaus I. vertrat dieser Zar die rücksichtslose Linie der Reaktion. Er wird von denen, die ihm nahestanden, als friedliebend, ritterlich und in seinem Familienleben ohne Tadel geschildert. Man wird es psychologisch verstehen müssen, daß er — nachdem sein Vater wie ein gejagtes Wild von den politischen Gegnern erlegt war — sein Ohr jenen Politikern öffnete, die ihm sagten: Du hast ja gesehen, wohin die liberale Politik deines Vaters führte. Rußland muß mit harter Faust regiert werden! So wurden die liberalen Minister entlassen; die Innenpolitik bestimmte von nun an der von Alexander ehrfürchtig geliebte Pobjedonoszew, sein alter Lehrer, den er zum Oberprokureur des Allerheiligsten Synods machte. Pobjedonoszew wurde „die graue Eminenz" Alexanders.

Pobjedonoszew behauptete, der Stundismus im Kiewer Bezirk trüge sozialistischen Charakter, und damit war ein erbarmungsloses Urteil über die stundistischen Brüder ausgesprochen. Nun begann ihr langer Kreuzes- und Leidensweg. Als Alexander III. den Thron bestieg, war die erste russische Baptistengemeinde dreizehn Jahre alt.

III. DER BAPTISMUS IM KAUKASUS — DER ZWEITE QUELLORT

Durch Johann Gerhard Oncken, den energischen Organisator baptistischer Gemeinden, war der Baptismus in Europa zu einer Bewegung geworden*). 1839 war die erste Baptistengemeinde in Dänemark durch den von Oncken getauften Israeliten Julius Köbner entstanden. Dieser hatte 1845 den holländischen reformierten Pfarrer Dr. Feisser getauft, der in Holland das Baptistenwerk begann. 1848 war Schweden gefolgt, 1849 die Schweiz, 1850 Polen. 1860 wurde — soweit bekannt — in Memel der erste Lette aus dem Baltenlande getauft. Unter den Letten entstand daraufhin eine starke baptistische Bewegung. Damit war die Grenze des Zarenreichs überschritten. Ihm folgten zahlreiche Taufen in Kurland.

In der Ukraine begann die baptistische Erweckungsbewegung mit der Gemeinde in Tiflis im Kaukasus. Sie entstand unabhängig von den Vorgängen im Gouvernement Cherson und wurde bahnbrechend für die vielen Völker des Kaukasus, wo einst eine Generation früher die Basler Mission durch Zaremba und andere gewirkt hatte.

Unter den erweckten Molokanen, der Frucht Kascha Jagubs, des Priesters Jakob, war auch ein Kaufmann *Nikita Woronin* in Tiflis, der Hauptstadt Georgiens oder Grusiniens, dem heutigen Tibilissi. Da die Molokanen keine Sakramente kannten und als Reaktion auf die sakramentale Frömmigkeit der Orthodoxie auch die Taufe ablehnten, war auch Woronin nie getauft worden. Nach seiner Erweckung las er viel in der Bibel, und als Folge davon begehrte er die Taufe. Und nun begegnete er einem interessanten Mann. Es war der ostpreußisch-litauische Handwerker *Martin Kalweit*.

Aus Jokschen in Ostpreußen gebürtig, verzog er nach Kowno (Kauen), der späteren Hauptstadt der Republik Litauen. 1863 zog er weiter in den Kaukasus und ließ sich in der Nähe von Tiflis nieder. Offenbar folgte er damit dem Auftrag Oncken. Ähnlich wie Spittler mit seiner Pilgermission auf St. Chrischona bei Basel suchte auch Oncken Handwerker als Missionare auszuschicken, die in der fremden Umgebung von ihrem Beruf ernähren und durch ihr Leben und Zeugnis das Evangelium ausbreiten sollten. So wurde Kalweit zum Kettenglied der großen Erwek-

*) W. Gutsche, a.a.O., S. 51.

kung in Rußland. Denn er führte Nikita Woronin dem Baptismus zu, und dieser wiederum gründete 1868 in Tiflis die erste russische Baptistengemeinde, aus der eine Anzahl Männer hervorgingen, die sich ganz in den Dienst der Erweckungsbewegung stellten. Hier in Tiflis wurden im Jahre 1871 *Wassilij Gurjewitsch Pawlow* (1854–1924) und *Wassilij Wassiljewitsch Iwanow-Klyshnikow* (1846–1919) getauft. Beide Männer wurden zu Führern des russischen Baptismus.

Vergleichen wir die Geburtsjahre dieser ersten russischen Baptisten mit denen der ersten ukrainischen Stundisten, so müssen wir erkennen, welch eine befähigte Generation hier zum Geisteskampf für die biblische Botschaft des Evangeliums antrat. Im Jahre 1876 zählt die Gemeinde in Tiflis vierzig Mitglieder. Kalweit selbst wurde später um seiner missionarischen Tätigkeit willen, die ja im Zarenreich nur der Staatskirche erlaubt war, in den Süden verbannt — zuerst nach Gerussi, später an den Ararat, den Grenzberg der drei Staaten Rußland, Persien und der Türkei.

Wassilij G. Pawlow wurde der anerkannte Führer des russischen Baptismus. Er kam aus einer Molokanenfamilie in Woronzowka in Georgien und wurde 1854 geboren. Unter Nikolaus I. war seine Familie mit anderen Molokanen als Sektierer in die zum Teil unbefriedeten Grenzmarken verbannt und dort angesiedelt worden. Transkaukasien war damals noch weithin Räuberland, wo Kurden einbrachen oder Aserbeidschaner die Armenier verfolgten. Wer dort wohnte, war dauernd bedroht. Wassilij Pawlow war das älteste Kind seiner Eltern. Der fromme Vater weihte das Kind, schon ehe es geboren war, seinem Herrn. Die Mutter, eine Offizierstochter, hatte gute pädagogische Gaben. Der Fünfjährige las schon in den Versammlungen den Bibeltext in der kirchenslawischen Sprache vor. Überhaupt las der begabte Knabe viel. Als Fünfzehnjähriger hatte er durch eine kleine Schrift, die er auf dem Markt kaufte, seine Glaubensgewißheit gefunden. Wie wichtig das Verteilen von Traktaten ist, kann aus dieser Erweckungsbewegung gelernt werden. Woher dies Schriftchen kam, wie es hieß, wissen wir nicht. Das war im Jahre 1870, als die Stunden in Ossnowa und Ljubomirka um ihre Existenz kämpften.

Mit sechzehn Jahren kam der junge Pawlow als Lehrling zum Kaufmann Nikita Woronin. Im gleichen Jahre wurde er getauft. Das war den Eltern, die ja Molokanen waren, nicht leicht. Der junge Pawlow blieb nun bis zu seinem Ende zielbewußt ein Taufgesinnter, d. h. ein Anhänger derer, welche die Taufe — als Untertauchen — nur an solchen vollziehen, die schon zum Glauben gekommen waren. Seine große Sprachbegabung konnte er im Kaukasus, dem Land der ungezählten Sprachen, entfalten. Außer Russisch sprach er Georgisch und Tatarisch, wohl auch Armenisch und Persisch (Aserbeidschanisch). Pawlow lernte auch Deutsch und trieb Hebräisch, so daß er später etwa fünfundzwanzig Sprachen gesprochen haben soll. Als er einundzwanzig war, sandte ihn die Gemeinde nach Hamburg zu Oncken, dessen treuer Schüler er wurde. Oncken ordinierte den jungen Bruder 1876 und entließ ihn nach Rußland. In der Ukraine nahm Pawlow Fühlung mit den führenden Stundisten auf, von deren Weg in den Baptismus schon berichtet wurde. *So flossen hier der Stundismus und der Baptismus zusammen.* In Tiflis arbeitete Pawlow mit Woronin vor allem unter den Molokanen. Vielleicht blieb er darum zum Unterschied von den ukrainischen Stundisten unbehelligt von der Staatskirche und von der Polizei. Diese hielten seine Arbeit offenbar für eine Angelegenheit der Molokanen. Dazu war Tiflis weit weg von Petersburg, wo man gelernt hatte, mit den kaukasischen Völkern behutsam umzugehen, hatte doch die Eroberung des Kaukasus fast hundert Jahre blutiger Kämpfe gekostet. Seit 1880 war Pawlow amtlich der Prediger der Tifliser Baptistengemeinde. Dort gab er auch das Liederbuch der Baptisten heraus, *„Die Glaubensstimme" („Golos wery")*. Bald wuchs sein Einfluß auch unter den orthodoxen Russen, mit denen er auf seinen vielen Reisen ins Gespräch kam.

Inzwischen aber war *Pobjedonoszew* an die Macht gekommen. Dieser soll persönlich beim Zaren die Verhaftung und Verbannung Pawlows verlangt haben. Mit Pawlow und Woronin wurde auch der armenische Gelehrte *Amir Chanjanz* verhaftet und in das Gouvernement Orenburg am Ural verbannt. (Chanjanz arbeitete im Auftrag der Britischen und Ausländischen Bibelgesellschaft an der Übersetzung der Bibel ins Ostarmenische und Aserbeidschan-Türkische.) Hier in der Nähe von Orenburg verbrachte Pawlow vier Jahre. Seine Familie durfte ihm folgen. Nach Ablauf seiner Strafzeit kehrte er nach Tiflis zurück, wo man von ihm ein schriftliches Versprechen verlangte, nicht mehr zu predigen. Da er dies ablehnte, wurde er wieder verhaftet und ins Gefängnis gebracht. Heimlich wollte man ihn zum Bahnhof bringen, um ihn weiter zu expedieren. Doch es hatte sich in der Stadt herumgesprochen, und nun wartete eine große Menschenmenge am Bahnhof, um ihn noch einmal zu grüßen. Pawlow wurde nun in die Kirgisensteppe verbannt und in Ketten von Gefängnis zu Gefängnis dorthin gebracht. Bald kam er in große Not, da er weder Arbeit noch Brot hatte. Dennoch zeugte er auch dort für seinen Herrn und schrieb 1891, er könne sieben Gläubige taufen.

Seine Familie folgte ihm auch hierher in die Einsamkeit. Doch dann kam die Cholera und raffte seine Frau und drei Kinder hin. Dazu ertrank einer seiner Söhne im Aralfluß. Nur ein Sohn blieb ihm erhalten. Für Pawlow war all dieses Leid ein Zeichen, daß er jetzt nur noch der Evangelisation zu leben habe. Er heiratete später eine Petersburgerin deutscher Abstammung. Es wurde eine rechte „Streiterehe", wie Zinzendorf solche Paare nannte, die nur der Ausbreitung des Evangeliums leben wollten. Als 1895 die zweite Verbannung ihr Ende fand, gab es im Gouvernement Orenburg eine Baptistengemeinde von 150 Mitgliedern, die sich in zwei Jahren verdoppelte.

Als Pawlow eine dritte Verbannung drohte, nachdem er eine gute Regierungsstelle abgelehnt hatte, floh er nach Tultscha in Rumänien. Diese Stadt lag nur 25 Kilometer hinter der russischen Grenze und beherbergte viele russische Flüchtlinge. Hier wurde Pawlow Prediger einer stundistischen Flüchtlingsgemeinde und organisierte eine große Hilfsaktion für die hungernden Familien der verbannten Stundisten und Baptisten mit Hilfe der Gläubigen in Westeuropa.

Damit sind wir den Ereignissen schon vorausgeeilt. Wir werden Pawlow, der 1901 nach Tiflis zurückkehrte, wieder begegnen. Doch zuvor muß der dritte Quellort der Erweckung beschrieben werden.

IV. LORD RADSTOCK IN PETERSBURG

Petersburg, das zur Zeit Alexanders I. schon einmal der Ort einer großen Erweckung gewesen war, die mit den Namen Golizyn und Goßner zusammenhing, erlebte in den letzten 25 Jahren des vorigen Jahrhunderts eine neue geistliche Bewegung. Fünfzig Jahre waren vergangen, seit die Petersburger dem scheidenden Goßner nachwinkten. 30 Jahre Intoleranz unter Nikolaus I. hatten dem Land ihren Stempel aufgedrückt. So läßt sich ein unmittelbarer Zusammenhang mit dieser nun zu schildernden neuen Erweckung nicht so ohne weiteres feststellen, es sei denn, daß der Name Lieven an Kontinuität denken läßt. Aber der Fürst Lieven, dessen Haus nun jahrzehntelang Mittelpunkt der Erweckung werden sollte, war kein direkter Nachkomme des Grafen Lieven zur Zeit Alexanders I.

Die innere Vorbereitung auf diese geistliche Bewegung mag allerdings ähnlich gewesen sein: In den Kreisen der Petersburger Aristokratie hatte es zu allen Zeiten Männer und Frauen gegeben, die ein Verlangen nach einem Leben mit Gott hatten. Daran hatte der verhältnismäßig starke Prozentsatz der deutsch-evangelischen Bevölkerung (etwa 10 %) zur Zeit Alexanders I. keinen großen Einfluß, da die evangelische Kirche Petersburgs damals einem dürren Rationalismus verfallen war. Das hatte sich im Laufe des Jahrhunderts grundlegend geändert. Die lutherische Kirche Rußlands hatte — wie jene in Deutschland — eine theologische Wendung zur konfessionellen Theologie durchgemacht. An der Dorpater Theologischen Fakultät dozierten Männer des positiven lebendigen Luthertums. Als Lehrer für die praktische Theologie war hier Theodosius Harnack tätig — 1844–1875 war er in Dorpat, mit Unterbrechung durch seine Erlanger Zeit von 1853–1866. Daß er aus der Gemeinde Goßners kam, hörten wir schon seinen Sohn Adolf berichten. Seine Kollegen an der Fakultät waren der lutherisch-orthodoxe Philippi, ein getaufter Jude, in Dorpat 1842–1851; der Alttestamentler Keil 1833 –1858; später v. Oettingen 1853–1890 und v. Engelhardt 1853–1881. Sie alle beeinflußten Generationen deutscher Pastoren für das Baltenland und das weite Rußland. In Petersburg ergab sich für die russische Hofgesellschaft ein Verkehr mit den zahlreichen Evangelischen schon dadurch, daß die Zaren immer viele Vertreter des baltischen Adels an ihren Hof zogen. So entstanden auch viele Ehen zwischen baltischen und russischen Aristokraten; ein geistiger und geistlicher Austausch war nicht zu vermeiden, obwohl evangelische Predigten in russischer Sprache nach wie vor verboten waren.

Die protestantischen Fürsten Lieven galten als eine der ältesten Adelsfamilien des Baltenlandes, da sie der Überlieferung nach von dem ersten — schon bald nach 1200 — getauften Livenhäuptling Kaupo aus der Gegend von Cremon stammten. Seit der Zeit Katharinas II. und erst recht seit Alexander I. waren Vertreter der Familie Lieven auf Vertrauensposten an den Hof Petersburg gezogen worden. So bestand hier ein gewisses Traditionsglied für den evangelischen Einfluß in Petersburg.

Die sich in dieser Stadt nun anbahnende neue Bewegung sollte eine Bibelbewegung werden, die von den Salons des Petersburger Adels ausging.

Selbst in der Zeit der Intoleranz unter Nikolaus I. (1825–55) ging die Übersetzung des Alten Testamentes in das Neurussische weiter, obwohl Nikolaus die russische Bibelgesellschaft aufgelöst hatte. Professor *Pawskij* und der Archimandrit *Makarij*, beide als „Bibelfreunde" bezeichnet, setzten die Arbeit der Übersetzung erfolgreich fort. Unter Alexander II. wurde die ganze Übersetzung noch einmal durch Professor *A. Chwolson* überarbeitet und schließlich 1875 unter dem Protektorat des Allerheiligsten Synods herausgegeben — ein Datum, das für die evangelische Bewegung bis in die Gegenwart größte Wichtigkeit hat, denn sie war ja immer eine Bibelbewegung! Die Arbeit der russischen Bibelgesellschaft ging, seit sie Alexander II. 1863 wieder eröffnet hatte, erst mit der bolschewistischen Revolution 1917 zu Ende.

Bis dahin haben viele Bibelboten für die Verbreitung der Bibel im weiten russischen Volk und den übrigen Völkern gesorgt. So war zum Beispiel der Bruder der bekannten Mathilda Wrede, Baron *Hendrik Wrede* aus Finnland, für die Bibelverbreitung in Sibirien tätig gewesen. Schon früher hatte der spätere Hofmarschall des Zaren, Graf *Modest Modestowitsch Korff*, in Petersburg russische Evangelien im Auftrage der Britischen und Ausländischen Bibelgesellschaft verteilt. Das war im Jahre 1870 auf der ersten Gewerbeausstellung, wo in einem auf Kosten des Allerheiligsten Synods dort aufgebauten Bibelkiosk nicht weniger als 62 000 Evangelien unentgeltlich verteilt wurden. Auf jedem Evangelium war das Wort aufgedruckt: „Glaube an den Herrn Jesus Christus, so wirst du und dein Haus selig" (Apg. 16,31). Graf Korff war später ein sehr aktives Glied der Petersburger Erweckung.

Diese Petersburger Erweckung kam nun nicht durch die evangelischen Deutschen wie in der Ukraine und im Kaukasus zustande, sondern durch Briten. Unter englischen Aristokraten war in den sechziger Jahren des vergangenen Jahrhunderts eine Glaubensbewegung entstanden. Zu den Erweckten gehörte auch *Granville Augustus William Waldgrave,* der nach dem Tode seines Vaters den Titel eines *Lord Radstock* (1833—1913) erbte. Während des Krimkrieges im Jahre 1855 wurde der junge Edelmann todkrank, und das war sein Ruf zum Glauben. Er genas und wurde ein ungemein eifriger Zeuge seines Herrn. Früh erwachte in ihm das Verlangen, die Christusbotschaft in jenes Land zu bringen, gegen das er einst gekämpft hatte: nach Rußland. Zehn Jahre betete er, Gott möge ihm die Tür nach Rußland auftun. Nach zehn Jahren war Radstock wieder einmal in Paris, um Zeugnisversammlungen zu halten. Da die russische höhere Gesellschaft gerne die Metropole an der Seine aufzusuchen pflegte, traf er hier die ersten Russen. Hier begegnete er auch einer russischen Großfürstin, die diese Begegnung gerade hatte vermeiden wollen, weil sie ein Vorurteil gegen ihn hatte. Aber Radstock, der sich nicht wohl fühlte, hatte ausnahmsweise eine Droschke genommen; so war er früher gekommen, als die Großfürstin erwartet hatte, und diese unerwartete Begegnung zerstreute ihre Bedenken, so daß sie am Ende Radstock nach Petersburg einlud. Sie wollte ihm ihr Haus zur Verfügung stellen. Die andern anwesenden Russen stimmten eifrig zu, und dies war Radstocks Gebetserhörung.

Im Winter 1874 fuhr er nach Petersburg. Er ließ sich nicht einmal durch die Nachricht vom Sterbelager seiner Mutter abhalten – so sehr wußte er, daß er unter dem Reisebefehl seines Herrn stand.

Radstock war trotz seiner aristokratischen Abstammung von einer ungeheuchelten Bescheidenheit und Demut, und gewiß war es auch dies, was ihm unter den Russen in Petersburg solch einen Eingang verschaffte; denn eine rednerische Begabung hatte er nicht. Aber die Russen haben ein besonderes Sensorium für Echtheit, und die Demut galt ihnen seit langem als die entscheidende christliche Tugend. Radstock suchte nicht seine Ehre und band die Hörer nicht an seine Person. Er hatte eine schlichte Art, die christlichen Grundbegriffe anhand der Bibel zu entwickeln, auf die er seine Hörer immer wieder hinwies. Er gehörte zu den sogenannten „Offenen Brüdern" („Open Brethren"), zu denen auch der Waisenvater Georg Müller in Bristol und Dr. Baedeker gehörten, die – beide deutscher Abstammung – später Radstocks Spuren nach Rußland gefolgt sind. Baedekers Wirken wird noch geschildert werden müssen.

Radstock begann in der kleinen englisch-amerikanischen Kirche in der Petersburger Postamtstraße. Viele seiner Zuhörer brachten ein Verlangen nach Klarheit und Gewißheit mit, denn Gottes Geist hatte schon vorbereitend gewirkt. Da verteilte der Hofmarschall des Kaisers, Graf *Korff*, Bibeln; die damals noch junge Fürstin *Lieven*, geborene Gräfin von der Pahlen, die Gattin des Oberzeremonienmeisters Alexanders II., hatte in England im Hause des ehemaligen Verkehrsministers Blakwood Einblick in das Familienleben eines erweckten englischen Lords bekommen und die Gewißheit der Vergebung gefunden – „die ganze Fülle, die Verantwortung, die mit der Stellung eines Christen verbunden ist, erkannte sie erst später" durch Radstock, schreibt ihre Tochter, Prinzessin Sophie Lieven.

Eine Überraschung für alle Teilnehmer war die Wende im Leben des Flügeladjutanten des Kaisers, des Obersten der Kavallerie *Wassilij Alexandrowitsch Paschkow* († 1902). Er begegnete Radstock mit höchstem Mißtrauen, und auch er suchte den Lord zu meiden. Als er aber unerwartet auf einer Kaffeegesellschaft dem treuen Zeugen begegnete und zuletzt ein Gespräch unter vier Augen mit ihm hatte, endete dieses mit einem Gebet auf den Knien. Der märchenhaft reiche Russe übergab sein Leben und sein Vermögen Jesus Christus. Paschkow wurde dann die führende Persönlichkeit der Bewegung, so daß ihre Glieder in amtlichen Berichten die „Paschkowzy" oder die Paschkowiten genannt wurden. Das Palais Paschkows wurde der Versammlungsort der Glaubenden. Ein einsatz- und zeugnisfrohes Glied dieses Kreises wurde auch Graf *Bobrinskij*, der damalige Verkehrsminister. Auch er lehnte anfangs die Botschaft Radstocks nachdrücklich ab, zumal dieser sich stets nur auf die Bibel berief. Bobrinskij erklärte sich bereit, Radstock nachzuweisen, daß die Bibel voller Widersprüche sei. Er gab sich alle Mühe, die in Frage kommenden Stellen auszuschreiben. Aber im Gespräch mit Radstock — so soll er später gesagt haben — wurden alle von ihm ausgewählten Bibelworte zu spitzen Pfeilen gegen ihn selbst.

Die Frauen waren nicht weniger aktiv. Es muß hier betont werden, daß in Rußland unter den Erweckten bis heute gilt: Christsein heißt Missionar sein. Die Schwester der Fürstin Lieven, *Gräfin Gagarin*, die ihr Palais neben dem Lievenschen hatte, schloß sich mit ganzer Entschiedenheit an. Auch sie — glücklich verheiratet und eine anmutige Erscheinung — setzte ihr großes Vermögen für die Sache Christi und für die Armen ein. Sie hat erzählt, daß Radstocks Auslegung der Frage des Schöpfers an Adam: „Wo bist du?" ihr die Augen für den Zustand ihres Herzens öffnete. Als Radstock nach der Versammlung es wagte und die aufzustehen bat, die sich dem Herrn übergeben wollten, erhob sich die Gräfin Gagarin und bekannte, daß sie soeben die rettende Hand Christi im Glauben ergriffen habe.

Neben der jungen Gräfin Gagarin muß Frau *von Tschertkow*, die Witwe eines Generals, genannt werden. Ihr Name ist durch ihren Sohn *Wladimir Grigorjewitsch* bekannt geworden, den langjährigen Sekretär und Begleiter des Dichterphilosophen Graf *Leo Tolstoi*.

(Tolstoi, dessen Religion sich auf eine moralistische Auslegung der Bergpredigt Jesu beschränkte, kannte die Erweckung in Petersburg wohl, hatte aber nur Verachtung für sie übrig und karikierte sie in seinem Roman „Auferstehung". Zeit seines Lebens blieb der zwar religiöse, aber das biblische Evangelium von der Vergebung der Sünden ablehnende Tolstoi ein Gegner der stundistischen Bewegung. Im soziologischen Sinn Anarchist, konnte er keine Bindung durch eine Gemeinschaft ertragen, was sich auch tragisch auf seine Ehe auswirkte. Es ist das Unglück dieses großen und tapferen Mannes, daß er sich dem biblischen, realistischen

Urteil über das Menschenherz entzog und aus dem Christentum eine trockene Morallehre machte. So sind ungewollt er und seine Schüler weithin Wegbereiter der bolschewistischen Revolution geworden.)

Frau von Tschertkow, eine Schwester Frau Paschkows, war durch tiefes Leid gegangen. Sie hatte früh ihren Mann verloren, und zwei Söhne starben in jugendlichem Alter. Sie begegnete Radstock im Ausland und fand den Weg zu einem Leben mit Christus. In Petersburg gehörte sie zu einem schon lange bestehenden Damenkomitee, das es sich zur Aufgabe gemacht hatte, Gefängnisse zu besuchen. In Rußland wird der Strafgefangene — auch der kriminelle — „neschtschastny", der Unglückliche, genannt. Es mag mit dem harten Strafvollzug, auch mit vielen ungerechten Urteilen zusammenhängen, daß das Mitleid mit einem Gefangenen groß ist, auch wenn er sein Geschick selbst verschuldete. In den gehobenen Ständen äußerte sich diese Einstellung in der Bereitschaft zu sozialer Hilfe und zu Gefängnisbesuchen. Verstärkt wurde diese Teilnahme dadurch, daß im Zarenreich mit seinen vielen inneren Kämpfen „Gesinnungsverbrecher" oft schwer leiden mußten, in der von uns geschilderten Zeit besonders die um ihres Glaubens willen verfolgten Stundisten.

So war Frau von Tschertkow wie Mathilda Wrede ein „Engel der Gefangenen". Prinzessin Sophie Lieven berichtet in ihrem Buch „Geistliche Erweckung in Rußland" (Korntal 1967) eine Reihe bewegender Erfahrungen jener Generalswitwe bei ihrer Gefängnisseelsorge.

Ein weiteres tätiges Glied dieser kleinen Hausgemeinde im Palais Lieven war *Alexandra von Peucker*, die bei einem Aufenthalt in England durch den bekannten amerikanischen Evangelisten Moody zum Glauben gekommen war. Sie war zwar deutscher Abstammung, sprach aber wie viele Petersburger Deutsche gewöhnlich Russisch. Ursprünglich wollte sie sich für die Oper ausbilden lassen. Nun stellte sie ihre schöne Stimme ganz in den Dienst des Evangeliums. Zugleich entfaltete sie eine große organisatorische Energie in der Sozialarbeit der Glaubenden. Sie bildete mit einer Anzahl junger Mädchen einen Frauenchor, zu dem unter anderen auch die Lievenschen Töchter, die Töchter Paschkows, drei Töchter des Justizministers Konstantin von der Pahlen und zwei Prinzessinnen Golizyn gehörten. Auch eine Gräfin Schuwalow und zwei Schwestern Kosljaninow.

Daß überhaupt Namen genannt werden können, hängt damit zusammen, daß dieser Kreis ursprünglich nicht groß war, ehe die Bewegung über den Adel und die Hofgesellschaft hinausgriff und dann allerdings eine so große Zahl Petersburger erreichte, daß sich in der Hauptstadt zwei Gemeinden bildeten und die Botschaft sich von hier aus auf die Güter und Dörfer des Nordens ausbreitete.

Nachdem sich Lord Radstock zuerst nur sechs Monate in Petersburg aufgehalten hatte, kehrte er nach ein oder zwei Jahren unter Mitnahme seiner Familie nach Petersburg zurück und blieb nun anderthalb Jahre hier. Sein zweiter Aufenthalt war von besonderer Bedeutung, denn seine Versammlungen bildeten fast eine Art Bibelschule. Bibelkenntnis war ja auch im Süden das Kennzeichen des Stundismus; hier im Norden verbreitete sich — dank der größeren geistigen Bildung des Gemeindekerns — eine gründliche allgemeine Bibelbildung, die sich gegenüber der bald einsetzenden Reaktion der Staatskirche als eine große Hilfe erweisen sollte. Das tiefe Wurzeln in der Bibel stärkte die Erkenntnis, und die unermüdliche Arbeit stärkte die Liebe.

Die ganze Bewegung war konfessionslos — wie so oft bei solchen spontanen Erweckungen. Radstock kam von den „Offenen Brüdern", die ohnehin ein Christentum ohne Organisation und Ämter anstrebten. Der alte Fürst Lieven, der bald nach dem gewaltsamen Tode seines Zaren Alexander II. starb, war Lutheraner. Als seine zur Orthodoxie gehörige Frau die Versammlungen in ihrem Hause halten ließ, hat er sie auf die Konsequenzen aufmerksam gemacht; denn diese Gebildeten erkannten eher als die Bauern der Ukraine, daß ihr Weg sie aus der Orthodoxie hinausführte. Aber sie hatte keine Furcht, und so ließ er sie gewähren und nahm selbst bis zu seinem Tode (1881) an den Versammlungen und Gebetsvereinigungen teil.

Er war nicht der einzige Lutheraner unter diesen Erweckten. Als sich für die Wohlfahrtsarbeit ein Komitee bildete, wurde Dr. med. *Mayer*, der Chef des evangelisch-lutherischen Krankenhauses, das in der Stadt einen vorzüglichen Ruf hatte, Sekretär und Kassenführer. Seine Tochter *Jenny de Mayer* arbeitete in der Mitternachtsmission in Moskau, später unter den Strafgefangenen auf der Deportations-Insel Sachalin, und fand schließlich ihre Lebensaufgabe in der Bibel-Mission unter den Moslim Turkestans. Sie begleitete als Krankenschwester die Mekkapilger durchs Schwarze Meer bis in den arabischen Hafen am Roten Meer. Ihr Lebensbericht liest sich wie ein spannender Roman*). War die Generation der Eltern durch die Zaren verfolgt worden, so die Tochter

---

*) *„Eine Zeugin Jesu Christi im alten und neuen Rußland"*. Erlebnisse und Erfahrungen einer Schwester des Russischen Roten Kreuzes. Basel.

durch die Bolschewisten; jahrelang befand sie sich in sowjetischen Gefängnissen.

Graf Zinzendorf hatte die erste Generation seiner Herrnhuter „gens aeterna" genannt, ein Geschlecht für die Ewigkeit. Hier möchte man ähnliches sagen.

Daß die Petersburger Erweckung keine schwarmgeistige Bewegung war, zeigte sich daran, daß den Bekehrungen zum Glauben sofort die Taten opfernder und dienender Liebe folgten. Paschkow selbst besuchte Krankenhäuser und Gefängnisse, zu denen er als hoher Beamter allzeit Zugang hatte. Dabei geschahen Dinge, die an Blumhardts Kampf in Möttlingen erinnerten. Prinzessin Sophie Lieven, die beim Tode ihres Vaters erst sechs Monate alt war, fand bei den Töchtern Paschkows Aufzeichnungen aus dem Jahre 1887, als Paschkow schon in der Pariser Verbannung lebte. Darin stehen Erlebnisse, die vorher nie an die Öffentlichkeit gedrungen waren, wie die Heilung einer Besessenen, die später ein lebendiges Glied der Gemeinde wurde. Durch ihr Zeugnis wurde ihr Mann von der Trunksucht befreit. Sie wurden glückliche Leute und fanden eine gute Stellung auf einem der Güter Paschkows, wo sie zu unermüdlichen Zeugen Jesu Christi wurden. Im Paschkowschen Archiv in Frankreich fand sich die Notiz: „Das letzte, was wir vom Ehemann der Anne K. mitteilen können, ist, daß er im Januar 1887 für seine Evangeliumspredigten vom Gericht zur Verschickung nach Sibirien verurteilt wurde." Schicksale!

Trotz aller Beschränkungen, die wir uns bei diesen Berichten auferlegen müssen, sei noch der ehemalige Anarchist *Gorenowitsch* genannt. Er war Sohn eines ukrainischen Dorfpriesters und geriet als Gymnasiast in die Gesellschaft von „Nihilisten", wie sich damals die Anarcho-Revolutionäre nannten. Er kam ins Gefängnis, wo er durch das glaubensfrohe Singen verhafteter Stundisten in der Nachbarzelle einen Eindruck von der Kraft des Evangeliums erhielt. Auf die dringende Bitte seiner alten Eltern hin verriet er die Namen seiner Mitverschworenen und verfiel deren furchtbaren Rache: Nach seiner Entlassung luden sie ihn zu einem Spaziergang ein, wo sie ihn niederschlugen und, wohl in der Meinung, er sei tot, mit Schwefelsäure übergossen. Die Augen, die Nase, ein Ohr und ein Teil des Mundes waren zerstört. Er wurde aufgefunden und in einem Krankenhaus zum Leben zurückgerufen. Der rechte Arm blieb gelähmt, und sein Aussehen war so furchtbar, daß der Blinde nur mit einer schwarzen Maske unter die Menschen treten konnte. Der Zweiundzwanzigjährige lebte in einem Siechenhaus in Petersburg. Paschkow hörte von diesem furchtbaren Geschick, besuchte ihn und fand seinen Lebenswillen völlig zerstört. Vergeblich hatte der Kranke die Ärzte um Gift gebeten, um aus dieser furchtbaren Existenz befreit zu werden. Er lehnte daher auch den Zuspruch Paschkows radikal ab. Doch konnte er nicht verhindern, daß dieser mit den andern Anwesenden sprach, ihnen das Wort Gottes las und mit ihnen betete. Auf diese Weise drang Samenkorn auf Samenkorn der göttlichen Wahrheit auch in ihn. Wenige Tage später bat die leitende Schwester Paschkow, Gorenowitsch nochmals zu besuchen. Sie meinte, gewisse Wirkungen des Besuches beim Leidenden bemerkt zu haben. Die weiteren Bemühungen Paschkows endeten mit einer echten Hinkehr des Unglücklichen zu Jesus, dem Retter und Erneurer seines Lebens. Graf Bobrinsky nahm ihn auf sein Gut, und das Wunder geschah: ein gläubiges junges Mädchen entschloß sich, seine Frau zu werden. Sie eröffneten zusammen ein Heim für blinde Kinder, für das Paschkow die Mittel gab. Bei der Verurteilung seiner „Mörder" mußte Gorenowitsch als Zeuge auftreten. In aller Öffentlichkeit bezeugte er vor Gericht seinen Glauben, vergab denen, die an ihm schuldig geworden waren, und wünschte ihnen von ganzem Herzen, daß sie selbst einmal so glücklich würden wie er!

Diese Mitteilungen stützen sich nicht nur auf vorgefundene Aufzeichnungen Paschkows, sondern auf die autobiographische Niederschrift des Kranken.

Mit besonderer Liebe war die unter der Führung Paschkows entstandene *soziale Arbeit* aufgenommen worden. Graf Korff besuchte die alkoholfreien Teestuben für die Droschkenkutscher („iswoschtschiki"). Er unterhielt sich mit den Gästen, verteilte Traktate und Bibelteile und hielt kurze evangelistische Ansprachen. Ebenso tat es Paschkow. In einem seiner Häuser im Wiborger Stadtteil richtete er ein Speisehaus ein, das ursprünglich nur für die oft völlig mittellosen Studenten vorgesehen war, wo sie zu einem lächerlich geringen Preis von wenig Kopeken ein kräftiges Essen bekamen. Für zehn Kopeken (= 20 Pfennige) gab es ein Mittagessen. Für 1 Kopeke (= 2 Pfennige) einen Teller Suppe oder Buchweizengrütze mit Butter. Später wurde dieses Speisehaus auch für andere Mittellose offengehalten. Die überschüssigen Kosten zahlten Paschkow und andere Brüder. Das Lieblingswort Paschkows war: „Gott ist Liebe" („Bog jestj Ljubow") — ein Wort, das heute in den meisten Kirchen und Gebetshäusern der Evangeliumschristen/Baptisten an sichtbarer Stelle zu lesen ist.

Diese sozialen Bemühungen wurden seltsamerweise bald durch die Behörden eingeschränkt. Es wurde auch verboten, Bibelsprüche an die Wände zu hängen.

In Petersburg bestand aus früherer Zeit in mehreren Stadtteilen eine Stiftung: Nähstuben für arme Frauen. Als deren Initiatorin die Stadt verließ, übergab sie die Arbeit Frau Paschkow, die sich mit ihrer Schwester, Frau von Tschertkow, und der Gräfin Gagarin in diese Arbeit teilte. Junge Mädchen lernten hier Nähen, Heimarbeiterinnen bekamen Aufträge. Das Material wurde ihnen zur Verfügung gestellt. Die Frauen wurden in ihren ärmlichen Quartieren besucht, und dabei wurde bewußte Seelsorge getrieben. Zwei Schwestern Kosljaninow standen der Gräfin Gagarin zur Seite, auch die Prinzessinnen Lieven beteiligten sich. Sophie Lieven versicherte, wie wichtig ihnen allen der Einblick in die sozialen Notstände für ihr eigenes Leben wurde. Sie sammelten einen Kreis junger Mädchen um die Bibel — eine Arbeit, die jahrzehntelang blühte. Dieser Kreis schloß sich später dem Weltbund weiblicher christlicher Jugend an.

In diese Frühlingsblüte einer echten evangelischen Erweckung fiel im Jahre 1884 — drei Jahre nach der Ermordung Alexanders II. — der Frost. Paschkow hatte zu einer Konferenz nach Petersburg eingeladen. Er wußte von den Erweckungsherden in der Ukraine und im Kaukasus, von der neuen Belebung der mennonitischen Brüdergemeinde und wünschte sich eine brüderliche Verbindung auf Allianzboden, d. h. ohne eine konfessionelle Uniformierung. Diese Glaubenskonferenz sollte dazu dienen, die Brüder im Glauben zu stärken, in der biblischen Erkenntnis zu vertiefen und die brüderliche Gemeinschaft zu betonen. Paschkow sandte an die oben genannten Kreise ein Schreiben mit der Bitte, Vertreter nach Petersburg zu schicken.

Am 1. April 1884 trafen über siebzig Konferenzteilnehmer ein. Alle Kosten, sowohl der Reise als auch der Unterbringung, trug Paschkow. Die sozialen Unterschiede spielten hier gar keine Rolle. In einer Versammlung im Palais Lieven hielt ein Kutscher, der zum Glauben gekommen war, die Bibelstunde. Eine gemeinsame Abendmahlsfeier kam leider nicht zustande, weil die Baptisten streng an Onckens Ordnung hielten, nach der eine Abendmahls-Gemeinschaft nur mit solchen möglich war, die gläubig getauft waren, und zwar durch Untertauchen. Im Petersburger Kreis dagegen war die Taufauffassung jedem Teilnehmer gemäß seiner Erkenntnis überlassen.

Nun ist fast jeder junge Christ von zwei Kinderkrankheiten bedroht: von Gesetzlichkeit und Schwärmerei. Daß die russischen Erweckten von diesen Krankheiten nicht bewahrt blieben, ist verständlich. Sie verfügten über keine geschichtlichen Erfahrungen, auch die theologischen Voraussetzungen waren zunächst gering. So kam es oft zu gesetzlicher Engigkeit. Das Rauchen z. B. gilt auch heute noch für eine schwere Sünde; ebenso der Alkoholgenuß. Zum Gefühlsüberschwang ist die slawische Seele ohnehin prädisponiert. Es kann also kaum überraschen, daß später auch die sogenannte Pfingstbewegung Einfluß bekam.

Aber alle diese Nöte waren zu überwinden. Der zerstörende Feind kam diesmal von außen. Am dritten Tage wartete die Fürstin Lieven, die das Essen für etwa hundert Personen in ihrem Palais vorbereitet hatte, vergeblich auf die auswärtigen Gäste. Erst gegen Abend erschien recht verstört ein armenischer Bruder und berichtete, daß sämtliche Teilnehmer von auswärts am frühen Morgen verhaftet und nach einer strengen Ermahnung, als Herumtreiber bestraft zu werden, mit Fahrkarten in Richtung Heimat ausgerüstet worden seien mit dem strengen Befehl, sofort abzureisen und sich in Petersburg nicht wieder sehen zu lassen. Dieser armenische Bruder war auf der ersten Station ausgestiegen und zu Fuß zurückgegangen, um über die Vorgänge zu berichten, zumal die Polizei ihnen riet, sich nicht auf Paschkow zu berufen, da dieser selbst an höchster Stelle in Ungnade gefallen sei.

Bald darauf wurden Paschkow und Korff, die durch ihre hohe Stellung am Hof als die führenden Köpfe der Bewegung galten, vorgeladen. Graf Korff schreibt:

„Ich sollte mit einer Unterschrift versprechen, nicht mehr zu predigen, keine Versammlungen zu veranstalten, nicht mit freien Worten zu beten und jeden Verkehr mit den Stundisten und andern religiösen Gemeinschaften aufzugeben."

Eine ähnliche Verpflichtung sollte Paschkow unterschreiben. Da sich beide um des Gewissens willen weigerten, wurden sie des Landes verwiesen. Paschkow ging nach Paris, wohin ihm seine Familie folgte. Er hat dann in Frankreich und in andern Ländern jahrzehntelang eifrig gewirkt und starb im Jahre 1902 in Rom, wo er auf dem Friedhof der Nichtkatholiken in der Nähe der Cestius-Pyramide sein Grab fand. Nur einmal bekam er die Erlaubnis, für wenige Wochen nach Rußland zu kommen, als sein Sohn an Typhus schwer daniederlag.

Korff ging nach Deutschland (Baden), später in die Schweiz und ist erst im Alter von 91 Jahren im November 1933 im Auto auf dem

Weg nach dem Basler Krankenhaus an Herzschwäche still entschlafen. Er war in den Kreisen der Erweckten bekannt und beliebt. Ausweisung drohte auch der verwitweten Fürstin Lieven. Alexander III. sandte seinen Adjudanten zu ihr und ließ ihr seinen Wunsch übermitteln, daß die Versammlungen in ihrem Haus aufhörten. Es kam zu einem längeren Gespräch. Zum Schluß sagte die Fürstin: „Fragen Sie seine Majestät, wem ich mehr zu gehorchen habe — Gott oder dem Kaiser." Es ging das Gerücht, daß ihr tapferes Bekenntnis mit einer Verschickung beantwortet werden sollte. Aber der Zar soll gesagt haben: „Sie ist Witwe, laßt sie in Frieden!"

Und so wurde das Palais in der Großen Morskaja 43, das später die italienische Botschaft beherbergte, bis zum Jahre 1917, dem Jahre der Revolution, der Mittelpunkt für die Erweckten in der Reichshauptstadt. Zwar stand das Palais unter polizeilicher Beobachtung. Aber Eingriffe erfolgten nicht. Lachend erzählte uns Prinzeß Lieven, daß der Polizeioffizier einmal zu ihrer Mutter gesagt habe, er sei sehr zufrieden mit ihr. Alle Sensation wurde klug vermieden. Professor Karl Heim, der zu Anfang des Jahrhunderts in Petersburg war und auch eine Versammlung bei Lievens miterlebte, berichtet in seinen Lebenserinnerungen, wie überrascht er gewesen sei, daß nach Schluß der Versammlung die Teilnehmer gebeten wurden, nicht alle gleichzeitig, sondern in kleinen Gruppen das Haus zu verlassen. Der an deutsche Verhältnisse gewohnte Schwabe war fast erschrocken über eine solche Vorsichtsmaßnahme. Er konnte nicht wissen, wie wachsam das Auge Pobjedonoszews war.

V. POBJEDONOSZEW UND SEINE POLITIK

Konstantin Petrowitsch Pobjedonoszew (1827—1907) nahm die schwere Verantwortung für das Schicksal vieler Tausende auf sich. Wer die bösen Jahre der gewaltsamen Russifizierung der baltischen Ostseeprovinzen erlebte, weiß noch, mit welchem Grauen dieser Name genannt wurde. Es ist leicht, Pobjedonoszew die Schuld an dem Leid und Unglück so vieler nachzuweisen. Doch es ist schwer, ihm gerecht zu werden und ihn objektiv zu schildern. Gewiß war er ein Fanatiker, und Fanatismus bringt zu allen Zeiten Katastrophen. Doch sagt sein Biograph Dr. Friedrich Steinmann wohl mit Recht: einen Großinquisitor

111

dürfe man Pobjedonoszew deshalb nicht nennen. Er war ein religiöser Mann. Aber nicht religiöse Intoleranz war das eigentliche Motiv seiner Politik und seines Handelns, sondern vielmehr ein blinder reaktionärer Nationalismus gefährlichster Prägung.

Graf Witte, ein liberalisierender Politiker, selbst orthodox und Monarchist, der trotz seines deutschen Namens Vollrusse war, erfolgreicher Finanzminister und späterer Vorsitzender des Ministerrats unter Alexander III. und Nikolaus II., schreibt in seinen Erinnerungen über Pobjedonoszew:

„Ein Mann von hervorragender Bildung und Kultur, unbedingt ehrlich in seinen Absichten und persönlichen Ambitionen, von großer staatsmännischer Klugheit, von nihilistisch veranlagtem Verstande, ein negativer Kritiker, Feind jedes schöpferischen Schwunges, in der Praxis ein Anhänger polizeilicher Maßregeln, da jede andere Wirksamkeit Umbildungen erforderte, die er mit dem Verstande wohl forderte, aber aus Kritik und Verneinung gefühlsmäßig fürchtete. Darum verstärkte er das Polizei-Regime in der rechtgläubigen Kirche bis zum Kulminationspunkt ... Die Geschichte Rußlands hätte sich anders gestalten können, und wir brauchten gegenwärtig wahrscheinlich nicht die gemeinste und wahnsinnigste Revolution und Anarchie durchzumachen."

Witte starb am 13. März 1915 und schrieb seine Erinnerungen in den Jahren 1907—1912. Ihn interessierte vor allem Pobjedonoszews leidenschaftliches Eintreten für die Autokratie des Zaren und gegen jede leiseste Form einer Konstitution. Wittes Urteil ist immerhin ohne Haß und ohne Bosheit, während er an anderen Staatsmännern, die seine Gegner waren, oft kein gutes Haar läßt. Insofern hat Wittes Urteil hier besonderes Gewicht.

Der schon oft genannte Herman Dalton hat, während er reformierter Pastor in Petersburg war, mit Pobjedonoszew freundschaftlich verkehrt. Er schreibt seine Erinnerungen im Jahre 1906, also im Alter, fern dem Ufer der Newa. Aber da er eine scharfe Klinge gegen Pobjedonoszew und seine Politik geführt hat, also sein ausgesprochener Gegner und Widerpart wurde, hat sein abgewogenes Urteil in seiner gewollten Objektivität ebenfalls große Bedeutung.

Dalton rühmt an seinem Gegner Pobjedonoszew, daß er geistig weit über das Durchschnittsmaß hinausragte, daß er sich nie „von selbstsüchtigen Beweggründen, eigenem Vorteil hat leiten lassen". „Allezeit und überall zeigte er sich achtlos gegen sich selbst, unbeirrt von dem Urteil der Menge. Er buhlte nicht um ihre Gunst; er wich nicht furchtsam ihrer Ungunst aus. Unverwandt behielt er das Ziel im Auge, das er, der ... Anwalt der herrschenden Staatskirche, als für Rußland heilbringend erkannt hatte. Soweit ich sein Streben und Handeln beobachten konnte, hat er nie etwas für sich gewollt, stets nur der von ihm verfochtenen Sache gedient. Er diente ihr mit der großen Beweglichkeit eines hervorragenden Geistes mit zäher Tatkraft, mit dem Scharfsinn, den die Rechtskunde ihren Lieblingsjüngern vor anderen verleiht, mit Klugheit und einem stark entwickelten Temperament" (Dalton, Lebenserinnerungen Bd. III, S. 96 f.).

Nach Dalton war Pobjedonoszew „völlig überzeugt, nur so das Ziel erreichen zu können, das allein dem Reiche und seiner Staatskirche Glück und Gedeihen verbürge. Das Ziel dünkte dem rechtsgelehrten Staatsmann selbst das Opfer unchristlicher Vergewaltigung eines geringen Bruchteils des großen Rußlands wohl wert". Er schildert ihn „in der schlichten, fast unansehnlichen äußeren Erscheinung ... auf der Straße, mitten in der lärmenden Menge ungestört, tief in Gedanken seines Weges gehend, einem abgehärmten, weltabgewandten Asketen nicht unähnlich; zu Hause im Verkehr mit Männern, die ihm nicht untergeben waren, mit denen er dienstlich nichts zu tun hatte und die er achtete, ungemein liebenswürdig, in reger Unterhaltung geistvoll, fesselnd, gewinnend, ein feingebildeter, kenntnisreicher Weltmann, der drei, vier fremde Sprachen fließend handhabe und in staunenswerter, fast verblüffender Weise mit den Geistesschätzen der westeuropäischen Kulturvölker sich vertraut erwies ... Der hagere, bleiche Mann mit den eingefallenen Wangen, mit der breitgeränderten Hornbrille auf der scharf vorspringenden Nase, mit dem eingekniffenen Munde, auch in seiner Kleidung einfach, bescheiden, müßte wohl ein über Büchern und Pergamenten ergrauter deutscher Professor sein ... Es konnte aber auch geschehen, daß verwundert Leute, die uns beide zufällig kannten, stehen blieben und sich fragten, wie doch der Oberprokurator des Synods zu solch lebhaftem Gespräch mit einem Pastor käme" (a. a. O. S. 97 f).

Die unbedingte Aufrichtigkeit Pobjedonoszews wird von Dalton wiederholt gerühmt, wenn er ihm auch „Advokatenkniffe" oder „Jesuitenmoral" vorwirft. Dennoch bescheinigt er ihm zugleich ein entgegenkommendes Verhalten. Der letzte Besuch Daltons bei Pobjedonoszew, als Dalton ihm seine öffentliche Streitschrift, das sogenannte „Offene Sendschreiben", ankündigte, endete nach langer offenherziger

Aussprache unter warmem Händedruck. Pobjedonoszew überreichte Dalton sogar „sein gut getroffenes Lichtbild".

Pobjedonoszew war am 18. November 1827 als jüngster Sohn einer kinderreichen Familie in Moskau geboren. Sein Vater, Sohn eines Priesters — die Gemeindepriester der orthodoxen Kirche müssen verheiratet sein — war Professor für russische Literatur an der Moskauer Universität, nachdem er selbst zuvor als Priester ausgebildet worden war. Bis zum vierzehnten Jahr wurde der Knabe vom Vater zu Hause unterrichtet. Einen Schulzwang kannte das zaristische Rußland nicht. Danach wurde er in Petersburg in die berühmte Rechtsschule aufgenommen, die eigentlich nur für adelige Schüler bestimmt war und einen sehr guten Ruf hatte, da sie die künftigen Diplomaten und hohen Beamten vorbildete. Die überdurchschnittliche juristische Bildung verdankte Pobjedonoszew neben seinem lebhaften Interesse und seiner großen Begabung eben dieser Schule. Hier lernte er Deutsch, Französisch und Englisch perfekt sprechen. Während seiner Ausbildung war er stets Primus und hatte auch im Kreise seiner adeligen Kameraden eine führende Stellung. Außerdem bekam er hier auch gesellschaftlichen Schliff, der ihm seine spätere gesellschaftliche Sicherheit gab. Mit neunzehn Jahren kehrte er nach Moskau zurück. Zehn Jahre später, als Senatsbeamter, fiel er unter seinen Fakultätsgenossen durch sein profundes Wissen auf. Seine Aufsätze wurden publiziert. Aufgrund seiner Arbeit „Über die Reform im Zivilprozeß" wurde er 1859 mit zweiunddreißig Jahren Professor für Zivilrecht an der Moskauer Universität.

Zwei Jahre später bekam sein Leben eine entscheidende Wende. Auf Empfehlung des aus Kurland stammenden evangelischen Justizministers Graf von der Pahlen wurde er zum Lehrer des Thronfolgers, des Großfürsten Nikolaus Alexandrowitsch, berufen. Dieser Thronfolger starb nach längerer Krankheit, und sein Bruder, Großfürst Alexander Alexandrowitsch, trat an seine Stelle. Dieser war bisher Offizier gewesen und für das hohe Amt, das er sechzehn Jahre später übernehmen sollte, nicht vorbereitet. Seine Ausbildung wurde Professor Pobjedonoszew übertragen, der nun väterlicher Freund und Berater des charakterlich sauberen, aber nicht sehr selbständig denkenden späteren Zaren Alexander III. wurde. Pobjedonoszew zog ganz nach Petersburg, wo er auch den jüngeren Bruder Alexanders, Wladimir Alexandrowitsch, unterrichtete.

Mit vierundvierzig Jahren erhielt Pobjedonoszew die höchste Würde, die im Zarenreich vergeben wurde: Er wurde Mitglied des

Reichsrats, jener Versammlung hoher Beamter, die das Vertrauen des Zaren besaßen und zur — allerdings völlig unverbindlichen — Beratung des Selbstherrschers hinzugezogen werden konnten. Diese Auszeichnung war ganz ungewöhnlich und bezog sich sowohl auf sein Können wie auf seinen lauteren Charakter; entscheidend aber mag doch der Einfluß gewesen sein, den er auf den Thronfolger ausübte. Trotz seiner vielseitigen Pflichten schreibt Pobjedonoszew in dieser Zeit sein bedeutendstes Buch, das zweibändige „Handbuch des Zivilrechts", das als klassisches Werk der russischen juristischen Literatur galt. Das Buch erschien 1868. Schon ein Jahr später erschien Pobjedonoszews Übersetzung des bekannten mittelalterlichen Erbauungsbuches Thomas von Kempens „Von der Nachfolge Christi", eines der meist gelesenen Bücher der Welt. Es ist für den Charakter und die Person Pobjedonoszews kennzeichnend, daß ihn das öffentliche Recht und die christliche Frömmigkeit sein Leben lang beschäftigten. Die weitere umfangreiche literarische Arbeit Pobjedonoszews kann hier nicht gewürdigt werden. Nur daß er ein weiteres Buch übersetzte: „Über das christliche Familienleben" von Heinrich Thiersch, dem Schwiegersohn des bekannten evangelischen Pädagogen Heinrich Zeller-Beuggen. Das unterstreicht unsere Behauptung, daß Pobjedonoszew trotz aller gegenteilig wirkenden Eigenschaften ein tief religiöser Mensch war.

Der Großfürst war sein dankbarer Schüler und stand bis auf die letzten Jahre seiner Regierungszeit in seinen politischen Entschlüssen völlig unter dessen Einfluß. Zuletzt soll sich dieses Verhältnis abgekühlt haben.

Für die Außenpolitik hatte Pobjedonoszew keine besondere Konzeption. Um so eindeutiger wurde der innenpolitische Kurs weitgehend von ihm bestimmt. Er stellte wie der Großvater Alexanders, Nikolaus I., das Reich wieder auf die drei Säulen: Autokratie, Nationalismus, Orthodoxie, obwohl 35 % der Bevölkerung Nicht-Russen und Nicht-Orthodoxe waren.

Das Programm Pobjedonoszews ließ sich nur mit einer großen Polizeimacht durchführen. Dabei hatte die Regierung mit starken revolutionären und anarchistischen Bewegungen einerseits und einer Unzahl von Schismatikern und Sektierern andererseits zu tun. Besonders verhaßt war Pobjedonoszew jeder Gedanke an eine Konstitution, eine Einschränkung der Autokratie des Zaren. Ob der kluge Mann diesen Anachronismus gar nicht merkte? In seinen Briefen an Alexander III.

und an den letzten Zaren, Nikolaus II., den er ebenfalls unterrichtet hat, warnt er unermüdlich vor jeder Abschwächung der Regierungsgewalt des Zaren. „Wir brauchen keine neuen Freiheiten, keine neuen Einrichtungen, keine neuen Gesetze, am wenigsten eine Konstitution; wohl aber brauchen wir eine feste Staatsgewalt und kraftvolle Männer in der Regierung, die da wissen, was sie wollen." Giftig und grob spricht er über alle liberalisierenden Politiker. Der Zar an der Spitze des heiligen Rußland über gehorsamen Beamten ist für seine Handlungen Gott allein verantwortlich. „Das Vertrauen des Volkes zur Regierung – darauf ruht der Staat!"

Pobjedonoszew sah in seiner seltsamen Blindheit nicht, daß zur Verwirklichung dieses Konzepts sozusagen alles fehlte. Die Zaren – sowohl Alexander III. als erst recht der willensschwache Nikolaus II. – waren keine starken Männer. In der Beamtenschaft herrschte Korruption, und im Volk Mißtrauen und Auflehnung gegen die Regierung. Seltsamerweise spricht Pobjedonoszew in seinen Briefen und Reden oft vom „schlichten‚russischen Menschen", der unverrückt an seinem Zaren hänge. Wo aber waren diese Leute? Wohl gab es in Moskau die starke Gruppe der Panslawisten: Aksakow, Chomjakow, Ssamarin und andere – geschickte Journalisten und Propagandisten. Mit diesen fühlte sich Pobjedonoszew verbunden, soweit es ihren Nationalismus betraf; er teilte aber keineswegs ihre romantische Idee, daß auch die übrigen slawischen Völker mit Rußland verbunden werden sollten. Nicht nur die Polen lehnten das aufs stärkste ab. Auch unter den slawischen Völkern Österreichs und auf dem Balkan wollte man wohl Rußlands Hilfe für die nationale Befreiung, aber keineswegs das zaristische Joch.

Fünfundzwanzig Jahre war Pobjedonoszew Oberprokureur des Allerheiligsten Synods, d. h. er stand im Namen des Kaisers an der Spitze der orthodoxen Staatskirchenleitung. Damit hatte er vom Jahre 1880 bis 1905 die Stellung eines Ministers inne. Die Einheit des Volkes im orthodoxen Glauben war ihm die Garantie für den Staat und seine Festigkeit. Er war ein religiöser Mann; aber seine Zwangsmaßnahmen gegen die lutherischen Kirchen im Baltenland und die furchtbare Verfolgung der Stundisten hatten mit Religion nichts mehr zu tun. Sie waren vielmehr die Folgen seiner politischen Überzeugung. Austritte aus der Staatskirche schwächen den Staat – also müssen um des Staates willen solche Übertritte mit schärfsten Polizeimitteln verhindert werden. Dabei war Pobjedonoszew selbst in manchen Fragen „heterodox", d. h. durchaus kein Vorbild orthodoxer Frömmigkeit, denn er hatte in seinen Zimmern keine Ikonen, wie er es von den andern verlangte. Auch hier zeigte sich seine Gespaltenheit.

Wie sehr für Pobjedonoszew Russentum und Orthodoxie eins waren, sich der russische Staat also mit der Orthodoxie identifizieren mußte, davon zeugen Sätze aus Pobjedonoszews Rede zum neunhundertjährigen Jubiläum zur Einführung des Christentums unter den Slawen durch Wladimir von Kiew. Er sagte unter anderem:

„Es ist furchtbar, auch nur daran zu denken, was aus uns ohne diese Kirche geworden wäre. Sie allein, sie allein half uns, Russen zu bleiben ... Unser Gotteshaus ist das Haus des russischen Menschen. Hier wurzelt unsere Kraft, hier befindet sich die geheime Schatzkammer unseres Schicksals."

Über ein Jahrzehnt bestimmte Pobjedonoszew die Innenpolitik des Reiches. Unter Nikolaus II. mußte er seinen Einfluß mit einigen Dunkelmännern teilen, unter denen *Rasputin* zwar die bekannteste, aber nicht die einzige zwielichtige Gestalt war, die auf die kaiserliche Familie Einfluß nahm. Zu ihnen gehörte weiter *Dr. Badmajew;* er war entweder Burjate, also mongolischer Schamane aus Sibirien, oder tibetanischer Lama. Witte nennt ihn einen verschmutzten Schwindler. *Dr. Philippe,* ein Franzose aus der Gegend von Lyon, ein Scharlatan ohne abgeschlossene medizinische Bildung, verband Wunderkuren mit Weissagungen. Dieser okkulte Zug war leider für den Hof Nikolaus' II. charakteristisch. Ohne ihn hätte der „Wundermönch" Rasputin keinen solchen Einfluß auf Alexandra Feodorowna und über sie auf den Zar gewonnen. Das ganze furchtbare Ende der Zarenfamilie hängt mit dieser zwielichtigen Person zusammen, die auch die dem Hof wohlgesinnten Glieder des Volkes um ihr Vertrauen brachte. Zugleich aber hat das Gerede Pobjedonoszews von den „schlichten russischen Menschen", die er immer wieder anpries, hier eine von ihm nicht gewollte Wirkung gehabt. In Rasputin schien dieser schlichte Russe in Person Eingang am Hof gefunden zu haben.

Erst im Jahre 1905 mußte Pobjedonoszew seinen Rücktritt erklären. Es ist eigenartig, daß schon Gortschakow, der russische Kanzler aus der Bismarckzeit, ehrlich meinte behaupten zu können: „Nirgends in Europa herrscht eine so weite Gewissensfreiheit wie in Rußland." Das war auch die Meinung Alexanders III. und Pobjedonoszews, der, als Dalton die Intoleranz des Zarenreiches in religiösen Fragen anprangerte, verwundert tat. Er schien von keiner Intoleranz zu wissen. Das war wohl keine Heuchelei. Unter Gewissensfreiheit verstand man die

Duldung der mancherlei Religionen im Reiche. Es durfte nur kein Orthodoxer zu einer anderen Kirche übertreten. Und wenn Pobjedonoszew schon gegenüber führenden Persönlichkeiten der Hofgesellschaft und dem Generaladjudanten des Kaisers keine Rücksicht kannte, wenn er schon den Oberzeremonienmeister und den Verkehrsminister, Bobrinsky und Korff, so streng maßregelte, wieviel hemmungsloser war dann sein Vorgehen gegen die bäuerlichen Stundisten, die keine hohen Beziehungen hatten! Auch den im Ausland gerühmten Religionsphilosophen Ssolowjow ließ er überwachen, von Leo Tolstoi, den die orthodoxe Kirche exkommuniziert hatte, ganz zu schweigen. Selbst auf die darstellende Kunst wirkte er durch seine Zensur. Realistische Ölbilder, etwa die des bekannten Malers Rjepin, ließ er aus Ausstellungsräumen entfernen. Diese Allmacht Pobjedonoszews wurde schließlich selbst den orthodoxen Kirchenfürsten lästig.

Pobjedonoszews Einfluß auf Nikolaus II., den letzten Zaren, war in seinen ersten Regierungsjahren noch sehr groß. Die selbstherrliche Rede des jungen Herrschers vom 17. Januar 1895, in der dieser alle Gedanken an eine Konstitution als „sinnlose Träumereien" bezeichnete, hat Pobjedonoszew noch entworfen. Auch die Ernennung des neuen Innenministers Goremykin — Inhaber des fast wichtigsten Amtes im Zarenreich — ging auf Pobjedonoszew zurück. Später schrieb Pobjedonoszew an Witte über Nikolaus II.: „In den ersten zwei Jahren, als ich zuweilen gefragt wurde, erteilte ich meinen Rat. Dann aber hörte man auf, mich zu fragen. Ich tat nur noch das, was meines Amtes war, und kümmerte mich lediglich um mein Ressort" (Steinmann S. 89). Aber derselbe Witte behauptet auch, daß Pobjedonoszew selbst in den Jahren Stolypins — also längst nach seinem Rücktritt — entscheidenden Einfluß auf alle Entschlüsse hatte. Es ist auch kaum anzunehmen, daß sich diese geballte Energie Pobjedonoszews an die Kette legen ließ.

Wie wirkte sich nun der Einfluß Pobjedonoszews auf die Stundisten und andere Vertreter biblischer Erweckung aus?

VI. DIE ZEIT SCHWERSTER BEDRÄNGNISSE

Pobjedonoszew ist für die schwerste Leidenszeit der Stundisten verantwortlich. Ohne Rücksicht wurde nun der Paragraph 187 des Strafgesetzbuches angewendet.

Dieser Paragraph lautete: „Für Verleitung Orthodoxer zu irgendeinem anderen Bekenntnis wird der Schuldige zum Verlust aller besonderen persönlichen und dem Stande zukommenden Rechte und Privilegien und zur Verschickung nach Sibirien oder zur Einweisung in die Korrektions-Arrestanten-Kompagnie verurteilt."

Dazu kam Paragraph 155: „Diejenigen, die vom orthodoxen zu einem anderen, wenn auch christlichen, Bekenntnis übergetreten sind, werden der geistlichen Behörde übergeben, um sie zu ermahnen, zur Einsicht zu bringen und mit ihnen nach dem Kirchengesetz zu verfahren."

Mit diesen beiden Paragraphen, die aus alter Zeit stammen mochten, ließ sich eine Verfolgung der stundistischen Bewegung in Szene setzen. Doch genügten sie dem Eifer Pobjedonoszews noch nicht. Er berief einige Male besondere kirchliche Konferenzen nach Moskau. Hier sollten kirchliche Machthaber und Vertreter des Staates die Bekämpfung des sich überraschend schnell ausbreitenden Stundismus und Baptismus beraten und wirksame Mittel zur Überwindung „der schädlichen Sekten" beschließen.

Offenbar brachte das Jahr 1888 eine Verschärfung. In diesem Jahr wurde in Kiew die neunhundertjährige Wiederkehr des Tages der Christianisierung der Slawenstämme durch den Großfürsten Wladimir den Heiligen gefeiert. Das Standbild dieses Großfürsten mit dem dreigestrichenen griechischen Kreuz in der Hand steht auch heute noch am hohen Ufer des Dnjepr bei Kiew. Anläßlich dieser Feier hielt Pobjedonoszew die erwähnte Rede, die sein Biograph „sein historisch-politisches Bekenntnis" nennt. In dieser Rede sagte er unter anderem:

„Meine Väter und Brüder, was ist uns allen, ob groß oder klein, lieber und teurer als die Kirche, und welche Schönheit weckt im russischen Herzen größere Sympathie als die kirchliche Schönheit? Die Kirche ist für den russischen Menschen seine liebe Mutter. Wir alle sind ihre Kinder, und wenn jemand fernab von ihr herumirrt, so wird er mit Gottes Hilfe noch ins elterliche Haus zur Mutter zurückkehren ... Hier wurzelt unsere Kraft, hier befindet sich die geheime Schatzkammer unseres Schicksals ... Wir sind unter der Fahne der Alleinherrschaft und Autokratie groß geworden; unter dieser Fahne stehen wir, unter ihr bilden wir einen einheitlichen Körper mit einheitlichem Willen, und in ihr sehen wir auch künftighin die Gewähr der Wahrheit, der Ordnung und des Wohles des Landes."

Schon aus diesen wenigen Sätzen der mit brennendem Herzen gehaltenen Festrede wird deutlich, daß für Pobjedonoszew jede Abweichung von der Orthodoxie als ein Verrat am Volkstum, am russischen Reich und am Zaren galt. Wenn wir dazu bedenken, daß er diese Sätze in der alten Hauptstadt der Ukraine sagt, in der fast alle Dörfer vom Stundismus „angekränkelt" waren, so ist verständlich, daß das Jahr 1888 der Beginn der systematischen Ausrottung des Stundismus sein sollte. In diesem Jahre müssen geheime Maßnahmen „gegen das Sektierertum" getroffen worden sein. Drei Jahre später fanden zwei Konferenzen in Moskau statt, deren Beschlüsse im Mai 1893 veröffentlicht und im Juli 1894 zum „Gesetz gegen die Stundisten" erhoben wurden. Wir sehen, wie sich die Machtfülle eines diktatorisch regierten Staates gegen die Grüppchen schlichter Stundisten aufmacht. Man wird unwillkürlich an die römischen Kaiser des dritten und Anfang des vierten Jahrhunderts erinnert — Decius, Valerian, Diokletian, Galerius und andere, die mit der Machtfülle des Staates die Kirche ausrotten wollten. Daß wir damit nicht zuviel sagen, läßt sich aus dem Wortlaut des Gesetzes ersehen:

„Die Kinder der Stundisten sind den Eltern zu entreißen und der Obhut solcher Verwandten zu unterstellen, die der orthodoxen Kirche angehören; mangels solcher werden sie der Ortsgeistlichkeit anvertraut.

Fortan ist es den Stundisten untersagt, Gottesdienste zu halten oder Schulhäuser zu errichten.

Die Pässe und Heimatscheine der Stundisten sollen einen Vermerk über die Zugehörigkeit zu dieser Sekte tragen. Jeder Unternehmer, der einen Stundisten in Dienst nimmt, wird mit hohen Geldstrafen belegt.

Die Namen der Glieder dieser Sekte sind dem Minister für Straßen und Eisenbahnen zu übermitteln, welche dieselben in den Eisenbahnbüros anschlagen wird, damit sie dort keine Beschäftigung finden können.

Es ist verboten, daß ein Stundist einen Orthodoxen in Dienst nimmt. Zuwiderhandlungen werden mit Verbannung in den Kaukasus bis zu 5 Jahren bestraft.

Den Stundisten ist es verboten, Grund und Boden zu kaufen oder zu pachten. Jeder Stundist, der beim Lesen der Bibel oder beim Beten mit andern angetroffen wird, ist zu verhaften und ohne weiteres auf administrativem Wege (d. h. ohne Gerichtsverfahren) nach Sibirien zu schicken; jeder Prediger ist zu Zwangsarbeit in den dortigen Bergwerken zu verurteilen.

Die Stundisten sind außerhalb der geweihten Erde des Friedhofs zu beerdigen; es ist nicht gestattet, eine Leichenfeier ihrethalben zu veranstalten."*)

In einer anderen Fassung dieser gesetzlichen Vorschrift lesen wir außerdem noch folgende Sätze:

„Allen Sektierern soll verboten werden, ihre Wohnorte zu verlassen. Sie sollen gesetzlich für unfähig erklärt werden, Geld- und Handelsgeschäfte zu treiben.

Die Prediger und Verfasser religiöser Schriften sollen mit 8—16 Monaten Gefängnis bestraft werden, im Wiederholungsfalle mit 32—48 Monaten Festungsgefängnis, beim dritten Mal mit Verbannung."**)

Die abweichenden Texte zeigen, daß uns hier der authentische Text nicht vorliegt. Wir bedauern, nicht in der Lage zu sein, den offiziellen Wortlaut zum Vergleich heranzuziehen. Es besteht jedoch kein Zweifel, daß nach obigen Anordnungen gehandelt wurde. Bei der Größe und oft auch mangelnden Ordnung im alten Zarenreich ist es durchaus denkbar, daß die einzelnen Gouverneure in ihren Vorschriften an die Polizei verschiedene Formulierungen gebrauchten.

Wer diese Gesetzesvorschriften zum ersten Mal liest, faßt sich an den Kopf, daß so etwas um die Wende des neunzehnten zum zwanzigsten Jahrhundert möglich gewesen ist. Und doch gibt es eine Parallele, die fast ein halbes Jahrhundert später sogar auf deutschem Boden im Lande der Reformation Luthers zu finden ist: es sind die berüchtigten „Nürnberger Gesetze" über den Ausnahmezustand gegenüber den „Nichtariern".

Das Ganze ist ein Dokument der Unmenschlichkeit. Und es ist ein schwacher Trost, daß in vielen Fällen die Vorschriften nicht durchgeführt wurden, zumal sich die Stundisten oft großer Sympathie erfreuten. Andererseits aber wurden viele Neider gereizt, ihren Gefühlen Raum zu geben. Wir kennen Beispiele von großer Grausamkeit, die wir nicht wiedergeben möchten. Aber auf zwei literarische Niederschläge dieser Verfolgungszeit sei hier hingewiesen:

Samuel Keller, der selbst lange Zeit in Südrußland und auf der Krim war, schrieb eine Novelle „Das Salz der Erde" (ursprünglich unter dem Pseudonym Ernst Schrill). Und die englische Schriftstellerin Hesba Stretton schrieb die vielgelesene Erzählung: „Der große Leidensweg".

---

*) Zitiert nach Gutsche, a. a. O., S. 78.
**) Warns: Rußland und das Evangelium, S. 122.

In einer späteren Erzählung „In des Herren Hand" berichtet sie von den Leiden der Frauen und Kinder in der Verfolgungszeit. Beide Schriftsteller erzählen aufgrund historischer Ereignisse.

Aber weder solch eine Flucht in die Öffentlichkeit, noch die Proteste der Glaubensgenossen aus dem Ausland änderten etwas an der Sachlage. Oncken, der tapfere Führer des deutschen Baptismus in Hamburg, ging bis in das Ministerium in Petersburg, um sich dort zu beschweren, daß Baptisten so hart verfolgt wurden. Der Weltbund der evangelischen Allianz richtete ein Bittgesuch an die russische Regierung, Schweizer Pfarrer schlossen sich an, und viele evangelische Einzelpersonen schrieben nach Rußland und an die dortige Regierung. Aber alle Proteste und Gesuche waren wirkungslos.

Uns stehen Zahlen und Statistiken über die Verurteilten und Deportierten nicht zur Verfügung. Sicher ist, daß Ungezählte nach Sibirien und Transkaukasien deportiert wurden, nachdem sie oft jahrelang in Gefängnissen gesessen hatten. In Ketten gleich den Kriminellen wurden sie „per Etappe", wie der Fachausdruck hieß, d. h. von Gefängnis zu Gefängnis, meist zu Fuß auf wochenlangen Wegen an den Ort ihrer Bestimmung gebracht. Ungeziefer und mangelnde Hygiene kamen zu allen Qualen hinzu. Die „Verantwortlichen" und Prediger wurden zu Zwangsarbeit verurteilt. Wir wissen von solchen, die die Narben an beiden Handgelenken für ihr Leben behalten haben. Sie waren mit eisernen Ketten an die Schubkarren geschmiedet worden, die sie in den Bergwerken bedienen mußten und mit denen sie Tag und Nacht verbunden blieben. Oft wurden die Frauen besonders transportiert und waren der Zudringlichkeit der Wachmannschaft ausgesetzt. Wir wollen nicht davon erzählen, was an grausamen Mißhandlungen und Folterungen geschah. Die Literatur weiß darüber Erschütterndes zu berichten. Daß viele unterwegs umkamen, mag ihnen wie eine Erlösung erschienen sein. Auch diejenigen, die „nur" zur Ansiedlung in unwirtliche Gegenden verurteilt waren, fanden oft ein unerträgliches Los. Davon erzählt Dalton als Augenzeuge. Wurden die Stundisten vom Gericht freigesprochen, was oft geschah, da sie viel Liebe genossen, so wurden sie ohne Gericht verschickt.

Dalton erzählt unter anderem: „Auf Wanderungen im Kaukasus habe ich in Jelisawetpol an der Gandschah auf dem dortigen Markt die elenden Verbannten gesehen. Hungernd und müßig umstanden sie die armseligen Buden und Körbe, in denen Lebensmittel feilgeboten wurden; für sie in ihrer vollständigen Mittellosigkeit unerreichbare

Schätze ... Sie wurden wie die Verbrecher verschleppt, mit ihrer gleichgesinnten Familie in den fernen Kaukasus, an die Grenze des Reichs, wo wilde kurdische Stämme hausen und die fremde Sprache eine unübersteigbare Kluft des Verkehrs bildet. Dort hat man sie zu Hunderten in unzugänglichen Gebieten nicht angesiedelt, sondern einfach verwiesen und hilflos sich selbst überlassen, die armen, elenden Stundisten, deren Verbrechen es ist, nach dem heiligen Evangelium zu glauben und leben zu wollen ...

Wie diese Scharen im Süden des Reiches im bejammernswerten Elend langsam dahinsiechen und verkommen, so sehen wir andere Züge der um des Glaubens willen Verfolgten auf dem großen Leidensweg nach Sibirien. In dem schier unübersehbaren Gebiet können noch immer weite öde Strecken ausfindig gemacht werden, wo die Stundisten keinem Nachbarn gefährlich werden können."*)

Dalton schreibt weiter: „Eine ganze Reihe von unwiderlegbaren schmerzlichen und empörenden Fällen sind fast aktenmäßig festgenagelt und wohl bewahrt. Da stehen Namen der Verwiesenen, ihr Heimatort, ihre Verurteilung, ihr und ihrer Familienglieder entsetzliches Geschick auf dem Weg bis zu dem fernen Verbannungsort, ihr namenloses Elend an Ort und Stelle, bis mitleidig der Tod dem Leiden früher oder später ein Ende gemacht. In einer Reihe von englischen Blättern, in dem Schriftchen von Godet (Persécutions actuelles en Russie, 2. Aufl. Neuchatel 1896) ist ein Teil sorgfältig gesammelten und auch gesichteten Materials bereits der Öffentlichkeit übergeben — auch dieser Bruchteil vollauf genügend, um alle Behauptungen, als ob derartige Verfolgungen nicht stattgefunden, hinfällig und zu Schanden zu machen. Weitere Aktenstücke liegen mir vor. Hinter diesen laut redenden Zeugen, deren Stimme gen Himmel schreit, erheben sich die andern bleichen Schatten — wer zählt ihre Zahl? —, die lautlos auf diesen Leidensweg getrieben werden, die stumm ihr schweres Kreuz tragen, die, endlich zusammengebrochen unter der Last, schweigend und von niemand gehört, ihre Seele ausgehaucht haben, in der Tat Märtyrer im neunzehnten Jahrhundert, deren Seufzer und Gebet von dem allein vernommen wurden, der dem Saulus einst sich als den in seinen Jüngern Verfolgten offenbarte und seine richtende Hand wider die erhebt, durch welche Ärgernis kommt auch auf die Geringsten in seinem Reiche." (S. 52 f.)

*) Dalton, Der russische Stundismus, S. 50 f.

Wir haben dieses Zitat so ausführlich gebracht, weil es aus der Feder eines Zeitgenossen der Ereignisse kommt. Dazu ist Dalton als eine unbestechlich gerecht urteilende und gewissenhafte Persönlichkeit bekannt gewesen, der in den höchsten Kreisen Petersburgs Vertrauen genoß und ehrlich versuchte, der unheimlichen Gewalt Pobjedonoszews gerecht zu werden. Daltons „Offenes Sendschreiben an den Oberprocureur des Russischen Synod, Herrn Wirklichen Geheimen Rat Konstantin Pobjedonowszew" vom Jahre 1889 lassen wir hier — trotz seines hohen Interesses — unberücksichtigt, da er sich in diesem Schreiben weniger mit den Verfolgungen des Stundismus als mit der Bedrängung der lutherischen Kirche in den Ostseeprovinzen Livland, Est- und Kurland beschäftigt.

Wir verzichten darauf, erschütternde Einzelschicksale zu schildern, auch davon zu erzählen, wie abgesehen von der staatlichen Verfolgung der Stundisten, zahllose Gewalttaten von Nachbarn und Feinden in persönlicher Lynchjustiz — also einfach Verbrechen — an den Gläubigen geschahen. Unwillkürlich denkt man an die Leiden der Christen in der Sowjetunion. Wir wollen diese gewiß nicht gering einschätzen. Jedes einzelne Menschenleben ist wertvoll vor Gott und hat sein eigenes Schicksal. Aber nicht erst der Kommunismus hat die Zwangslager, die Deportationen und die Bedrängung „Andersgläubiger" ausgedacht. Die einstigen Revolutionäre, die unter der Zarenknute gelitten hatten, haben weithin die gleichen Mittel angewandt und den gleichen Anspruch auf die Alleinherrschaft ihrer Weltanschauung gestellt. Sie verlangen den gleichen absoluten Gehorsam bis in die Gesinnung, das Gewissen und den Glauben — genau wie damals unter Pobjedonoszew! Wenn damals jemand seine fünf Jahre Verbannung hinter sich gebracht hatte und auf Befreiung hoffte, dann wurden ihm weitere fünf Jahre Leiden auferlegt, „weil die ihnen zunächst auferlegte Strafe der Verbannung sie nicht geändert zu haben scheine" (Vergl. Warns, S. 125 f).

Diese Not wurde erst behoben, als während des unglücklichen Russisch-Japanischen Krieges (1904/5), in dem das kleine Japan dem russischen Riesenreich empfindliche Niederlagen beibrachte, die Revolution in Rußland ausbrach. Es fehlte damals nicht viel, so wäre schon im Jahre 1905 der Zarenthron gestürzt und die Republik ausgerufen worden. Damals berief Nikolaus II. den ehemaligen Finanzminister *Ssergej Juljewitsch Witte*, der schon unter Alexander III. Verkehrsminister war und als Finanzminister die Goldrubelwährung im Zarenreich eingeführt hatte. 1903 war er „in Ungnade" gefallen, aber in der Not wiedergeholt worden, und es gelang ihm, den Frieden zu Porthsmouth (USA) abzuschließen und dadurch den Krieg zu einem für Rußland erträglichen Ende zu führen. Nun trat er an die Spitze der russischen Regierung, und es gelang ihm, Nikolaus zu überzeugen, daß das Volk eine Konstitution brauche. Obwohl die Rechte des Parlaments, der Reichsduma, nach Wittes Rücktritt wieder beschnitten wurden, war immerhin ein erster Schritt geschehen. Für die Stundisten aber hatte Wittes Zeit eine gute Folge, denn am 16. April 1905 erschien das sogenannte *„Toleranz-Manifest"*, das mit dem Prinzip der staatlichen Unduldsamkeit brach und eine — wenn auch beschränkte — Glaubensfreiheit verkündete. Zwar wurde auch diese — wie es leider oft unter der Regierung dieses letzten Zaren geschah — in den folgenden Jahren schrittweise weiter eingeschränkt. Aber immerhin war der Begriff der religiösen Duldsamkeit endlich geschaffen und brachte Befreiung und Hilfe für zahllose Leidende, die die Verfolgungszeit überlebt hatten.

Jakob Kroeker erzählt als Augenzeuge, was er zu Ostern 1905 im Palais der Fürstin Lieven in Petersburg erlebte:

„Es war im Jahre 1905. Wenn ich mich recht erinnere, sollte in den Ostertagen in Petersburg eine Glaubenskonferenz stattfinden. Auch ich war zu derselben aus dem Süden Rußlands gefahren. Wir hatten jedoch keine Ahnung von dem großen politischen Ereignis, das wir dort erleben sollten.

Nikolaus II. hatte nämlich den schönen und idealen Plan gefaßt, durch ein Manifest dem großen russischen Reich am ersten Ostertag die volle Glaubensfreiheit zu geben. Niemand ahnte etwas von diesem so bedeutungsvollen Entschluß. Nur wenigen war bekannt, was an dem kommenden Ostermorgen geschehen sollte.

Am Vorabend vor dem ersten Ostertag erhielten wir plötzlich die Einladung, am nächsten Tage in aller Frühe ins Palais der Fürstin Lieven zu einer Gebetsstunde zu kommen. Man sagte uns zwar nicht, was vorlag, sondern deutete nur an, daß uns eine überaus freudige Überraschung in der Gebetsversammlung sollte mitgeteilt werden.

In aller Frühe war ein enger eingeladener Kreis im Palais erschienen. Jeder fragte sich: Was mag vorliegen, daß man uns zu so einer außergewöhnlichen Zeit zusammengerufen? Aber wen man auch fragte, niemand vermochte es zu sagen. Nur so viel war bereits bekannt, daß die Fürstin ein Manifest des Zaren vorlesen würde.

Als alle Gäste erschienen waren, öffnete sich plötzlich die eine große Flügeltür, und unsere teure Fürstin trat tief bewegt in den Saal, die Abschrift des Manifestes in der Hand. Kaum vermochte sie vor innerer Bewegung und Freude die frohe Kunde zu verlesen. Als sie das getan, vereinigten sich die anwesenden Gäste zum Dank und zur Anbetung vor dem Herrn. Wohl kein Auge blieb trocken und kein Mund stumm. Wußten wir doch, was dieses Manifest, das in den nächsten Stunden in sämtlichen Kirchen Rußlands würde verlesen werden, für eine ungeheure Bedeutung haben würde für die Tausenden und Abertausenden, die um ihres Glaubens willen hatten die schwersten Leiden tragen müssen.

Wieviel Familien waren zerrissen worden, wieviel Brüder schmachteten in Verbannungsorten Sibiriens, wie viele saßen in dunkelsten Zellen der Gefängnisse! Und nun sollten plötzlich all diese äußeren Leiden und seelischen Qualen ein Ende haben!

Kein Wunder, daß sich in unserer Seele in jener denkwürdigen Gebetsstunde ein Dank und eine Freude auslöste, wie man sie nur selten erleben kann. Gott hatte geantwortet auf das jahrzehntelange Flehen seiner Kinder und schenkte seinem leidenden Volk die Freiheit und dem russischen Reich die Möglichkeit, den Weg einer geistigen Wiedergeburt zu betreten."*)

Es war in Wahrheit eine kirchengeschichtliche Stunde. Pobjedonoszew trat von seinem Posten zurück. Sein Wort galt nicht mehr in der Kirchenpolitik. Daß die Hoffnungen Kroekers und vieler anderer nicht erfüllt wurden, hing mit dem wankelmütigen Charakter des willensschwachen Zaren zusammen. Wittes Nachfolger *Stolypin*, ein starker Charakter, der politisch dem Reich vielleicht hätte helfen können, wurde selbst Opfer eines Attentats, nachdem er eine Zeit der Reaktion eingeleitet hatte. Durch seine sogenannten „Feldgerichte" wurde grausame Rache an den Revolutionären des Jahres 1905 geübt, wobei viel unschuldiges Blut floß. Die Verbitterung des Volkes wurde um so größer. Und wenn auch zu Beginn des ersten Weltkrieges, wie gewöhnlich in solchen Zeiten, eine Welle nationaler Begeisterung durch Rußland ging, so endete der Krieg, der die innere Schwäche des Zarensystems neu offenbarte, mit der großen Katastrophe der bolschewistischen Revolution. Daß die damals erhoffte Erfüllung aller Freiheitssehnsucht in die Tyrannei Stalins mündete, ist ja bekannt.

*) Kroeker, *Die Sehnsucht des Ostens*, S. 18 ff.

VII. DIE ZEIT ZWISCHEN 1905 UND DEM ERSTEN WELTKRIEG

Man sollte über dieses knappe Jahrzehnt schreiben dürfen: Das goldene Zeitalter der Freiheit in Verkündigung und Glaubensleben. Leider aber wurde diese Hoffnung nur sehr bedingt erfüllt. Gewiß: zuerst herrschte lauter Jubel, vor allen Dingen über die Heimkehr der Verbannten und Verurteilten, wenn auch der Tod manche schmerzliche Lücke gerissen hatte. Und wie viele Narben blieben zurück! Der Baptistenprediger *Feodor Kostronin* war 16 Jahre in der Verbannung, 9 Jahre im Gefängnis und so lange von seiner Familie getrennt gewesen. *Wassilij Iwanow-Klyshnikow*, der Chronist der russischen Baptistenbewegung, war zweimal in der Verbannung und 31 mal im Gefängnis gewesen. Das sind nur zwei Beispiele für zahllose andere Fälle.

Der *„Bund russischer Baptisten"*, der gleich nach dem Toleranz-Manifest neu gegründet wurde, entfaltete nun eine starke Aktivität. Schon im Jahre 1906 wurden fünfzig Evangelisten ins Land gesandt. Sein erster Vorsitzender war *Djej Iwanowitsch Masajew*. Er war zugleich der Redakteur des Blattes *„Der Baptist"*. Weniger eilig hatte es *Iwan Stepanowitsch Prochanow*, der in Petersburg in Verbindung mit dem Kreis um das Haus Lieven den *„Allrussischen Verband der Evangeliumschristen"* sammelte. Doch das war erst im Jahre 1909.

Es ist nicht ganz einfach, den Unterschied dieser beiden Bünde zu charakterisieren, des Bundes der Baptisten und des Bundes der Evangeliumschristen. Da die letzteren auch auf dem Boden der Glaubenstaufe standen, hätten sie eigentlich schon damals zueinander finden können. Das aber geschah erst im Jahre 1944 unter dem Druck Stalins. Man wird die Gründe der Zweigleisigkeit wesentlich in den führenden Persönlichkeiten suchen müssen.

Die Baptistenbrüder hatten ihre sehr fest geprägten Grundsätze, die wesentlich auf Oncken-Hamburg zurückgingen. Etwa der Grundsatz, daß die Abendmahlsgemeinschaft nur mit solchen gepflegt wurde, die nachweislich gläubig getauft waren. Weiter galt die Taufe nur dann als echt, wenn sie durch Untertauchen in Wasser vollzogen wurde (also keine „Besprengungstaufe"). Daß in den Gemeinden strenge Disziplin und Zucht gehalten wurde, hatte seinen guten Grund in einem Volk, das die Ordnung oft für Pedanterie hielt. Immerhin lag die Gefahr der

Gesetzlichkeit vor der Tür. Doch blieben die führenden Männer —
neben den oben Genannten vor allem der nach Tiflis zurückgekehrte
Wassilij Gurjewitsch Pawlow — ihrer Linie treu und regierten den
Bund der Baptisten zentralistischer, als es in Deutschland geschah. Dort
hatte sich der Bund im Laufe der Jahre zu einer Vereinigung freier
baptistischer Gemeinden entwickelt.

Iwan Stepanowitsch Prochanow (17. 4. 1869—6. 10. 1935) war in all
diesen Fragen freier. Das entsprach seiner genialen Art. Er war nie
fertig, hatte immer neue Pläne und war unermüdlich, sie zu realisieren.
Es mag nicht immer einfach gewesen sein, mit oder unter ihm zu
arbeiten, aber wer ihn kennenlernte, konnte sich seinem Einfluß schwer
entziehen. Er war gewiß der bedeutendste und begabteste Führer des
evangelischen Christentums unter den Russen. Eine Reformatorenge-
stalt von großer und vielseitiger Begabung. Prochanow entstammte wie
Pawlow einer Gemeinde der Molokanen und war in Wladikawkas
(Nordkaukasien) geboren worden. Schon als Schüler fiel er in einen
schweren Pessimismus, so daß er dem Selbstmord nahe war. Von diesem wurde er durch einen kleinen Zettel zurückgehalten, den ihm eine
unbekannte Hand auf den Tisch gelegt hatte. „Liebst du Christus?"
stand darauf geschrieben. Das brachte ihn zum Erwachen. In Tiflis kam
er in Berührung mit der dort entstandenen russischen Baptistengemeinde. 1887 wurde er — achtzehnjährig — getauft. In Petersburg
studierte er am Technischen Institut. Dort bekam er auch Verbindung
zu den Erweckten, die sich um das Haus Lieven scharten.

Die geistliche Führung der Gemeinden lag damals schon in den
Händen von *Johann Kargel* (1846—1933). Dieser soll der Sohn eines
deutschen Vaters gewesen sein und einer armenischen Mutter. Er kam
aus Bulgarien und hatte aus der türkischen Zeit noch seinen türkischen
Paß, der ihn vor der russischen Polizei schützte. Alle, die Kargel kannten, erinnern sich an ihn mit tiefer Dankbarkeit. Er war ein Seelsorger
und Heiligungsprediger. Es ging ihm darum, den Glauben zu vertiefen,
die Glaubenden im Wort Gottes zu verwurzeln und im Glauben an die
sieghafte Kraft des heiligen Geistes zu einer Lebensführung voller Hingabe an den Herrn zu leiten. Nicht nur die Alten, auch die Jungen,
besonders Studenten und Akademiker, blieben ihm dankbar. Auch
Karew, der spätere Generalsekretär des allsowjetischen Bundes der
Evangeliumschristen-Baptisten, dankte Kargel sein inneres Leben. Er
war einst als ganz junger Hauslehrer auf Oesel im Hause eines baltischen Barons erweckt worden. In Petersburg schloß er sich Kargel an.

Und als dieser nach der bolschewistischen Revolution aus dem damaligen Petrograd ausgewiesen wurde, gab ihm eine kleine Schar junger Männer das Geleit auf den Bahnhof. Damals trat Karew an Kargel heran mit der Bitte: „Schreib mir ein wegweisendes Wort in mein Notizbuch!" Der Alte ergriff den Bleistift und schrieb nur die zwei Worte: „Pasnai jewo!" das heißt: „Erkenne ihn!" Später hat Karew vor Brüdern bekannt, wie stärkend und für alle Zeiten wegweisend ihm das Wort Kargels geworden ist. In seinem Hohepriesterlichen Gebet sagt Jesus: „Das ist das ewige Leben, daß sie dich, der du allein wahrer Gott bist, und den du gesandt hast, Jesus Christus, erkennen." Wer später Karews Artikel im „Bratskij Westnik" („Brüderbote"), dem Blatt des Allsowjetischen Bundes, las, erkannte: Hier wird Christus bezeugt, der Gekreuzigte und Auferstandene.

Geht Kargels Weg in die Tiefe, so Prochanows Weg in die Weite. Er macht 1893 in Petersburg sein Examen als Ingenieur. Sein reicher Geist fand Glaubensstärkung in der Gemeinde, zugleich aber suchte er Verbindung und Austausch mit den Religionsphilosophen Wladimir Ssolowjow und Leo Tolstoi. Vielleicht war es der Einfluß des letzteren, daß Prochanow mit andern Gläubigen auf der Krim eine Siedlung im Sinne der urchristlichen Gütergemeinschaft mit dem Namen Wertograd gründete. Er wollte den von sozialistischen Gedanken bewegten Intellektuellen seines Volkes beispielhaft zeigen, daß vom Evangelium her solch ein Kommunismus auf freiwilliger Grundlage nicht unmöglich sei. Das erinnert an die sogenannten „Brüderhöfe", die durch Anregung Dr. Eberhard Arnolds in Deutschland und später auch im Ausland entstanden.

Um den Verfolgungen durch die Polizei zu entgehen, mußte Prochanow bald Rußland verlassen. 1895 ging er nach Finnland und dort über die „grüne Grenze" in den Westen. Hier studierte er Theologie: zuerst in England bei den Baptisten, danach bei den Kongregationalisten (Freie Gemeinden), und schließlich auch an der Berliner Universität. Auch in Paris besuchte er theologische Vorlesungen. Überall wies er die Glaubenden im Westen auf die Not der Stundisten in Rußland hin. Drei Jahre später kehrt er über den Orient (Ägypten — Palästina — Syrien) nach Südrußland zurück. Er unterbrach seine Reise in Cypern, wo er als Dolmetscher für die aus Rußland vertriebenen Duchoborzen tätig war. Diese spiritualistische Sekte stand Tolstoi nahe. Fast wäre Prochanow auf Cypern ein Opfer der dortigen Ruhrepidemien geworden. Weil er dann die Grenze bei Odessa illegal überschritt, wurde er in Polizeibegleitung in seine Heimat Wladikawkas gebracht. Es gelang ihm, seinen verbannten Vater und andere Gläubige aufzusuchen. Von hier ging er nach Riga an die Eisenbahnverwaltung und wurde gleichzeitig Privatdozent an der Technischen Hochschule (Polytechnikum) dort. Doch wurde er bald auf Veranlassung des Innenministeriums entlassen unter der Begründung, er sei „ein Führer der Stundisten". Daraufhin bekam er bei der englischen Firma Westinghouse in Petersburg eine sehr gute Stellung. Diese Firma versorgte die gesamte Eisenbahn des großen Reiches mit ihrer „Westinghouse-Bremse", wie jeder Reisende in Rußland an den Eisenbahnwagen lesen konnte. Als Angehöriger der Firma Westinghouse wurde Prochanow von den Behörden nun nicht mehr belästigt. Nun mußte er weite Reisen machen, die ihn bis Amerika führten, und überall suchte er Verbindung mit lebendigen Christen. Im Kaukasus fand er seine Frau, *Anna Iwanowa Kosakow*, die mit ihm den Weg des Glaubens ging.

Er hatte eine glückliche, oft humorvolle Art, mit den Menschen umzugehen. Dabei halfen ihm seine geistige Überlegenheit und sein weiter Horizont. Auch seine Gegner wußte er zu behandeln. Er verleugnete seinen Glauben nicht, aber er provozierte auch nicht, und so konnte er schon vor dem Toleranzedikt Verbannten und Verurteilten helfen.

Er verfügte über eine nicht geringe dichterische Begabung und hat dem Stundismus, der bisher sein Liedgut zum größten Teil durch Übersetzungen aus dem Deutschen und Englischen gewann, eine große Zahl schöner Lieder geschenkt. Sein kleines Liederbuch mit eigenen und fremden Liedern, die „Gußli", ist noch heute bekannt. Es wurde in der Druckerei des Innenministeriums gedruckt — ein Zeichen für seine guten Verbindungen. Nach dem Toleranzedikt gab er ein Wochenblatt heraus: „Der Christ", das evangelistisch und belehrend war und ohne konfessionelle Enge. Jede Nummer des Blattes hatte als Beilage ein Lied mit Noten. So versorgte er die Gemeinden im Reich samt ihren Chören mit einem reichen Liedgut.

Prochanow war unerschöpflich an Ideen. Als die Zarenregierung das Toleranzgesetz durch „ministerielle Erläuterungen" immer weiter entkräftete, fand er immer neue Wege, die Gemeinden und die Glieder zu schützen. Nach dem Gesetz vom 13. Oktober 1906 durften religiöse Gemeinden außerhalb der Staatskirchen die Rechte einer juristischen Person bekommen und eigene Kirchenbücher führen, falls mindestens fünfzig Personen sich mit ihrer Unterschrift darum bemühten. Darum widmete sich Prochanow nun der Organisation der Gemeinden, worauf

Paschkow und sein Kreis bisher so wenig Gewicht gelegt hatten. Da Prochanow als erster die gesetzliche Grundlage dem Staat gegenüber suchte, hieß seine Gemeinde später „die Erste evangeliums-christliche Gemeinde in Petersburg". Neben ihr bestand die viel ältere Gemeinde im Hause Lieven, die sich nun in gleicher Weise organisierte. Wohl unter dem Einfluß der Weitherzigkeit dieses älteren Kreises wurde der *Allrussische Bund der Evangeliumschristen"* — trotz der Glaubenstaufe — nicht baptistisch. Diese evangeliums-christlichen Gemeinden sammelte Prochanow im ganzen Reich. Es mag sein, daß die etwas sprunghafte und initiativenreiche Natur Prochanows den Baptistenbrüdern nicht bequem war und sie darum ganz gern selbständig blieben.

VIII. DIE RUSSISCHE CHRISTLICHE STUDENTEN-BEWEGUNG (R.C.S.V.)

In diesen Jahrzehnten vor dem ersten Weltkrieg erweckte Gott eine große Anzahl russischer Studenten zum lebendigen Glauben an das Evangelium. Um diese Bewegung zu verstehen, ist es nötig, die Zustände im damaligen Studentenwesen Rußlands zu kennen.

Der seit der Bauernbefreiung im Jahre 1861 erwachte Bildungsdrang im Volk wurde auch durch die revolutionäre Propaganda, die weithin durch die Studenten geschah, geweckt und gestärkt. Noch waren die meisten Russen Analphabeten. Aber die revolutionäre Jugend förderte die Bildung in den unteren Ständen.

Die Universitäten waren in der zweiten Hälfte des vorigen Jahrhunderts bis in den Anfang des zwanzigsten Jahrhunderts in besonderem Maße Quellen der Unzufriedenheit und darum der Auflehnung. Die reaktionäre Bildungspolitik, die viel zu geringe Anzahl der Hochschulen für die wachsende Bevölkerung, der Mangel an Stipendien und staatlicher Studienförderung, die sozialen Nöte — alles das bewirkte die politische Radikalisierung der akademischen Welt. Zeitweilig wurden die Universitäten der Unruhen wegen ganz geschlossen, Professoren gemaßregelt, Studenten verhaftet. Aber das war die denkbar verkehrteste Art, mit diesen Nöten fertig zu werden. Wie so oft wurden auch hier wieder die Symptome einer Krankheit bekämpft, statt ihre Ursachen festzustellen und zu beseitigen.

Nur neun Universitäten gab es im Riesenreich. Zwar wurden viele neue Schulpläne ausgearbeitet. Die „Semstwos", die landwirtschaftlichen Selbstverwaltungsorgane, die es seit 1864 gab, schufen eigene Volksschulen. Aber bis zum Weltkrieg rechnet man noch mit rund 60 % Analphabeten. Viele Studenten hatten versucht, sich selbst in Privatkursen zum Studium vorzubereiten. Aber unter ihnen herrschte eine bittere Not. Wir hörten schon, wie Paschkow und seine Freunde versuchten, in Petersburg dieser Not zu wehren. Doch gerade die Glaubenden erkannten bald, daß die äußere Not noch übertroffen wurde durch eine innere. Die Propaganda des Unglaubens trug böse Früchte, und der Skeptizismus der sogenannten „Intelligenzija" erschütterte alle religiösen Fundamente. Die orthodoxe Kirche hatte nur wenige Priester, die in der Lage waren, die Fragen der Zweifler zu beantworten.

Da berief Gott einen Mann, der für Tausende von Studenten der Rufer zu Christus wurde. Das war der finnische Edelmann Baron Paul Nicolay († 1919). Von ihm sagt einer seiner jungen Freunde: „Paul Nicolaijewitsch war ein hervorragender Prediger, zudem seltenerweise auch ein Prediger für die Intelligenz der Studentenschaft." Seine Biographin, Hedwig von Redern, die mit der Familie Nicolay bekannt war, schildert ihn folgendermaßen: „Ein Mann, zart, oft gebrechlich, von Natur mehr in sich gekehrt und doch ein Leben der Hingabe und der Selbstaufopferung führend." Sie betont seine Demut, Herzensreinheit und Gewissenhaftigkeit, durch die er für seinen Dienst unter den Studenten besonders geeignet war.

Nicolay entstammte einer schwedischen Familie, die zuerst nach Lübeck und dann ins Elsaß auswanderte. Für diplomatischen Dienst in Österreich und Rußland waren seine Vorfahren in den Adelsstand erhoben worden. Sein Großvater war Lehrer des Zaren Paul gewesen. Er kaufte vom Herzog von Württemberg das Gut Monrepos bei Wiborg, wo die Familie dann ansässig wurde. Sein Vater war zeitweise Minister. Seine fromme Mutter, eine geborene Baronesse Meyendorff, machte auf Paul Nicolay, der den Vater früh verlor, einen tiefen Eindruck. Gebet und das Lesen der Bibel war er von kleinauf gewöhnt. Das Gymnasium absolvierte er in Petersburg. Mit neunzehn Jahren — nach der dortigen Sitte so spät — erlebte er sehr bewußt seine Konfirmation in der St.-Annenkirche in Petersburg. Er studierte in Petersburg die Rechte und wohnte dort bei seinem Onkel, dem damaligen Kultusminister. Seine schwache Gesundheit legte ihm manche Entbehrung auf und behinderte ihn an der Teilnahme am gesellschaftlichen Leben. Sein nächster Freund wurde Graf *Konstantin Konstantinowitsch von der Pahlen,* der Sohn des Justizministers, eine der edelsten Gestalten Petersburgs vor dem ersten Weltkrieg. Durch ihn fand er schon als Student Eingang in das Haus Lieven und in den dortigen Kreis der Erweckten. Pahlen heiratete später Nicolays jüngste Schwester. Die Leidenschaft des jungen Nicolay war der Segelsport. Auf seiner Jacht „Lady" durchfuhr er das Meer zwischen den zahllosen Schären und Klippen seiner finnischen Heimat.

In den Versammlungen im Palais Lieven wurde Nicolay zum ersten Mal aufgefordert zu sprechen. In Finnland verkehrte er viel im Hause der Familie des Baron Wrede und besuchte mit der bekannten Mathilda Wrede finnische Gefängnisse. In einem finnländischen Bibelkreis fiel der Ausdruck von den „Beinah-Christen". Dieser Ausdruck beunruhigte Nicolay. Sein Drang nach Unabhängigkeit von Menschen führte ihn zu selbständigen inneren Entscheidungen. Starken geistlichen Eindruck machte auf ihn Alexandra von Peucker aus dem Lievenschen Kreis. 1888 entschloß er sich, sein Leben ganz für Christus zu leben.

Mit seiner Jacht — den Freund Baron Henrik Wrede an Bord — beginnt Nicolay eine Missionsarbeit unter den Fischern auf den tausend Inseln Finnlands, auf die selten ein Pastor kam. Hier lernte er, seelsorgerliche Gespräche mit schlichten Menschen zu führen. Er sollte sie bald mit sehr komplizierten Leuten haben. Aber ehe er den Auftrag an die Studenten bekam, besuchte er mit Dr. Baedeker russische Gefängnisse. 1898 kann er in sein Tagebuch schreiben: „Ich fühle mich so erfrischt nach meiner Gefängnisrunde, als hätte ich einige tiefe Atemzüge in schöner, reiner Luft getan, und ich kann Gott nicht genug danken für das Vorrecht, daß ich diesen Dienst überhaupt tun darf." Diese Worte charakterisieren Nicolays innere Haltung. Und wenn sich sein Kutscher in Sibirien für das Neue Testament mehr bedankt als für das Fahrgeld, so zeigt das wieder den Hunger des russischen Volkes schon um die Wende des Jahrhunderts.

Im Jahre 1899 quittiert Nicolay den Staatsdienst, um ganz frei zu sein für den Dienst seines himmlischen Königs. Denn nun öffnete sich die Tür zu seiner eigentlichen Lebensaufgabe. In diesem Jahr begegnet er dem amerikanischen Generalsekretär des Weltbundes der christlichen Studenten, *Dr. John Mott.* Mit ihm verhandelt er über die Frage einer ins Leben zu rufenden russischen christlichen Studentenbewegung. Nicolay schreibt, daß „der niedrige moralische Standpunkt der russischen Studentenwelt ebenso wie ihre geistliche Not eine solche Arbeit dringend nötig" mache. Er begleitete Mott nach Petersburg. Dort wie in Dorpat und Riga sprach Mott vor kleinen Studentengruppen. In einer Versammlung bei Lievens wurde Nicolay klar, daß hier der Ruf Gottes für ihn vorlag.

Nicolay zweifelte nicht daran, daß für ihn, den verwöhnten Aristokraten, der Zugang zu den Hunderten von verbitterten Studenten nicht leicht sein würde. „Religiös sein heißt für sie, reaktionär sein." Doch Nicolay ging im Glauben ans Werk. Er rief *Witt*, den jungen Sekretär der DCSV aus Deutschland, nach Petersburg. Witt war später Missionssuperintendent in Tschangscha, China, von der Liebenzeller Mission. Mit ihm zusammen wollte er zuerst die deutschen Studenten erreichen.

Am 18. November 1899 wurde in Petersburg — im Hause des Buchhändlers *Grote* — die russische christliche Studentenvereinigung (RCSV) gegründet. Außer Nicolay, Grote und Witt waren vier deutsche Studenten anwesend. Viele Vorurteile waren zu überwinden — selbst in der lutherischen Pastorenschaft. So mußte sie zuerst als Zweig des deutschen C.V.J.M. arbeiten. 1900 nahm Nicolay an der deutschen christlichen Studentenkonferenz in Eisenach teil. Es folgten Begegnungen mit Jasper von Oertzen und Eduard Graf Pückler. Hudson Taylor begegnete er auf der Blankenburger Allianzkonferenz. Ermutigend war, daß in Finnland schon 150 Studenten den Weg missionarischen Christentums gehen wollten. Finnland war seit Goßners Zeit geistlich lebendig. Ein neues Senfkorn fiel in die russische Erde.

Zwei Jahre schien sich der Kreis nicht erweitern zu wollen. Die Arbeit war ein geistliches Ringen von Mann zu Mann. Wenn einmal fünfzig Studenten erschienen, sprach man schon von Sieg und Erfolg. Erst 1902 gab es eine Wendung zum Besseren. Nun schloß sich auch ein Kreis russischer orthodoxer Studenten an, so daß die Bibelstunden bald in russischer Sprache gehalten wurden. Fernstehende wurden durch Diskussionsabende erreicht. Bei all dieser Vorhofsarbeit wurde das Ziel nicht aus den Augen gelassen. „Unser Zweck bei allen Versammlungen ist, Seelen zu Christo und zu einer gründlichen Bekehrung zu führen", schreibt Nicolay. Bei seiner Kränklichkeit konnte er seinen Dienst nur in großer Selbstverleugnung tun. Er war ein Meister der Einzelseelsorge. Welch eine Freude, wenn ein Student bekennen konnte: „Ich lebte ohne Gott. Das Dasein hatte für mich jeglichen Wert verloren, und ich wollte es schon von mir werfen. Nun aber habe ich Gott gefunden." Nicolay schreibt von diesem begabten tatkräftigen Mann: „— und dieses Leben wäre beinahe weggeworfen worden. Welche Freude, ihn nun gerettet und glücklich zu sehen!"

Im Jahre 1903 wurde die Arbeit dadurch erweitert, daß auch die weiblichen Studenten, für die besondere Hochschulkurse existierten, eingeladen wurden. Die „Kursistki" waren eine bekannte Erscheinung in Petersburg.

Die Arbeit trug bald gute Früchte. 1905 bekam die RCSV ihre Bekenntnisgrundlage. Damals unterschrieben fünfzehn Studenten in Petersburg den Satz: „*Auf der Grundlage des Evangeliums glaube ich an den Herrn Jesus Christus als den Sohn Gottes, habe eine innere Erneuerung erfahren, mich dem Herrn ausgeliefert und weiß, daß er mich angenommen hat.*" So entstand als Kern eine „tätige Mitgliedschaft", die der Träger der Arbeit blieb.

Im Jahre 1907 traf Nicolay ein schwerer Schlag. Zu seinen treuesten Freunden gehörte *Alexander Maksimowskij*, der aktiv in der Arbeit mithalf. Weil er eine einflußreiche Stellung im Strafvollzug hatte, meinte ein revolutionärer Student, in ihm einen Vertreter des verhaßten zaristischen Regimes sehen zu müssen, und erschoß ihn in seinem Büro. Im Sterben betete Maksimowski für den Mörder. Für Nicolay war dieses Todesopfer ein neuer Ansporn zu hingebungsvoller Arbeit.

Nach der Revolution und dem Toleranzedikt von 1905, in der Zeit der liberaleren Politik Wittes, sprachen ausländische Evangelisten und Redner in Studentenversammlungen, und Nicolay bewährte sich in seiner Sprachkenntnis als Dolmetscher, da er nicht nur Deutsch, sondern auch Französisch, Englisch, Schwedisch fließend sprach. Schon 1903 hatte *Karl Heim* als Reisesekretär der D.C.S.V. — später der unvergeßliche Professor der Theologie und Seelsorger der Studenten in Münster und Tübingen — die Studentenkreise in Petersburg, Dorpat und Riga besucht. Ihn hatte Nicolay schon 1900 auf der Pariser Weltkonferenz der christlichen Studenten kennengelernt. Durch Nicolay wurde Heim auch in die Versammlung im Hause Lieven eingeführt. Er nannte diese Abende „die ganz unerwartete Begegnung mit einem Stück urchristlichen Lebens". „Es war mein größtes Erlebnis in Rußland, daß ich durch die Vermittlung von Baron Nicolay und der Fürstin Lieven mit dieser urchristlichen Bewegung in Berührung kam." Von Nicolay bezeugt Heim, daß er an dessen brüderliche Liebe für sein ganzes Leben unvergeßliche Erinnerungen habe*).

---

*) *Ich gedenke der vorigen Zeiten*, Wuppertal 1964 = R. Brockhaus Taschenbücher Bd. 76/77, S. 53—62.

Im Jahre 1906 gab Nicolay ein kleines Büchlein über das Markus-Evangelium heraus, eine Frucht seiner Arbeit in studentischen Bibelkreisen, in denen er meist mit diesem Evangelium begann. Diese schlichte Einführung mit Fragen für den Anfänger zeigt, wie fremd die Bibel den Studenten war, die sie nun kennenlernen sollten.

1907 begann er eine Arbeit unter den Studenten Moskaus. Hier fand er eine Mitarbeiterin für die Studentinnen, von der gesagt wurde, sie fechte wie eine Löwin für Christus! 1910 begann die Arbeit an der Universität Kiew. Hier sprach Nicolay zweimal vor je 500 Studenten über „die Gottheit Christi" und über das Thema „Wie wird Christus in unserem Leben zur praktischen Wirklichkeit?" Drei Studentengruppen waren das Resultat dieser ersten bahnbrechenden Arbeit. Von hier ging es nach Odessa: „Ein Völker- und Bekenntnisgemisch sondergleichen", schreibt Nicolay. „Der Herr hat den Weg bereitet, die Tür geöffnet und Hindernisse weggeräumt; ich habe es mit Augen gesehen, wie Er voranging und seine Sache selber führte."

Der Einfluß Pobjedonoszews wird deutlich, indem eine Bestätigung der Statuten der RCSV verweigert wird. Ein Kiewer Professor schrieb in einem klerikalen Blatt: „Wenn man die Zerstörung von Staat und Kirche wünscht, so wird die christliche Studentenbewegung dabei von allergrößtem Nutzen sein!" Das war das alte Rußland des Zaren.

Auch in Moskau wurde die Arbeit durch die Kirche trotz des Toleranz-Manifestes von 1905 behindert. „In Moskau ist die Arbeit ernsthaft bedroht", schreibt Nicolay, „weil die Geistlichkeit dort mehr Macht hat als anderswo. Wir wollten zehntausend Einladungen unter Studenten verbreiten. Die Polizei ließ es aber nicht zu. Es ist so langweilig, immer in Ungewißheit zu schweben und sich mit allen Sorten von Behörden herumzuzanken. Dann aber kommt der Gedanke, daß man sich gar nicht zu beunruhigen braucht, denn der Herr wird seine Sache sicher nicht im Stich lassen, sondern sie siegreich durch alles hindurchbringen. Ich bin sehr dankbar für die Fürbitte meiner Freunde, die mich unterstützt" (H. v. R., S. 96).

Das Jahrzehnt vor dem ersten Weltkrieg kann man als das Jahrzehnt der Erweckung unter den russischen Studenten bezeichnen. Der Krieg hat dann auch diese Arbeit so gut wie zum Erliegen gebracht. Nicolay aber sieht das Kommende: „Ich fürchte, daß die sozialen Umwälzungen nach diesem Kriege Schlimmeres mit sich bringen als der Krieg selber."

Als dann im Jahre 1917 die Revolution ausbrach, war es für die tätigen Christen zuerst eine Befreiung. „Unsere Studenten sind durch die

Straßen gezogen, haben Neue Testamente verkauft und achttausend Traktate verschenkt, die mit Begier entgegengenommen wurden."

Doch Nicolays Zeit sollte bald vorüber sein. In einem letzten Brief von seinem Tode (1919) an John Mott schreibt er: „Der gegenwärtige Zustand vollkommener Anarchie macht alle Adressen unzuverlässig ... Es sind so viele Massaker in Kiew gewesen, daß ich nicht weiß, wer von unsern Freunden noch am Leben ist ... Aber das wissen wir, daß in verschiedenen Teilen Rußlands eine religiöse Erweckung im Gange ist, daß unsere zerstreuten Mitglieder in verschiedenen Städten überfüllte Versammlungen halten."

Schon im Jahre 1907 lag der oft leidende Nicolay auf seinem Gut Monrepos schwerkrank danieder. Damals schrieb er in sein Tagebuch: „Wenn es Gottes Wille ist, will ich diese Erde gern verlassen und zu ihm gehen. Ich würde auch gern weiterleben, wenn ich mit Volldampf arbeiten könnte."

In den Revolutionstagen, die bekanntlich in Finnland sehr blutig verliefen — in der Nähe von Monrepos wurden fast dreißig russische Offiziere getötet —, entging Nicolay dur dadurch dem Tode, daß einer seiner russischen Arbeiter sich in den Weg stellte und mit Nachdruck die Güte seines Herrn pries. Im Frühling des Jahres 1919 erlitt Nicolay eine Herzschwäche; der Arzt verbot ihm das Reden in Kirchen; im August erkrankte er an Paratyphus, und Anfang Oktober brach der geschwächte Körper zusammen. Der Herr holte seinen Knecht am Morgen des 6. Oktober 1919 heim.

An seinem Grabe sagte eine seiner treuesten Mitarbeiterinnen, Fräulein *Bréchet*:

„Durch ihn haben Hunderte von verzweifelten, verlorenen, suchenden Seelen den Weg zu einem lebendigen Glauben an Gott gefunden. Sie haben sich in glückliche Menschen verwandelt, die die Verwirklichung des Ideals und die Kraft, ein besseres Leben zu führen, in der RCSV fanden. Baron Nicolay ist der Urheber einer neuen Epoche im religiösen Leben Rußlands. Die Studentenbewegung hat Rußland christliche Lehrer geschenkt, die imstande sind, der Jugend auf ihre verbotenen Fragen Antwort zu geben, Ärzte, die den Krankheiten der Seele nicht hilflos gegenüberstehen, gebildete Arbeiter aus den verschiedenen Gebieten, die es lernten, ihre Pflicht treu und ehrlich zu tun."

Einer von diesen Lehrern, die Nicolay für seinen Herrn gewonnen hatte, war *Wladimir Filimonowitsch Marzinkowskij*, der der geistliche Nachfolger Nicolays wurde. Der Weg Marzinkowskijs ist typisch für diese Studentengeneration. Er hat uns die Seelsorge Nicolays an ihm ausführlich erzählt.

Im Jahre 1903 wurde Marzinkowskij von einem Kommilitonen in Nicolays Kreis eingeladen. Er erzählt: „Die Versammlung hatte noch nicht begonnen. Die Studenten trinken Tee. Einige stehen dabei, mehrere führen einen eifrigen Streit. Unter ihnen sind Universitätsstudenten, Verkehrsstudenten, Techniker, Polytechniker. Händeklatschen: Es wird gebeten, das Teetrinken zu beenden. Wir treten ins Nebenzimmer. Die Studenten — etwa dreißig Mann — setzen sich im Kreise. In der Mitte der Leiter, Paul Nicolajewitsch, ein Mann um vierzig, von mittlerem Wuchs, hager, glatt rasiert mit einem Backenbart. Er hat ein so schlichtes und vertrauenerweckendes Gesicht.

‚Laßt uns mit einem kurzen Gebet beginnen, Freunde!‘ Alle stehen auf.

Zum ersten Mal höre ich ein so einfaches, freies Gebet zu Gott: daß er uns alle segnen und durch sein Wort erleuchten möge! Ich fühle, daß es kein Formgebet ist, sondern etwas Natürliches, wie ein Atmen, und dabei empfinde ich die unsichtbare Anwesenheit von irgend jemand. — Wir setzen uns. Nach einer kurzen Einleitung liest er das Gleichnis vom verlorenen Sohn. Er liest mit solcher Inbrunst, erklärt so lebendig, so ganz neu — und ich fühle, daß von mir die Rede ist, von jedem einzelnen unter uns. Das bin ich, der ferne vom Vater irrt, sich von Trebern nährt und vor Hunger zu sterben droht. Und die Hauptsache: ich entdecke am Evangelium eine neue Seite. Bisher habe ich es als die unerbittliche Lehre von einer Pflicht verstanden, die ich nicht erfüllen konnte: du mußt! du mußt! Jetzt klang aus der Tiefe eine freundliche, ermutigende Stimme des Vaters: ‚Du darfst! Komm, wie du bist! Ich gebe dir ein weißes Kleid und einen Ring, der voller Schönheit glänzt. Ich liebe dich — um deinetwillen bin ich gekommen.‘

Wie wenn eine Tür aus Dunkel und Kälte in einen hohen Saal aufgetan wäre, wo es froh und licht ist ... ich ging nach Hause, voll von neuen Gedanken und Hoffnungen."

So schildert Professor Marzinkowskij seine erste Begegnung mit Baron Nicolay. Er schreibt weiter: „Ich bin glücklich, ihm begegnet zu sein. Mit seiner Persönlichkeit ist die beste Seite meiner Studentenzeit verbunden, der bedeutendste Einfluß meines Lebens, die größte Freude, von der ich noch heute lebe ..."

„Wir sind keine Bewegung der Verteidigung, sondern des Angriffs" — diese Losung warf Nicolay in die Studentenschaft. Zu seinen Lieblingsworten gehörten Sätze wie: „Jeder Christ ist ein Missionar." „Gehen wir nicht vorwärts, so gehen wir zurück." „Wo kein Wachstum ist, da ist Fäulnis." „Stehende Wasser werden brackig."

Eine kleine Studentenkonferenz in Kiew mit etwa 25 Teilnehmern wird für Marzinkowskij jene erste beglückende Anregung zu einer Lebensentscheidung. Das helfende seelsorgerliche Gespräch, das Nicolay mit Marzinkowskij hatte, ist so charakteristisch für seine schlichte Art, daß wir es so bringen wollen, wie es Marzinkowskij aus dem Gedächtnis aufzeichnete:

Auf einem stillen Weg durch den Park redet Nicolay den jungen Studenten an: „‚Nun sagen Sie, mein Freund, zu welchem Resultat sind Sie am Schluß des Jahres gekommen?'

‚Ach, ich bin noch nicht weit . . . Manchmal scheint es, als glaubte ich an nichts.'

‚Sagen Sie', erwiderte Nicolay, ‚sind Sie bereit, sich an Gott zu wenden? Christus hat doch gesagt: Wer zu mir kommt, den will ich nicht hinausstoßen.'

‚Ja, aber wie kann ich mich bei allen Zweifeln dahin wenden? Ich bin nicht einmal überzeugt, daß Christus eine geschichtliche Persönlichkeit ist.'

‚Zweifel hindern nicht. Wenn er da ist und Sie ruft, sind Sie bereit, ihm zu folgen? Wollen wir uns doch lieber direkt an ihn wenden, anstatt uns den Zweifeln und einer ewigen Selbstanalyse hinzugeben!'

Und nun beteten wir zusammen. Ich fühlte, daß ich einen einzigartigen Augenblick durchlebte, der niemals wiederkehren würde: Jetzt oder nie! Laut wandte ich mich an den Vater im Namen des Sohnes, indem ich mein Bedürfnis nach einem Erlöser bekannte und den Wunsch aussprach, ihm mit Hilfe seiner Kraft zu folgen . . . eine tiefe, unerklärliche Stille der Ewigkeit und eine unsagbare Freude erfüllte meine Seele. Paul Nicolajewitsch hatte mich über die Schwelle des Glaubens geführt."

Nachdem Marzinkowskij sechs Jahre als Gymnasiallehrer in der Provinz durchlebt hatte, wo er den Schülern seinen lebendigen Herrn zu bezeugen suchte, folgte er einem Ruf Nicolays, vollamtlich der Studentenbewegung zu dienen. Damit gab er seine Beamtenstellung auf, die im alten Rußland besonders begehrt wurde. Das war im Jahre 1913.

Marzinkowskij wurde für das nächste Jahrzehnt als Generalsekretär der RCSV der geistliche Nachfolger Nicolays. Was er zugleich als Professor der Ethik an der Universität Samara an der Wolga (heute: Kuibyschew) und als Bekenner Jesu Christi in den Revolutionswirren nach dem Kriege erfuhr, hat er in dem einst viel gelesenen Buch *„Gotterleben in Sowjetrußland"* beschrieben.

1919, im Todesjahr Nicolays, also zwei Jahre nach dem Ausbruch der Revolution, war Marzinkowskij zum Professor nach Samara berufen worden. In diesen Jahren fand er viel Gelegenheit zu seinem kraftvollen und tiefen Christuszeugnis. Zuletzt wurde er von der Tscheka, der damaligen bolschewistischen Staatspolizei, verhaftet. Auch im Gefängnis hat er nicht geschwiegen. Es war etwa im Jahre 1923, als Marzinkowskij von der Regierung des Landes verwiesen wurde, weil er die ideologische Ausrichtung der Studenten störte. Er ging zuerst nach Prag, wohin auch andere Gieder der RCSV geflohen waren. Nach einigen Jahren emigrierte er nach Palästina, wo er sich auf dem Karmel ein Häuschen baute. Der sprachbegabte Mann lernte Arabisch und Ivrit, das moderne Hebräisch, so gut, daß er in beiden Sprachen Vorträge und Bibelstunden zu halten vermochte. Als das zunehmende Alter ihm große Versammlungen nicht mehr möglich machte, wurde er Schriftenmissionar. Da stand er an der Straßenecke mit seinem vorgeschnallten Brett mit Traktaten. Der kluge Menschenkenner erkannte mit erstaunlicher Sicherheit, ob der Vorübergehende Arabisch oder Russisch, Ivrit oder Deutsch sprach, und gab ihm ein Blatt in seiner Muttersprache. In der früheren Leiterin des vom Kaiserswerther Diakonissenhaus gegründeten Töchterinstitut für arabische Mädchen in Jerusalem „Talitha kumi" fand er eine tapfere Lebensgefährtin. Am 9. September 1971 starb Marzinkowskij.

Wir erzählen das so ausführlich, um zu zeigen, aus welchem Holz diese russischen und ukrainischen Christuszeugen geschnitzt waren. „Jeder Christ — ein Missionar!" hatte Baron Nicolay gesagt. Das galt nicht nur für die bäuerlichen Menschen, sondern auch für die Intellektuellen. Hier ging es nicht um Menschenehre und Karriere, sondern um Jesus und sein Reich. Marzinkowskij war nicht der einzige aus den Reihen der Akademiker, der uns schläfrigen Christen aus dem Westen ein Vorbild gab. Viele Studenten in Marburg danken dem alten Mathematikprofessor *Th. Schlarb*, der hier seinen Lebensabend verlebte, das unverkürzte Zeugnis des Evangeliums. Viele Jahre hindurch sammelte er Woche für Woche Studenten und auch ältere Akademiker in seiner Wohnung um die Bibel. Auch er war ein geistlicher Sohn Nicolays. Auch in Genf und im Elsaß trifft man auf Spuren der Schüler Nicolays. Neben der Bewegung in den Dörfern hat auch dieser Zweig der stundistischen Bewegung nach reicher Saat zu einer Ernte geführt, die Christus ehrt.

IX. HILFE AUS DEM WESTEN

Man mag darüber betrübt sein, daß die Weltchristenheit — außer den erwähnten Protesten der Evangelischen Allianz und Onckens Versuch zu helfen — am Geschick der Stundisten so wenig Anteil nahm. Mögen es politische oder wirtschaftliche Rücksichten gewesen sein, die das Ausland zurückhaltend machten; man hörte wenig oder nichts auch in den missionarisch interessierten Kreisen.

Daß der Weltbund der Baptisten allezeit zur Hilfe bereit war, ist vor allem dem oben genannten Pawlow zu danken. Er sandte den Hilferuf einst aus Rumänien und besuchte auch die Konferenzen des Weltbundes.

Das tatkräftige Interesse der „Offenen Brüder" bewiesen nicht nur *Dr. Baedeker* und sein bekannter Freund Georg Müller, die wiederholt Petersburg besucht haben. F. W. Baedeker (1823—1906), der unermüdliche Besucher der russischen Gefängnisse bis hin nach Sibirien, war in Deutschland — zusammen mit *General G. von Viebahn* — an der Gründung der Bibelschule Wiedenest (früher in Berlin, Hohenstauffenstraße) beteiligt, einem Werk der „Offenen Brüder", wo viele russische Brüder ausgebildet wurden. Man hatte dort erkannt, daß die gesunde biblische Lehre eine entscheidende Hilfe für jede Erweckungsbewegung ist. Schwärmerei und Gesetzlichkeit, die Kinderkrankheiten fast jedes Neubekehrten, sind im slawischen Raum eine besondere Gefahr, da doch hier die biblisch-theologischen Väter und Schulen fehlten. Im klassischen Lande der Sekten konnten Irrlehren in den jungen Gemeinden nur schwer abgewehrt werden. Deshalb waren Bibelschulen das große Bedürfnis.

Das erkannte auch der schon genannte *Dr. Johannes Lepsius,* ein Freund der Orientmission und Helfer des verfolgten Armeniervolkes in der Türkei. Dieser Sohn eines bedeutenden deutschen Ägyptologen war einer der wenigen, die versuchten, den Westen mit der Not der Stundisten bekannt zu machen. In seiner Missionszeitschrift *„Der christliche Orient"* brachte Lepsius öfters Nachrichten über den Stundismus und die schweren Schicksale seiner Anhänger. Nach Gutsche (a.a.O. S. 52) ist Lepsius auch der Verfasser der unter dem Pseudonym *„Christophilos"* herausgegebenen Hefte, die zum Teil in mehreren Auflagen erschienen, also viel gelesen wurden. Mögen auch manche seiner Forschungen über die Geschichte des Stundismus nicht frei von Irrtümern sein, so muß ihm doch über den Tod hinaus gedankt werden, daß er sich in Liebe mit den Verfolgten verbunden wußte.

Im Jahre 1900 berief Lepsius den Ukrainer *Stefanowitsch* in den Dienst der Orientmission, der nach Erlernung der deutschen Sprache 1903 in Lichtenrade bei Berlin ordiniert wurde. Stefanowitsch war in erster Linie Evangelist in Bulgarien, bereiste aber auch einige Male Rußland und besuchte die Gemeinschaften dort. Hier erkannte er, wie sehr die Bewegung der rechten Organisation und der biblisch-theologischen Ausrichtung ermangelte. Das mag Lepsius zu weiteren Schritten veranlaßt haben: Die Bibelschule von Pastor Jellinghaus in Lichtenrade sollte die Ausbildung von jungen Russen übernehmen.

Als Lepsius um das Jahr 1905 in Potsdam einen Vortrag über die Bewegung in Rußland hielt und er zur Mitarbeit aufrief, meldet sich der Kandidat der Theologie *Walter Jack* aus Halberstadt, der, nachdem er zum lebendigen Glauben an Jesus gekommen war, sich nicht entschließen konnte, ein Pfarramt in der Landeskirche zu übernehmen. Er entstammte einer alten französischen Hugenottenfamilie und ließ sich später von den Russen nur Walter Ludwigowitsch Jaques nennen. Unter diesem Namen war er den Stundisten bekannt, noch ehe er mit Jakob Kroeker zusammen den Missionsbund „Licht im Osten" gründete.

Pastor Walter Jack reiste im Oktober 1906 — also anderthalb Jahre nach dem Toleranz-Manifest Nikolaus II. — nach Rußland. Vor uns liegen zwanzig Briefe, die die ersten Eindrücke dieses Missionsmannes auf seiner Reise über Petersburg nach Moskau wiedergeben. Er berichtet auch über die Freuden und Nöte bei der Einrichtung einer kleinen Bibelschule.

In Petersburg hatte er die Begegnung mit dem Buchhändler Grote, der „Seele der Gemeinschaftsbewegung innerhalb der lutherischen Kirche Petersburgs seit vielen Jahren", wie Jack schreibt. Dann traf er den Baron Nicolay. Bei diesen beiden Männern fand er tiefes Verständnis und eine kluge Beratung für seine Aufgabe. Nicolay sagte ihm: „Alles ist religiös, aber aufgeregt, zersplittert und zerfahren, weil jene Führer fehlen, die einen so weiten Blick haben, daß sie von den Nebendingen — als da sind: Taufe, Wiederkunftsfragen, Sabbat etc. — absehen und das Einigende des Glaubens an Jesus energisch betonen! Nämlich den Glauben an unsern gekreuzigten König und die Wiedergeburt der Herzen und Geister durch seinen Geist."

Auch bei Pastor *Walter* von der Petrikirche, der größten deutschen lutherischen Gemeinde in Petersburg, fand Jack Unterstützung, ebenso bei Pastor *Findeisen*, „einem tiefernsten, gläubigen Mann mit vollem

Verständnis für Evangelisation und persönliche Bekehrung". Im Diakonissenhaus der deutschen Gemeinden traf er einen kleinen Kreis, der schon lange für die Erweckung Rußlands betete, und im Schwager von Baron Nicolay, dem Senator Graf K. K. Pahlen, fand er einen Bruder und Freund, der sich später bei der Gründung des Missionsbundes aktiv beteiligte. In Petersburg besuchte Jack eine große Anzahl stundistischer Kreise, die untereinander in brüderlicher Gemeinschaft standen, wenn sich auch gewisse sektiererische Einflüsse nach Ansicht Jacks als Gefahren abzeichneten. Man sprach damals von etwa 40 solcher Gemeindekreise in Petersburg.

In Moskau waren die Verhältnisse für die Stundisten trotz des Toleranz-Manifestes wesentlich schwieriger als in Petersburg. Jack fand aber brüderliche Verbindung mit den führenden Männern *Jakowlew* und *Werbizkij*. Im Austausch mit ihnen über die dortigen Nöte der Gemeinde zeigte Jack seine gute organisatorische Begabung. Und das war etwas, was den stundistischen Brüdern in der ersten Zeit mangelte. Weil eben auch hier „alles religiös" war, war der Zustrom zu der Gemeinde nicht gering. Damit aber wuchs der Einfluß unreifer und vielfach unklarer Geister. Auf den Rat Jacks organisierten die Brüder die Gemeinde ähnlich dem alten CVJM: Sie trennten tätige Mitglieder von den allgemeinen und gaben jenen die Verantwortung und die Wählbarkeit zu Ältesten. „So haben wir keine Päpste, und das Wort des Herrn gilt: Einer ist euer Meister, ihr seid alle Brüder." Jack schreibt weiter: „Dies Programm muß mit viel Gebet und Weisheit beraten werden. Ich halte es für biblisch und für die glücklichste Lösung der schwierigen Gemeindefrage, denn es vermeidet einerseits die reine Demokratie und andererseits das Papalsystem." Hier zeigte sich eine gesunde Frucht der alten Gemeindeauffassung der Calvinisten, aus deren Tradition der Hugenottensprößling Walter Jack kam.

In Moskau lernte er auch jenen hochgebildeten Bruder Gorenowitsch kennen, den ehemaligen Anarchisten, der durch das Attentat seiner früheren Genossen das Augenlicht verloren hatte und der einst durch den Dienst Paschkows im Spital zum Glauben gekommen war.

Jack lebte nun nicht mehr im Hotel, sondern schlief auf seinem mitgebrachten Feldbett im Gemeindesaal und aß „eine bescheidene Kost". Diese spartanische Anspruchslosigkeit, die Jack in besonderer Weise für den Dienst an den Stundisten bevollmächtigte, behielt er sein Leben lang bei. Wo es um seinen Herrn, um Jesus und seinen Dienst ging, hörten für ihn alle eigenen Ansprüche auf!

Jack sorgte auch dafür, daß der leitende Bruder in Moskau von der Orientmission in Deutschland ein bescheidenes Gehalt bekam, um unbeschwert von Nahrungssorgen frei für den Dienst am Wort zu sein. Viel Freude hatte Jack auch an einer deutschen evangelischen Gemeinschaft, die er in Moskau fand.

Der eigentliche Ruf an Jack war von den Neu-Molokanen ergangen. Der ehrwürdige alte Bruder *S. D. Sacharow*, von Jack „der Patriarch" genannt, der aus seinen reichen Mitteln große Opfer für die Sache Jesu brachte, lud ihn auf sein Gut Sokologornoje (zu deutsch: Falkenberge) ein. Es lag im Gouvernement Taurien im Süden Rußlands; in der Nähe lag Astrachanka, und hier sollte am 7. November 1906 eine Konferenz stattfinden, um ein Predigerseminar zu gründen, das unter Jacks Leitung stehen sollte.

Jack erfuhr die rührende brüderliche Gastfreundschaft der Molokanen. Der Bau und die Einrichtung des kleinen Seminars, das evangelische Lehrer mit einer gründlich fundierten Bibeltheologie ausbilden sollte, wurde allerdings erst nach Überwindung erheblicher Schwierigkeiten erreicht. Nun hatte Jack Gelegenheit, seine zähe und unerbittliche Energie zu zeigen. Für den in Deutschland aufgewachsenen Mann waren die Verhältnisse im damaligen Rußland unfaßbar. Nur als ein Beispiel sei erwähnt, daß im Winter die Züge bis 40 Stunden Verspätung hatten. Seine Reisen mit dem Schlitten bei dichtem Schneesturm oder mit der Bahn nach Petersburg tragen für uns Heutige ein fast märchenhaftes Gepräge. Dennoch gelang es Jack, im Frühjahr 1907 schon eine Vorklasse zu eröffnen und einen gläubigen russischen Lehrer zu gewinnen. Im August 1907 begannen dann die regelmäßigen Kurse. In diesem einen knappen Jahr hatte Jack soviel Russisch gelernt, daß er in dieser für uns Deutsche schweren Sprache unterrichten und predigen konnte.

Diese ganze Episode ist einer der interessantesten Versuche, vom Westen her dem Stundismus zu helfen. Leider erreichte die reaktionäre Regierung Nikolaus' II. die Schließung dieser so wichtigen Bildungsstätte. Doch der unermüdliche Pastor Jack fand bald einen Weg zur Fortsetzung seiner Arbeit. Aus seinen Briefen geht hervor, wie sein gefestigter Glaube an die Macht und Führung Gottes und das Wissen, hier im Gehorsam Jesu Christi zu stehen, ihn befähigte, alle Widerstände zu meistern. Wir lesen bei ihm: „Gott sei Dank, daß wir am eigenen Herzen diese Allmacht des Heilandes erfahren haben, denn ohne seine Gnade wären wir auch nichts andres, wenn wir unter denselben Lebensbedingungen wie diese armen Menschen aufwachsen müßten. Daß dies bei uns alles anders ist, daß wir geboren wurden in einem Volk, das durch das Evangelium zivilisiert ist, daß wir aufwuchsen, umgeben von den Segnungen und Einflüssen dieses Evangeliums, und daß wir schließlich durch persönlichen Glauben es in lebendigen Besitz nehmen durften — das alles ist Gnade und nichts als Gnade. Grund zu Demut und zu tiefem Dank."

Jack ging nach Schließung der Schule von Astrachanka in die Illegalität. Er hatte inzwischen durch seine Heirat mit einer mennonitischen Gutsbesitzerstochter im Süden Rußlands selbst ein kleines Gut übernommen. Und hierher, nach Apanlé, lud er die Brüder zum Bibelstudium ein. Da sie fast alle aus bäuerlichen Verhältnissen kamen, galten sie als Kutscher, Pferdeknechte und Erntearbeiter, sammelten sich aber täglich zum Bibelstudium. Auch dieser hoffnungsvolle Anfang wurde durch den ersten Weltkrieg zerstört. Jack wurde mit seiner Familie als Reichsdeutscher, also feindlicher Ausländer, in das Gouvernement Wologda im Norden, in die kleine Stadt Kologriw, verbannt, wo er sofort unter den andern Verbannten arbeitete. Als gegen Ende des Krieges die Reichsdeutschen entlassen wurden, fuhr er mit seiner Frau und drei Töchtern über Schweden nach Deutschland, stellte sich als Feldprediger dem Heer zur Verfügung und kam als solcher in das von den Deutschen besetzte Kiew. Hier hatte er engen Kontakt mit den Stundistenbrüdern der Ukraine.

Einen ganz anderen Dienst tat *Jakob Kroeker* (1872—1948), der spätere Missionsdirektor von *„Licht im Osten"*. Er brauchte nicht erst wie Jack den Ruf nach Rußland zu bekommen und die schwere Sprache zu erlernen. Seine mennonitische Familie war hundert Jahre früher aus Deutschland nach Rußland eingewandert. Sie stammte ursprünglich aus Holland, hatte unter Friedrich dem Großen mit vielen anderen Mennoniten in der Weichsel- und Nogatniederung gesiedelt, und war dann, als Preußen vor den Freiheitskriegen den allgemeinen Wehrdienst einführte, wieder mit vielen Mennoniten der Einladung Alexanders I. nach Rußland gefolgt.

Jakob Kroeker wurde am 31. Oktober (alten Stils) 1872 in der Kolonie Gnadenthal als ältestes Kind seiner Eltern geboren. Er sollte seinem Vater in der Landwirtschaft folgen, aber durch eine schwere Beinverletzung des Knaben, der in die Schneide der Sense gelaufen war, wurde das unmöglich. Die Ärzte meinten nicht helfen zu können. Da hat Gott durch die Hand eines schlichten Heilkundigen ein Wunder getan. Das Bein streckte sich wieder, blieb aber schwach, so daß Kroeker nach der Schulentlassung ein Handwerk, die Buchbinderei, erlernte. Doch zuvor waren die Eltern in die Nähe von Simferopol auf die Krim gezogen, um dort mit andern ein neues Mennonitendorf aufzubauen. Hier erlebten die Siedler eine Erweckungsbewegung, die auch den jungen dreizehnjährigen Jakob für sein Leben prägte. Er wollte in die Mission gehen, doch nach seiner Ausbildung im baptistischen Predigerseminar in Hamburg erhielt seine Verlobte kein Tropenzeugnis. Kroeker wurde nun Lehrer an einer Mennonitenschule in Rußland. Bald wurde er von den deutschen Mennoniten zum Reiseprediger berufen, als der er Rußland vom Norden bis in den äußersten Süden — durch den Kaukasus bis an die türkische Grenze — durchreiste. Bald wurde die Arbeit durch allerhand geistliche Literatur ergänzt. Der Umgang mit Dr. Baedeker, dem er auf Konferenzen begegnete, hat ihm viel bedeutet. Dr. Baedeker war es auch, der ihn nach Petersburg in den Kreis der Fürstin Lieven einlud.

Jahrelang fuhr nun Kroeker im Winter für sechs bis acht Wochen in die Hauptstadt an der Newa, um dort den vielen Kreisen der Glaubenden zu dienen. So war er jeden Freitag in der deutschen evangelischen Gemeinschaft, wo er auf Bitten des Buchhändlers Grote das Evangelium verkündete. Hier in Petersburg begegneten ihm auch deutsche Besucher, meist Vertreter der Blankenburger Allianzkreise und Gemeinschaften, wie etwa Otto Stockmayer, Fritz Ötzbach u. a.

1910 siedelte Jakob Kroeker mit seiner wachsenden Familie nach Deutschland über und fand in Wernigerode am Harz eine neue Heimat. Dort begann ein ganz anderer Dienst für die stundistische Bewegung, über den noch zu berichten sein wird.

Liest man von all diesen Zeugen, die Gott in jenen Jahren berief, und vom Wachstum der Bewegung nach dem Toleranz-Manifest, dann sollte man meinen, die schweren Anfangsnöte seien überwunden gewesen. Leider kann man das nicht sagen. Kroeker, der gute Kenner der Zustände dieser Jahre, schreibt von mancherlei Kinderkrankheiten der Bewegung. „Es war zuerst das stark seelische Element, das in Erscheinung trat. Seufzen und Tränen gehörten nicht nur in die Bekehrung, sondern in alle Gebetsversammlungen. Die gefühlsreiche slawische Seele wird sich das nie ganz nehmen lassen. Aber die Gefahr blieb, daß seelisches Wesen mit dem Wirken des Heiligen Geistes verwechselt wurde. Der Einfluß moderner Pfingstbewegung ließ nicht lange auf sich warten. Die weithin große Unerfahrenheit, Unkenntnis der Kirchengeschichte usw. bewirkte manch unreifes Urteil. Es fehlte der durchs Leben geschulte Blick und die geschichtliche Orientierung." Zu verwundern ist es nicht, daß oft eine große Gesetzlichkeit und Engherzigkeit festzustellen waren. Das war der fruchtbare Boden für den Adventismus und den Sabbatismus; aber auch der strenge Baptismus hielt sich von Gesetzlichkeit nicht frei. Die Weite des Lievenschen Kreises wurde hier als verdächtig empfunden.

Das alles zeigt, wie wichtig die Ausbildung verantwortlicher Männer in einer gesunden Theologie war.

Zu diesen inneren Gefahren kam leider auch weiterhin die äußere Bedrohung. Es blieb das Unglück des Regimes Nikolaus II., daß es Zusagen bald wieder rückgängig zu machen suchte. So war es auch mit der von ihm verkündeten Toleranz. War erst die Gefahr der revolutionären Bewegung durch die grausamen Feldgerichte, die der Ministerpräsident Stolypin einführte, scheinbar gebannt, so hoben alle reaktionären Kräfte in der Beamtenschaft wieder das Haupt. Durch ministerielle Erlasse wurden allerhand Einschränkungen der Glaubensfreiheit erreicht: eine strenge Zensur der religiösen Literatur; polizeiliche Genehmigungspflicht für religiöse Versammlungen, die oft grundlos verboten wurden; Einschränkungen der Jugendarbeit — das sind lauter Dinge, die auch heute in der Sowjetunion gang und gäbe sind. In Petersburg, unter den Augen der großen Presse und der kritischen hohen Gesellschaft, war es noch erträglich. Aber je weiter von der Reichshauptstadt entfernt, um so mehr regierte die Willkür. Die orthodoxe Geistlichkeit sah mit Sorgen den Abfall von ihrer Kirche. Neben dem Adventismus, der große Energien entwickelte, hatte auch die machtvolle römisch-katholische Kirche ihre Stunde erkannt und entfaltete eine starke Propaganda. Selbstverständlich nutzten Stundisten und Baptisten auch die errungene Freiheit. Gab es nun zur Einschränkung aller dieser Bewegungen keine gesetzlichen Mittel, so doch um so mehr ungesetzliche. Das war im großen alten Zarenreich schon immer so gewesen.

Johannes Warns, Lehrer an der Wiedenester Bibelschule, bereiste in diesen Jahren vielfach Rußland und besuchte die Stundisten. Er bringt in seinem Buch „*Rußland und das Evangelium*"*) eine große Anzahl Briefe von Brüdern, die ihm persönlich bekannt und für deren Wahrheitsliebe er sich verbürgen konnte (S. 141—154). Man kann diese Briefe nur mit großer Erschütterung lesen. Aufgehetzte Mengen stürmen die Versammlungen und mißhandeln die Gläubigen — oft im Beisein und unter der rohen Ermunterung durch fanatische Priester. Auch Frauen

*) Kassel 1920

und Kinder werden nicht geschont. Selbst die Polizei nimmt an diesen Ungesetzlichkeiten teil. In einigen Fällen bezahlten treue Bekenner ihre Standhaftigkeit mit dem Tode.

Auch über diesen Leiden stehen die Verheißungen Christi: „Der Knecht ist nicht größer als sein Herr. Haben sie mich verfolgt, so werden sie euch auch verfolgen" (Joh. 15,20). Die Brüder im Osten lernten, was wir im Westen weithin verlernt haben: „Wir müssen durch viel Trübsale ins Reich Gottes gehen" (Apg. 14,22) und „Alle, die gottselig leben wollen in Christus Jesus, müssen Verfolgung leiden" (2. Tim. 3,12). Ein Gutes dieser Nöte ist bis heute erkennbar geblieben: Wenig Kirchen haben eine so geringe Zahl von Mitläufern wie die stundistische Bewegung. Das Leid und die Verfolgung läutern den Glauben des einzelnen und reinigen die Gemeinden von Heuchelei.

X. DIE ANFÄNGE DER LITERARISCHEN ARBEIT

Für eine Erweckungsbewegung ist bekanntlich das gedruckte Wort von großer Bedeutung. Das gilt zuerst für die Verbreitung der Bibel, dann für den Druck von Gesangbüchern und schließlich auch für christliche Blätter und Schriften erwecklichen Inhalts. Obwohl es zu keiner Zeit — auch heute nicht — wirklich ausreichende evangelische Literatur in russischer oder ukrainischer Sprache gegeben hat, hat man sich doch immer schon darum bemüht.

Nachdem die von Nikolaus I. geschlossene Russische Bibelgesellschaft durch Alexander II. wieder eröffnet worden war, hatte 1882 diese Bibelgesellschaft auf Kosten Paschkows eine revidierte russische Bibel herausgegeben, von der ein Teil der Auflage als Studienbibel mit Raum für eigene Notizen versehen war. 1907 erschien eine weitere Auflage, von der ein Teil in kleinem Taschenformat gedruckt war. Auch ein Neues Testament gab Paschkow heraus, in dem die bei uns im Westen fett gedruckten Stellen unterstrichen waren. Die von ihm gegründete Traktatgesellschaft druckte in großen Mengen evangelistische Kleinschriften. Leider waren diese zum größten Teil aus dem Englischen übersetzt und darum wenig für den schlichten russischen Menschen geeignet. Es bleibt unerfindlich, warum die „Helden" dieser Geschichten James oder John hießen, statt wenigstens Jakow oder Iwan. Das Blatt „Der russische

Arbeiter", das Alexandra von Peucker herausgab, fand dagegen viele Freunde. Es wurde aber bald von Pobjedonoszew verboten.

Gedruckt wurden Übersetzungen von John Bunyans *„Pilgerreise"* und seinem weniger bekannten Buch *„Der heilige Krieg"*. Die *„Pilgerreise"* war schon einmal erschienen, 1789, zur Zeit Katharinas der Großen, von Nowikow übersetzt. Der Dichter Puschkin war durch die Lektüre dieses Buches zu einem seiner Gedichte, *„Der Pilger"*, angeregt worden. Nach Paschkows Ausweisung stockte der Neudruck, zumal von den alten Auflagen noch große Mengen vorhanden waren, die noch für eine Weile ausreichten.

Auch Prochanow erkannte die Wichtigkeit des gedruckten Wortes. Während seines ihm von Pobjedonoszew aufgezwungenen Aufenthalts außerhalb der Grenzen Rußlands gab er in Schweden eine kleine Zeitschrift heraus, „Das Gespräch" (russisch *„Bessjeda"*), die er per Post nach Rußland versandte. Nach 1905 gelang es ihm, die Lizenz für sein Blatt „Der Christ" (russisch: *„Christjanin"*) zu bekommen. Redakteur war Shidkow, der spätere langjährige Präsident des Allsowjetischen Bundes der Evangeliumschristen/Baptisten in Moskau. Bis 1914, also neun Jahre, und später weitere vier Jahre von 1924—28 erschien das Blatt monatlich und bekam wachsende Bedeutung für die Förderung der Glaubenden. Der Inhalt enthielt sich jeder Polemik. Shidkow schreibt: *(Evangelische Christen in der Sowjetunion, S. 28)* „Prochanow und seine Mitarbeiter hatten sich das Ziel gesetzt, an niemandem Kritik zu üben, sondern nur den gekreuzigten Christus zu verkünden, einmütig für den evangelischen Glauben zu wirken und damit den Kindern Gottes ein Vorbild zu sein. Einer der Grundsätze der Zeitschrift lautete: An erster Stelle Einmütigkeit, an zweiter — Freiheit, und über allem die Liebe! Ihre Zielsetzung errang ihr den schönen Ruf einer wahrhaft christlichen Zeitschrift, die nicht nur von den Gläubigen der neuen Richtungen, sondern auch von vielen Anhängern der rechtgläubigen Kirche gelesen wurde. Neben den Artikeln geistlichen Inhalts brachte ‚Der Christ' geistliche Lieder mit Noten, auch in der Bearbeitung für Chöre."

Der Baptistenbund gab seit 1907 unter der Leitung seines Vorsitzenden *Masajew* das Blatt *„Der Baptist"* heraus, später unter Pawlow und *Iwanow*. Neben rein religiösen Artikeln und Predigten bekannter Baptistenprediger wurde viel aus dem Leben der Baptistengemeinden in der Welt berichtet.

Von 1909 bis 1914 gab Prochanow noch eine Wochenzeitung heraus, „Der Morgenstern" (russisch: *„Utrennjaja swesda"*). Sie war für anspruchsvollere Leser gedacht, brachte auch Artikel aus dem religiösen Denken, der Wissenschaft und der Politik, aber auch Berichte über die Verfolgung der Gläubigen in Rußland. Prochanow hoffte, dadurch einen weiteren Kreis der Glaubenden zu erreichen.

Die Mennoniten gründeten 1909 in Halbstadt an der Molotschna im Donezgebiet den christlichen Verlag „Der Regenbogen" (russisch: *„Raduga"*). Auch hier war Prochanow der Vorsitzende, und die Hauptniederlage befand sich in Petersburg. Etwa 200 Veröffentlichungen zeigen, mit welch einer Energie die Gelegenheit genutzt wurde — als hätte man gewußt, daß die Zeit kurz ist. Bedeutsam war hier die *„Kurze Predigtlehre"* von Prochanow, die 1960 vom Missionsbund *„Licht im Osten"* in Korntal neu gedruckt wurde. Sie ist eine hervorragende praktische Homiletik zum Selbststudium der am Wort dienenden Brüder. Dazu kam eine Übersetzung von Predigten Spurgeons und Bettex *„Lied der Schöpfung"*. Von den Liederbüchern wird noch die Rede sein.

Auch der sehr geschäftige lettische Prediger *Fetler*, der in Petersburg eine eigene große russische Baptistengemeinde gesammelt hatte, gab seit 1909 zwei Blätter heraus: „Der Glaube" (russisch: *„Wjera"*) und „Der Gast" (*„Gostj"*).

Der Armenier *Tarajanz* ließ in Baku das Blatt „Frohe Botschaft" (*„Radostnaja westj"*) erscheinen. Ein kleines Blatt, „Der Sämann" (*„Ssejatelj"*), war gleichfalls von Prochanow gegründet, wurde aber später von *Rodd* übernommen.

Für die wachsende Arbeit entstand in Petersburg ein „Haus des Evangeliums", in dem ein „Verlag für nutzbringende Literatur" (*„Isdatjelstwo poljesnoi literatury"*) untergebracht war, dem große Bedeutung zukam.

Auch die Russische Christliche Studentenvereinigung druckte einige Schriften zum besseren Verständnis der Bibel. In den Jahren 1911 und 1912 erschienen aus der Feder Nicolays ein *„Hilfsbuch zum Verständnis des Markusevangeliums"* und ein gleiches *„zum Verständnis des Philipperbriefes"*. Das sind ausgezeichnete praktische Hilfsbücher für Anfänger mit Fragen und Themen, die auch heute noch sehr brauchbar sind. Später brachte Marzinkowskij ein ähnliches Hilfsbuch für das Johannesevangelium heraus.

In Moskau erschien eine „Geschichte der Christlichen Kirche" (*„Istorija christjanskoi zerkwi"*) von *Ssaweljew*, die allerdings nur die Geschichte der ersten drei Jahrhunderte der Kirche enthielt, aber viel von den evangelischen Gläubigen benutzt wurde.

Sehr wertvoll waren auch die Schriften Kargels: „Licht aus der Verheißung des künftigen Heils" („*Swet tjenji buduschtschich blag*"); „Wie stehst du zum heiligen Geist?" („*W kakom ty otnoschenii k Duchu Swjatomu?*"); „Der gehobene Vorhang" („*Prodnjataja sawessa*").

Pawlow gab in Odessa ein Buch mit Predigtentwürfen heraus: „Blätter vom Lebensbaum" („*Listja derewa shisni*").

Zu diesen allen kam eine große Anzahl von Liederbüchern. Gilt schon immer, daß echte christliche Erweckungsbewegungen den Lobgesang Christi pflegen und das „Neue Lied" anstimmen, so stimmt das für den Russen und den Ukrainer besonders. Das zeigt die lange Reihe von Liedersammlungen, die in verhältnismäßig kurzer Zeit erschienen. Schon 1874 waren zwei kleine Gesangbücher erschienen, die Paschkow herausgegeben hatte: „*Traute Verse*" und „*Freudenlieder Zions*" — beide in großer Auflage, wie alles, was Paschkow in die Hand nahm. Die alten Stundisten gaben 1877 ein Liederbuch heraus mit dem Titel „Gabe an die rechtgläubigen Christen" („*Prinoschenije pravoslawnym christjanam*") — der Titel verrät, daß es der zaristischen Zensur nicht möglich war, das Buch zu verbieten und zu beschlagnahmen. — Der Gründer der ersten russischen Baptistengemeinde in Tiflis, Woronin, gab 1882 ein Liederbuch „Die Stimme des Glaubens" („*Goloss wjery*") heraus, unter Benutzung der alten Paschkowschen Liedersammlungen. — Anonym erschien zur selben Zeit in Moskau die „Gedichtsammlung" („*Sbornik stichotworenii*") mit hundert Liedern, später die „Hundertsammlung" genannt.

Die größte Verbreitung aber fand Prochanows 1902 in der Druckerei des Innenministeriums gedruckte Liedersammlung „*Gussli*". Diesem Liederbuch wurden später noch vier Teile beigefügt: „Lieder des Christen", („*Tympanon*"), „Zimbeln" („*Kimwaly*"), „Morgenrot des Lebens" („*Sarja shisni*"). Diese große Sammlung wird heute noch die „Fünfersammlung" („*Pjatjisbornik*") genannt; sie war am beliebtesten und wurde am meisten gebraucht.

Aber selbst damit ist noch nicht alles genannt. 1903 wurden in einer Geheimdruckerei, also ohne Erlaubnis der allmächtigen Zensur, „Die Lieder der russischen Christen" („*Pessnji russkich Christjan*")gedruckt. Und in Jekaterinodar erschien eine Liedersammlung, die sich durch den Titel wiederum gegen den Eingriff der Zensur zu schützen suchte: „Kirchenliederbuch" („*Knjiga zerkownych gimnow*").

Nach der Revolution fand diese Zersplitterung den Weg zu einer größeren Einheit, wovon später zu berichten sein wird. Aber es zeugt vom geistlichen und geistigen Reichtum der jungen Bewegung, die in dem kurzen Jahrzehnt von 1905 bis 1914 erstmals offen an den Tag treten durfte, daß es zu dieser Vielfalt überhaupt kommen konnte, und stellt — gemessen an den Bedingungen, unter denen sie sich entfaltete — eine große Leistung dar.

XI. DER ERSTE WELTKRIEG 1914–1918

Alle diese hoffnungsvollen Ansätze wurden mit dem Weltkrieg 1914–18 aufs neue in Frage gestellt. Der Krieg griff tief in das Geschick der stundistischen und baptistischen Gemeinden ein. Wenn im alten Zarenreich schon viel Willkür herrschte, so kann man sich denken, wie der Krieg dieser Unbeherrschtheit neue Nahrung und Gelegenheit gab. Es schien, als hätte das Toleranz-Manifest vom Jahre 1905 gar nicht bestanden. Die allgemeine Deutschenhetze, die im Sommer 1915 zu einem Pogrom gegen die Deutschen in Moskau führte, traf nun auch den Stundismus. „Ihr habt einen deutschen Glauben", hieß es. „Ihr habt Wilhelms Glauben" — damit war der deutsche Kaiser gemeint. Die nationalistische Presse, die nun Oberwasser bekam, entdeckte ein „heimliches Deutschland" in den groß und reich gewordenen deutschen Bauernsiedlungen im Süden und Osten Rußlands. Es muß zugegeben werden, daß die kinderreichen deutschen Bauernfamilien viel Land und Güter aufgekauft hatten, die zum Teil durch die schlechte russische Bewirtschaftung verfallen waren und billig erstanden wurden. Das war kein Unrecht, aber wohl unklug, denn der Neid ließ nicht auf sich warten. Fanden deutsche Bauern auch Mitgefühl und Unterstützung bei ihren unmittelbaren russischen Nachbarn, so half das den bedrängten Stundisten nichts, die wieder wie vor 1905 von übelmeinenden Gouverneuren und polizeilichen Verwaltungsstellen ohne Gericht nach Sibirien verbannt wurden. Da während des Krieges keine Nachrichten in den Westen kamen, können wir nur Beispiele schildern. W. Gutsche, der damals noch in Russisch-Polen lebte und als Baptistenprediger enge Verbindung mit der Erweckung hatte, berichtet von der Verhaftung der Prediger und Schließung von Versammlungshäusern sowohl der Baptisten wie der Evangeliumschristen. Besonders in Odessa hatten die Gemeinden schwer zu leiden. Der Stadthauptmann Tolmatschow ließ alle evangelischen Prediger „per Etappe" nach Narym am Ob schicken, und zwar ohne jegliche gerichtliche Untersuchung, wie das leider im Zarenreich möglich war. Der Prediger Fetler in Petersburg wurde des Landes verwiesen und ging nach Amerika. Ebenso der Prediger *Neprasch*, einst treuer Mitarbeiter von Walter Jack und zuletzt in Petersburg. 1916 wurde Prochanow vor Gericht geladen „wegen Gründung eines staatsfeindlichen Bundes" (gemeint war wohl der Verband der Evangeliumschristen). Aber der gewandte und beredte Bruder wußte sich zu verantworten und wurde freigesprochen. In Moskau wurden die Gottesdienste von der anwesenden Polizei kontrolliert und die nicht volljährigen Baptistenkinder sowie fremde Gäste hinausgetan. Es sind wiederum die ähnlichen Vorgänge wie in der SU zur Zeit Chruschtschows. Überraschenderweise war aber die Sonntagsschule für die Kinder der Baptisten erlaubt. Pawlow, der Vorsitzende der Baptisten, verbarg sich in der Weite Zentralasiens bis zur Revolution 1917.

Eine durch Haß blind gewordene Presse behauptete steif und fest, Kaiser Wilhelm habe den Baptisten Geld gegeben, „um das russische Volk zu zersetzen". Wir wissen, daß Greuelmärchen zur psychologischen Kriegsführung gehören. Der kommandierende General Rutzkij verbot in seinem Bezirk kurzerhand alle baptistischen Versammlungen, nachdem der über 80jährige Ministerpräsident Goremykin in der Duma, dem russischen Reichstag, auf die Gefährlichkeit des Baptismus hingewiesen hatte. Seit der Krieg für Rußland unglücklich verlief, suchte man krampfhaft nach Sündenböcken.

Der russische Pressekommissar Kusmin hat im Jahr 1918 von drei Millionen Kriegsgefangenen gesprochen, die das russische Heer an die Mittelmächte verloren habe. Diese Zahl wird gewiß nicht zu hoch gegriffen sein. Gott hat immer wieder seine Gerichte, so hart sie Völker und Menschen trafen, auch in den Dienst seiner Gnade gestellt. Das galt in besonderer Weise für das Geschick dieser Gefangenen. Fast in jedem der vielen Gefangenenlager befand sich eine Gruppe von Evangeliumschristen oder Baptisten, und diese waren von Anfang an zum Zeugnis von Mann zu Mann erzogen; sie kannten ihre Bibel und wußten auf Fragen und Einwände zu antworten. Wie der Russe in der Politik der geborene Propagandist ist, so sind die russischen Christen begnadete Missionare. Deshalb hat der gute Kenner des Stundismus, Walter Jack, immer wieder betont: „Schickt keine fremdländischen Missionare nach Rußland! Der russische Gläubige ist selbst der beste Missionar für sein Volk." Was er damals wie heute braucht, ist die Bibel und eine gute Anleitung zu einer nüchternen Theologie, um Irrwege zu vermeiden.

Im Jahre 1916 fragte uns Professor D. *Schrenk*, der Beauftragte der Kriegsgefangenenhilfe, wie es zu erklären sei, daß ein solch großes Verlangen nach russischen Bibeln in den Gefangenenlagern laut würde. Er habe alle Mühe, die nötige Zahl herbeizuschaffen, die dann bald genug vergriffen sei. Nach seiner Kenntnis der orthodoxen Kirche sei dort der Bibel für den Privatgebrauch kein so großer Raum gegeben. Erst einige Jahre später erfuhren wir, wie viele evangelische Erweckungszentren durch stundistische Gefangene entstanden waren, die auf die Lebenswichtigkeit des Wortes Gottes hinwiesen.

Viele Christen nutzten diese einmalige Gelegenheit zur Evangelisation von Menschen aus, denen die Bibel weithin fremd war. Allein die christliche Traktatgesellschaft von den deutschen Baptisten in Kassel hat etwa 1,5 Millionen Schriften in die Gefangenenlager gesandt. Sie betreute damit 64 Lager in Deutschland, 7 in Österreich und 4 in Ungarn. Dazu kamen ca. 15 Arbeitskommandos. Nach Warns entstanden in 38 Lagern evangelische Gemeinden.

Einer der Christusboten in den Lagern war der an der Neukirchener Missionsschule ausgebildete *David Bekker*, der selbst aus Südrußland stammte und die russische Sprache ausgezeichnet beherrschte, dazu die slawische Psyche gut verstand. Er schreibt:

„Angesichts der mancherlei möglichen Schwierigkeiten und Hindernisse, die sich mir bei dieser Arbeit in den Weg stellen konnten, wollte mich freilich anfangs wohl ein Gefühl der Ängstlichkeit beschleichen. War es doch unbearbeitetes Land, das ich betrat. Eine wenn auch nur ganz bescheidene Kenntnis der Schriftwahrheiten war bei den meisten wohl überhaupt nicht vorauszusetzen. Viele hatten noch nie ein Testament oder gar eine Bibel gesehen, noch viel weniger darin gelesen. Und die vielen, die nicht lesen konnten! Endlich rechnete ich auch wohl etwas mit dem Mißtrauen der Leute gegenüber der den meisten doch gänzlich unbekannten Art und Weise der Evangeliumsverkündigung. Später aber sah ich zu meiner Beschämung alle meine Befürchtungen wie Nebel vor der Sonne schwinden. Als ich zum ersten Mal in ein Lager kam und die Leute über den Zweck meines Kommens belehrte, war deren Freude überaus groß. ‚Das haben wir schon lange gewünscht!' sagten einige. Heimatlaute, Trost und Gottes Wort, das Bewußtsein: Hier ist jemand, der uns versteht, mit uns fühlt und Mitleid mit uns hat, das und noch manches andere zog die armen Gefangenen wie mit magnetischer Gewalt an. Als ein besonders freudiges Ereignis wurde es überall begrüßt, wenn ich die ersten Bibeln und Testamente verteilen konnte. So drückte zum

Beispiel einer beim Empfang der Bibel diese mit großer Zärtlichkeit und strahlendem Gesicht an seine Brust, indem er sagte: ‚Oh, wie bin ich Ihnen doch so dankbar, daß Sie mir zu diesem kostbaren Buch verholfen haben!'" (Warns, S. 188 f.).

Aber die besten Missionare blieben eben doch die gläubigen Brüder unter den Gefangenen selbst. Viele Namen sind überliefert, die uns heute vielleicht nichts mehr sagen. Aber sie sind in Gottes Buch verzeichnet. Da stehen ohnehin viel Namen von Zeugen und Märtyrern, die nie in weitere Kreise drangen.

Unter dem Vorsitz von Missionsdirektor *Schreiber* bildete sich in Berlin ein „Hilfsausschuß für Kriegsgefangenen-Fürsorge", der nicht nur selbst viele Wege der Hilfe und Fürsorge fand, sondern auch andern Kreisen die Wege ebnete. Der aus Petersburg ausgewiesene Prediger Fetler organisierte in den USA eine umfangreiche Hilfsaktion. In Deutschland wetteiferten landeskirchliche und freikirchliche Kreise mit deutschen Missionsgesellschaften, deren Arbeit in Übersee durch den Krieg unterbunden war. Wer die Berichte und Zusammenstellungen aller dieser Dienste liest, ist beglückt darüber, daß während des Weltkrieges so viel brüderliche Liebe denen gegenüber tätig war, die im Kampf gegen das eigene Volk gefangen wurden. Auch die Schweiz beteiligte sich kräftig und manche russischen Emigranten, die in Deutschland lebten.

Nach Abschluß des Krieges verzögerte der Bürgerkrieg in Rußland die Rückführung der Millionen Gefangener, so daß der Dienst noch einige Jahre nach dem Kriege unbehindert durch Stacheldraht fortgesetzt werden konnte. Und hier muß nun der Arbeit des neu entstandenen Missionsbundes „Licht dem Osten" gedacht werden — der Name wurde auf Bitten der slawischen Gläubigen bald in den zutreffenderen Namen *„Licht im Osten"* geändert.

Die schon in anderem Zusammenhang genannten Brüder Jakob Kroeker und Walter Jack verbanden sich mit anderen Ostmissionen zu diesem Bund. Schwedische Brüder, die schon in den Lagern tätig gewesen waren, deutsche landeskirchliche Gemeinschaftsleute und Vertreter der Freikirchen, Glieder des Blankenburger Allianzkomitees, Mennoniten und Baptisten, Methodisten und Lutheraner, Offene Brüder und Reformierte — Deutsche, Schweizer, Holländer, Skandinavier und Amerikaner reichten sich die Hand zu dieser wichtigen Aufgabe.

Vor allem wurden in einer Anzahl von Lagern systematische Bibelkurse und Bibelwochen gehalten, die schließlich zu einer Bibelschule in russischer Sprache in Wernigerode führten. Ebenso wurde unter den Emigranten das Wort verkündet, so daß an mehreren Orten Deutschlands evangeliumschristliche Gemeinden russischer Sprache entstanden, vor allem in Berlin, wo eine solche Gemeinde Jahrzehnte ihre regelmäßigen Versammlungen hatte. Viel treue Kleinarbeit geschah von einer großen Anzahl von Glaubenden, die der russischen Sprache mächtig waren. Später schloß sich eine Arbeit in den sogenannten Randstaaten an; in Finnland, Estland, Lettland, Litauen, Polen, der Tschechoslowakei bis nach Jugoslawien wohnten nach dem ersten Weltkriege viele Russen. Grundsätzlich hat der Missionsbund nie eigene Gemeinden gegründet. Walter Jack sagte: „Das können die Slawen besser als wir. Wohl aber wollen wir das Feuer mit dem Worte Gottes und unsern Gebeten schüren, wo nur ein paar Funken zu glühen anfangen!"

Die alten Jahrgänge des Missionsblattes *„Dein Reich komme"* sind Dokumente ersten Ranges davon, was Gott nach der großen Revolution in Rußland an geistlichem Erwachen getan hat. Aber zugleich enthalten sie wertvolle Berichte über das Wirken Gottes unter Russen, Ukrainern, Polen auch außerhalb ihrer Länder. Einige dieser Episoden sind es wert, in diesen Bericht über den Stundismus aufgenommen zu werden, weil sie dem Leser ein lebendiges Bild vom geistlichen Hunger, aber auch von der Aufnahmefähigkeit für das Evangelium unter den slawischen Völkern Zeugnis geben. Bei all dieser Arbeit muß daran erinnert werden, daß die steigende Teuerung und die verhängnisvolle Inflationszeit die wirtschaftlichen Kräfte der Christen in Deutschland fast lahmlegten. Ohne die treue Hilfe aus dem Ausland, besonders aus Schweden, Holland und der Schweiz, hätte der Dienst bald eingestellt werden müssen.

Die Bibelkurse von Kroeker und Jack in den Gefangenenlagern waren mit großer Dankbarkeit aufgenommen worden. Aber der Hunger der Hörenden war größer, als daß er in ein paar Wochen gestillt werden konnte. Sie verlangten nach einer gründlichen Einführung in die Welt der Bibel und nach einer Ausrüstung zum Dienst in ihrem Volk. Diesem Bedürfnis sollte die mit Hilfe ausländischer Freunde in Wernigerode gegründete Bibelschule entgegenkommen. So gut wie hier beherrschte keine Bibelschule im Westen die russische Sprache. Da in der Inflationszeit die Pensionen und Hotels von Wernigerode leerstanden, war Raum genug vorhanden. Kroeker besuchte eine ihm bekannte Pensionsinhaberin und fragte sie, was sie dazu sagen würde, wenn er ihr Haus bis aufs letzte Zimmer belegte. „Ach, Herrn Kroeker, wie dankbar wäre ich Ihnen dafür!" war ihre Antwort. Als sie aber hörte, daß es sich um russische Soldaten handelte, die jahrelang in Lagern gefangen gewesen waren, wollte sie absagen. Erst das Zureden Kroekers und die Schilderung dieser von Gott gerufenen Männer ließ sie wieder Mut fassen. Als sie nach einigen Jahren auf dem Bahnhof Abschied von ihren Pflegebefohlenen nahm, vergoß sie Tränen wie eine Mutter, die sich von ihren Söhnen trennt.

Diese Christen des Ostens bleiben für uns im Westen Vorbilder. Wir haben oft Mühe, unsere Glaubenserkenntnisse im praktischen Leben zu bewähren. Dogmatik und Ethik — Glaubenslehre und Sittenlehre — sind für uns oft Werke in zwei Bänden. Wir lesen das erste Buch zuerst, und weil es unserm grübelnden Verstand soviel Mühe macht, kommen wir oft nicht dazu, auch den zweiten Band zu studieren. Im Osten ist das anders. Wer zu Jesus kommt, findet das neue Leben. Unter den Stundisten hat das Evangelium in geradezu erstaunlicher Weise eine heiligende Wirkung. Mag die Erkenntnis noch gering sein, so ist die Liebe und Dankbarkeit doch groß. Mag manchmal Gesetzlichkeit mitschwingen, so liegt diesen Brüdern doch alles daran, ihren Herrn durch ein neues Leben zu preisen. Ein Beispiel dafür ist die Enthaltsamkeit. Wer kennt nicht die Trunksucht der russischen Mushiks! Unter den Evangeliumschristen und Baptisten werden wir aber keinen Alkoholiker antreffen. Der Glaubende meidet allen Alkohol und auch den Tabak. Das Entscheidende ist und bleibt die dienende, opfernde, selbstverleugnende Liebe.

Die Auswahl einer begrenzten Zahl von Schülern für die Bibelschule war nicht leicht, denn in manchen Lagern war es zu Erweckungsbewegungen gekommen, und die Erweckten drängten in die Schule. Als ein besonders eindrucksvolles Beispiel sei von den Vorgängen im Lager Salzwedel in der Altmark erzählt.

Hier war das Lager fast ganz geräumt worden, weil Teile der Roten Armee erwartet wurden, die 1920 über die ostpreußische Grenze gedrängt und hier von den Deutschen entwaffnet worden waren. Doch eine kleine Gruppe Gläubiger aus der alten Lagerbelegschaft war mit der Absicht zurückgeblieben, den neu eintreffenden Landsleuten mit dem Christuszeugnis zu dienen. Es waren alles bäuerliche Menschen, die nichts von der Problematik der „Intelligenzija" an sich hatten. In wenigen Wochen hatten sie mit dem schlichten Zeugnis erreicht, daß eine bereite Haltung für einen kräftigen Evangelisationsvorstoß vorhanden war. Beim „Towarischtsch General" hatten sie die Erlaubnis zu einer religiösen Versammlung erwirkt. Die Antwort jenes Lagerältesten war für jene erste Zeit des Bolschewismus typisch: „Jawohl, bei uns herrscht jetzt Glaubensfreiheit. Jeder kann glauben, was er will. Aber die Bedingung bei solch einer religiösen Versammlung ist, daß Gelegenheit zu freier Aussprache gegeben wird." Dieses Letztere kam den Wünschen der Brüder nur entgegen.

Sie schrieben nach Wernigerode und baten um zwei Brüder für einige Versammlungen. Zwei der Begabtesten der Bibelschüler machten sich auf den Weg. Mit viel Gebet wurden die Versammlungen vorbereitet. Die Kantine war für den Zweck freigegeben. Mit Spannung sahen die Brüder dem Verlauf der Veranstaltung entgegen, war es doch der erste Versuch, bolschewistischen Rotarmisten die Jesusbotschaft zu sagen. Als die Brüder nach gemeinsamem innigen Gebet in die Kantine traten, waren alle Plätze besetzt. Die Mützen auf dem Kopf, die Zigarette zwischen den Zähnen — eine schwatzende lebhafte Versammlung in Erwartung der Dinge, die da kommen sollten.

Der erste der aus Wernigerode eingetroffenen Brüder trat vor und redete die Versammlung kurz an: „Kameraden, wir sind gekommen, euch eine frohmachende Botschaft zu sagen. Aber wir sind gewöhnt, vorher zu beten." Damit faltete er die Hände und betete kurz und frei, wie es unsere Stundisten tun. Das war für russische Soldaten etwas Neues. Sie wußten wohl vom Kreuzschlagen, vom Anrufen der Heiligen und der Gottesmutter, vom liturgischen Gebet ihrer orthodoxen Kirche und vom Knien vor der Ikone zu Hause. Ein freies Gebet mit eigenen Worten in der natürlichen Haltung des versöhnten Menschen kannten sie nicht. Die Zigaretten wurden zerdrückt, manche Mütze ging vom Kopf.

Dann begann der Bruder mit dem Wort Johannes 15,13: „Niemand hat größere Liebe als die, daß er sein Leben läßt für seine Freunde." Mag sein, daß diese jungen Rotgardisten noch nicht allzu tief in die Lehre von der Gottlosigkeit getaucht waren — das Wort von der opfernden Liebe versteht jeder Russe. Hier redete einer zu ihnen, der kein Geheimnis daraus machte, daß auch er nicht mehr war als ein hilfloser Kriegsgefangener. Er redete in der Sprache des Volkes ohne feierliche Kirchensprache, an der die Orthodoxie so reich ist. Lautlos hörte die Versammlung den Bruder an. Danach trat der andere vor und las das Wort des Paulus aus 2. Kor. 5,20: „Wir sind Botschafter an Christi Statt, denn Gott ermahnt durch uns. So bitten wir an Christi Statt: Laßt euch versöhnen mit Gott!" Wieder sprach hier ein Bruder zu Brüdern: „Auch wir waren nicht anders als ihr! Wir lebten wie ihr, fluchten und tranken und übertraten Gottes Gebote. Aber wir haben uns durch Christus mit Gott versöhnen lassen. Nun kommen wir zu euch und bitten euch: Laßt auch ihr euch mit Gott versöhnen!"

Die Wirkung dieser beiden Ansprachen war einzigartig. Als zum Schluß der Bruder sagte: „Nun wollen wir beten!", waren längst alle Mützen von den Köpfen geflogen, viele fielen auf ihre Knie zum Gebet, und über manche braungebrannte Soldatenwange flossen Tränen in den Bart. Gottes Geist ging durch die Versammlung. Als dann die Brüder darauf hinwiesen, daß vorn ein Tisch mit Neuen Testamenten und Bibeln stehe, mit denen man sich unentgeltlich bedienen könne, gab es einen Sturm auf den Schriftentisch, der bald geräumt war. Aus Wernigerode mußten in den nächsten Tagen noch mehrere Sendungen erbeten werden.

Die beiden Boten der Bibelschule blieben noch einige Tage da. Vom Morgen bis zum Abend waren sie belagert von solchen, die allerhand Fragen hatten und Näheres wissen wollten. In der Folge entstand hier im Lager eine Gemeinde von Gläubigen, in die nur nach sehr scharfer Prüfung Mitglieder aufgenommen wurden und die doch bald weit über hundert Mitglieder zählte.

Als in den zwanziger Jahren der Präsident des russischen Baptistenbundes den Misisonsbund „Licht im Osten" besuchte und von den großen Erweckungen in jenen Jahren furchtbarer Not erzählte, wurde er gefragt, wann denn diese neue Bewegung begonnen hätte. Er antwortete: „Seit der Rückkehr der Kriegsgefangenen aus dem Westen." So hatte Gott die schwere Gerichtszeit des Krieges dazu benutzt, neue Werkzeuge der Missionierung des weiten Ostens auszurüsten.

C. Unter dem Atheismus

I. DIE GROSSE RUSSISCHE REVOLUTION

Am 15. März 1917 entsagte Nikolaus II. auf Druck der russischen Reichsduma dem Thron. Damit hörte das Zarenreich und die über dreihundertjährige Regierungszeit der Romanows auf. Zwar versuchte die demokratische Regierung, besonders unter dem Einfluß des „milden" Sozialisten Kerenski, den Krieg weiterzuführen. Aber das Volk und das Heer waren kriegsmüde, die schwankende Ordnung löste sich auf, und am 9. November des gleichen Jahres griffen die Bolschewisten unter Lenins Führung nach der Macht.

Für unsere Geschichte des Stundismus ist dieser Wechsel in der Religionspolitik wichtig. Mit dem Sturz des Zarentums stürzte auch die Staatskirche, die in den folgenden Bürgerkriegsjahren furchtbare Blutverluste unter ihren Amtsträgern und Anhängern hatte. Für die Revolutionäre war sie Stütze des Zarentums und Hort der Reaktion. Jetzt rächte sich — weithin an Unschuldigen — das jahrhundertelange Bündnis der Kirche mit dem Absolutismus. Die Drei-Säulen-Parole Autokratie — Orthodoxie — Nationalismus zeigte ihre verhängnisvollen Folgen. Umgekehrt atmeten die unterdrückten „Andersgläubigen" — wie es amtlich hieß — auf, daß die Knechtschaft durch die Gouverneure und ihre Willkür aufhörte. Auch viele Vertreter der Orthodoxie unter Priestern und Laien begrüßten die Befreiung ihrer Kirche von der Fessel staatlicher Bevormundung und Entrechtung. Sie erhofften eine neue Entfaltung mündiger Frömmigkeit auf dem Boden des orthodoxen Glaubens. Führende Männer des Stundismus — vor allem muß hier wieder Prochanow genannt werden — erhofften eine große Reformation der Kirche aufgrund des Evangeliums wie einst zur Zeit Luthers in Deutschland.

Am 28. August 1917 trat in Moskau ein allrussisches Konzil zusammen und wählte inmitten der gärenden Unruhen den Metropoliten von Moskau, Tichon, zum Patriarchen. Damit war der selbstherrliche Eingriff Peters des Großen in die Kirche vor 200 Jahren aufgehoben.

Eine weitere, uns hier besonders interessierende Wirkung der Revolution war, daß nun die verbannten und verurteilten Prediger und Bekenner wieder heimkehren durften — wie einst im Jahre 1905 nach dem

Toleranz-Manifest. Auch Pawlow kam aus Turkestan nach Moskau, von wo aus der Baptistenbund nun neue Aktivität entfalten konnte. Sein Sohn stand an der Spitze der großen Baptistengemeinde in Moskau, der Stadt, die nach dem Willen der neuen Regierung wieder Hauptstadt des großen Reiches wurde. Das war eine zweite Korrektur der Politik Peters des Großen, der an der Newamündung „das Fenster nach dem Westen" aufgestoßen hatte. „Mütterchen Moskau" war wieder „der Nabel der Welt". Usurpatoren wissen ja stets ihre Neuordnungen nach dem Geschmack der Menge zu gestalten, bis sie selbst stark genug geworden sind, auch „unpopulär" handeln und durchgreifen zu können.

Prochanow hatte es verstanden, sich in Petersburg während des ganzen Krieges zu halten. Er soll vor Gericht den Vorwurf „deutschen Glaubens" dadurch abgewehrt haben, daß er auf die englischen Einflüsse (Lord Radstock, Georg Müller-Bristol, Baedeker-London) hinwies. Offenbar hatte er in einflußreichen Kreisen der Hauptstadt Freunde, die ihn schützten. Daß er nun die neue Freiheit kräftig ausnutzte, wird man sich denken können.

Am 23. Januar 1918 erließ die Sowjetregierung ein Dekret über die Trennung von Kirche und Staat, eine Entscheidung, die zu erwarten war und von den Glaubenden allseitig begrüßt wurde. Sie hatten genug gelitten. Aber auch ernste Orthodoxe waren mit dieser Trennung von Herzen einverstanden. Daß im Laufe der Jahrzehnte — besonders unter der Diktatur Stalins — die verheißenen Freiheiten zurückgenommen wurden, zeigt nur, daß die Sowjets immer noch Erben der Zaren sind. „Religion" oder Weltanschauung blieb staatlich genormt.

Der Paragraph 13 des Dekrets lautete wörtlich: *„Um den Arbeitenden wirkliche Gewissensfreiheit zu gewährleisten, wird die Kirche vom Staat und die Schule von der Kirche getrennt und die Freiheit der religiösen und antireligiösen Propaganda allen Bürgern gewährt."* Man kann nur mit Wehmut auf diesen Paragraphen zurückblicken, der so bald im Papierkorb verschwand.

Die Kirche verlor ihre Körperschaftsrechte, und alles Kircheneigentum wurde zum „Volkseigentum" erklärt. Dieser Begriff war propagandistisch geschickt. Aber es zeigte sich bald, daß die eigentliche Verfügungsgewalt nicht dem Volke, sondern der Partei übertragen war. Diese hatte nie die Mehrheit des Volkes auf ihrer Seite. Praktisch waren die Parteifunktionäre, die „Apparatschiki", die Gewinnenden. Auf diese Weise ergab sich ein Staatskapitalismus, der sich viel schwerer bekämpfen läßt als ein Privatkapitalismus, und so kam im Laufe der Zeit das

Volk aus einer Knechtschaft in die andere. Diese neue schien noch auswegloser. Daß praktisch auch die Kirche nicht frei war, sondern wirtschaftlich vom Staat abhängig blieb, ist einleuchtend. Da die Kirchen dem Staate gehörten, war sogar die Benutzung der Gebäude von staatlicher Entscheidung abhängig. Bald wurden übergroße Mieten gefordert, bald wurden Volksabstimmungen inszeniert, die die Schließung der Kirchen „wünschten". Die Großzahl der kirchlichen Gebäude wurde in Museen, Kinos, Speicher, Lagerräume usw. verwandelt.

Die evangelischen Kreise dagegen wurden in der ersten Zeit von den Bolschewisten umworben. Ihnen hatte die Revolution die Freiheit gegeben, die ihnen der Staat und die Orthodoxie verweigert hatten. Es dauerte noch lange, bis sich in der Zeit Stalins eine Art Einheitsfront aus der Orthodoxie und den evangelischen Freikirchen gegen den militanten Atheismus bildete. Die Verhältnisse mußten sich erst klären. Wir können aus dieser ersten Zeit nach dem Umbruch nur einige Episoden als Beispiele bringen. Sie machen deutlich, wie die evangelischen Gemeinden in einem sich freilich später als grundlos erweisenden Optimismus den Augenblick der allgemeinen Veränderung der Verhältnisse für die Ausbreitung des Evangeliums zu nutzen suchten.

Der Volkskommissar für Volksaufklärung, Lunatscharskij, hatte als Sekretär einen Tolstojaner, einen Anhänger der christlich-anarchistischen Lehre des 1910 verstorbenen Grafen Leo Tolstoi. Er hieß Bontsch-Brujewitsch. Als tolstojanischer Pazifist erreichte dieser bei Lenin und Trotzki, daß Wehrdienstverweigerer, deren es unter den Stundisten viele gab, im Sanitätsdienst Verwendung finden konnten. Das geschah allerdings erst, als fünf junge evangelische Männer wegen Verweigerung des Waffendienstes vom Kriegsgericht zum Tode verurteilt und erschossen worden waren. Es wurde sogar der „Vereinigte Rat der religiösen Gemeinden und Gruppen" geschaffen, zu dem Tolstojaner, Duchoborzen, Evangeliumschristen, Baptisten, Mennoniten und Adventisten gehörten. Sehr aktiv in dieser Sache war Tolstois ehemaliger Sekretär Tschertkow, der Sohn jener Generalswitwe, die wir als Glied der Erweckung unter Radstock kennenlernten.

Waldemar Gutsche berichtet aus dieser Zeit eine gut beglaubigte Episode: „Im Sommer 1920 waren im Uralgebiet zwei junge Baptisten zum Dienst in der Roten Armee abgeholt worden, wobei sie die Annahme von Waffen verweigerten. Seitdem waren sie verschwunden. Da man sie in einem Zug nach Aktjubinsk, der Stadt der Verwaltungsbehörde, gesteckt hatte, begab sich der bevollmächtigte Sachverständige für Fragen der Gewissensfreiheit dorthin, um nach ihnen zu suchen. Das Auffinden der beiden war nicht leicht. Sie waren weder im Gefängnis für kriminelle Gefangene, noch in den Gefängnissen der Tscheka oder des Kriegsrevolutionstribunals zu finden. Schließlich stellte sich heraus, daß sie vom Einberufungskommandanten eingesperrt worden waren, ohne daß ihre Angelegenheit weitergeleitet wurde. Auf die Frage des Sachverständigen, warum solch drastische Mittel angewandt wurden, gab der Kommandant zur Antwort, daß der Ältere von den zwei Kriegsverweigerern in der Zarenarmee Unteroffizier gewesen sei und daß deshalb an der Echtheit seiner Überzeugung gezweifelt werden müsse. Er hatte kurz und bündig entschieden, daß beide solange sitzen müßten, bis sie bereit seien, die Waffen zu nehmen. Darauf fragte der Sachverständige den Kommandanten, ob er selber in der Zarenarmee nicht auch eine gute Stellung bekleidet hätte. ‚Ja‘, war die Antwort, ‚das ging ja damals nicht anders.‘ Als der Sachverständige erwiderte: ‚Gut, dann lassen Sie bitte die gleiche Rücksicht, die Sie für sich in Anspruch nehmen, auch für andere gelten‘, fingen die Mitarbeiter des Gestrengen an zu lachen. Der Kommandant sagte darauf: ‚Dann übergebe ich sie jedenfalls dem Kriegsrevolutionstribunal, denn die sogenannten Volksgerichte sind viel zu milde dazu.‘

Das Dekret der Volkskommissare hatte die Beurteilung solcher Fälle den Volksgerichten übertragen, die den früheren Friedensgerichten, d. h. Gerichten erster Instanz, entsprachen. Diesen traute der Kommandant nicht. Es war nichts zu machen. Der Sachverständige wurde aber zugezogen, als die beiden vor dem Tribunal standen. Das rote Gericht, welches über Leben und Tod jedes Bürgers zu entscheiden hatte, bestand aus drei jungen uniformierten Männern, der sogenannten Troika, einem Vorsitzenden und zwei Beisitzern, die am Tisch Platz nahmen. Der Vorsitzende war Jude, die Beisitzer Russen. Und bald begann die Verhandlung. Die Atmosphäre war nicht gut. Auch hatte der Umstand, daß der ältere Unteroffizier in der Zarenarmee gewesen war, jetzt aber die Waffen nicht nehmen wollte, Verdacht erweckt. Was war da zu sagen? Es war der erste Fall des Sachverständigen. Er seufzte zu Gott und begann:

‚Es gibt so etwas, was wir Bekehrung nennen. Da war ein orthodoxer Priester in Moskau, der ein Erlebnis erzählte. Er war während des Krieges Feldgeistlicher an der Front. Und als er eines Abends nach der Schlacht den sterbenden Soldaten den letzten Dienst seiner Religion erwies, hörte er das leise Rufen eines Sterbenden: ‚Väterchen, mein Väterchen' kam es von dessen Lippen. ‚Was willst du, mein Sohn?' fragte er. ‚Ich muß beichten, ich habe eine Todsünde begangen.' ‚Was hast du getan?' ‚Ich, ich habe geschworen, die Feinde zu töten, und konnte es nicht. Ich habe über ihre Köpfe geschossen.' ‚Da, in jenem Augenblick, sah ich', fuhr der Priester fort, ‚daß vor mir ein Heiliger lag und ich der Verbrecher war, der der Buße bedurfte.'

Der Sachverständige wollte weiterreden, kam aber nicht dazu. Alle drei Richter waren aufgesprungen. Etwas hatte sie getroffen. Sie konnten kaum ihre Rührung verbergen und gingen hinaus, um zu beraten. Es dauerte nicht lange, da waren sie wieder erschienen, und die Anwesenden mußten stehend den Gerichtsbeschluß anhören: ‚Im Namen der Russischen Sozialistischen Föderativen Sowjetrepublik! Beide sind zu befreien und der allgemeinnützlichen Arbeit in der Heimat zuzuweisen.' So ungefähr klang das Urteil.

Seitdem war der Vorsitzende, Genosse Spiegel, ein Freund der Gläubigen. Er sagte: ‚Ich werde nie einem der Euren, der echt ist, Unrecht tun.' Er hat Wort gehalten."*)

Diese leider bald vorübergehenden ersten Jahre nach der Revolution brachten den Evangelischen oft Gelegenheit, in Diskussionen mit den Atheisten das biblische Evangelium zu bezeugen. Wer das Buch von Professor Marzinkowskij *„Gotterleben in Sowjetrußland"* liest, erkennt bald, daß der plumpe Atheismus dem Zeugnis des Geistes letztlich nicht gewachsen war. Deshalb wurden später solche Diskussionen verboten. Daß aber der Atheismus bis heute die Erfolge nicht hatte, die die Partei von seiner Propaganda erwartete, beweist sich am besten dadurch, daß heute noch — nach über 55 Jahren uneingeschränkter Lehre der Gottlosigkeit in Schulen, Universitäten, Versammlungen und Kursen — von der Presse immer noch neue und energischere Mittel dieser Propaganda empfohlen werden. Die Erwartung strenger Marxisten, mit dem Kommunismus würden „die religiösen Vorurteile", wie der amtliche Ausdruck heißt, von selbst verschwinden, hat sich als großer Irrtum entpuppt.

Als ein Beispiel dafür, in welcher Form damals solche Diskussionen verliefen, bringen wir einen Bericht Marzinkowskijs:

„Ungefähr zu dieser Zeit konnte man in den Straßen Moskaus große Plakate finden, auf denen ein Vortrag des Volkskommissars für

*) Gutsche, *Religion und Evangelium in Sowjetrußland*, S. 27 f.

Volksaufklärung A. W. Lunatscharskij angezeigt war über das Thema: ‚Warum soll man nicht an Gott glauben?' Ich ging zu dieser Vorlesung. Sie fand im großen Saale des polytechnischen Museums statt und war so überfüllt, daß viele nicht teilnehmen konnten. Mit Mühe und Not gelang es mir, mich hindurchzudrängen, und ich fand sogar einen Platz auf dem Podium, dem Publikum gegenüber. So konnte ich alles gut sehen, besonders auch den Redner, der in meiner Nähe stand.

Er führte aus, es sei keinem verboten zu glauben, was er wolle, aber ein denkender Mensch könne unmöglich an Gott glauben. Darauf zählte er die verschiedenen Perioden der Religionsgeschichte auf, Animismus, Fetischismus usw. Er sagte sehr überzeugt: ‚Mit uns marschiert die Vorhut des menschlichen Denkens.' Seine Ausführungen waren reichlich durchsetzt mit scharfen Pointen und Zitaten aus der Literatur, stellenweise getragen von starkem Pathos, als ob er seine Zuhörer hypnotisieren wollte. Obwohl er Gott verwarf, rief er doch auf zu einer leuchtenden Zukunft, da die Menschen nach seinen Worten ‚einen Brüderbund von Göttern in der Natur' bilden würden.

Hierzu konnte ich unmöglich schweigen. So nahm ich denn aus der Tasche einen Zettel und schrieb darauf: ‚Ich bitte ums Wort! Marzinkowskij.' Der Redner las den Zettel vor und sagte, heute sei keine Aussprache, sondern ein Vortrag. Aber er stelle es den Zuhörern anheim, die Frage zu entscheiden, ob man mir das Wort geben solle. In diesem Falle schlage er vor, dem Redner zehn Minuten Zeit zu geben.

Lärm erhob sich: ‚Dagegen! dagegen!' — ‚Dafür! dafür!' Anwesend waren mindestens dreitausend Menschen. Durch Handaufheben wurde festgestellt, daß die Mehrzahl dafür war, mir das Wort zu erteilen. Als ich auftrat, spürte ich eine lautlose Spannung. Es galt, die kurze Frist auszunützen, um ein möglichst klares Zeugnis für den Glauben abzulegen. ‚Bürger', rief ich, ‚das ist alles nicht wahr, wenn der Redner hier behauptet hat, daß der Verstand und die Wissenschaft dem Menschen nicht erlauben, an Gott zu glauben. Mein Vorredner nannte die Religion einen Glauben der bürgerlichen Klasse. Ich aber behaupte, daß gerade der von ihm verkündigte Materialismus ein bürgerlicher, ja ein recht spießbürgerlicher Glaube ist, denn er hält nur das für Wirklichkeit, was man körperlich fühlen kann. Aber das ist ja auch ganz verständlich, denn nach seiner eigenen Theorie besitzt er eine bürgerliche Seele, da er aus dem Bürgertum stammt. — Ich bitte um Verzeihung wegen dieser persönlichen Bemerkung.

Weiter sprach der Redner vom Fetischismus und von den heidnischen Religionen. Warum hat er kein Wort vom Christentum gesagt? Der Fetischismus verträgt sich in der Tat nicht mit der Wissenschaft, während die größten Gelehrten aller Zeiten an Christus gläubige Männer gewesen sind. Jesus hat gesagt: ‚Euer Herz erschrecke nicht, glaubet an Gott und glaubet an mich.' Wählt jetzt, Freunde, wem ihr glauben wollt, Christus oder den modernen Lehrern? Gerade unser Leben, so voll von Leid, legt Zeugnis ab gegen die Gottlosigkeit. Ohne Gott können wir weder wirken noch schaffen, wir können nur zerstören. Wir gehen zugrunde ohne Glauben und bestätigen damit nur die Worte Christi: ‚Ohne mich könnt ihr nichts tun.' Ein betäubender, nicht enden wollender Beifall folgte meinen Worten." (S. 86 f.)

Wenn wir die weitere Entwicklung bedenken, klingt solch ein Bericht fast wie ein Märchen. Aber glücklicherweise dauerte es viele Jahre, bis das zentrale Regime von Moskau her seine Gedanken und Organisation im weiten Reich und unter den vielen Völkern durchsetzte.

Unter den Baptisten war *Timoschenko* ein mutiger Rufer. Er ist später als Zeuge seines Glaubens zu seinem Herrn gegangen. Dieser seit Jahren im Dienst Christi geübte Redner verstand es, das Ohr des russischen Menschen zu erreichen, aber auch den Atheisten überzeugende Antworten zu geben. So schlossen die öffentlichen Versammlungen und Diskussionen nur zu oft mit einer Niederlage des Unglaubens. Einst rief einer der Gottlosen wütend in den Saal: „Ihr Baptisten seid schlimmer als zwanzig Orthodoxe. Wenn ihr die Menschen fanatisiert, dann ist nichts mehr mit ihnen anzufangen."

Da die geistigen Waffen anscheinend nicht mehr ausreichten, wurde im Laufe der Zeit mit Verboten und staatlicher Gewalt der Kampf gegen den Christenglauben fortgesetzt. Dennoch hatten bis dahin die Christen die Gelegenheiten ausgenutzt.

Der deutsche Baptistenprediger *Karl Füllbrandt* war im ersten Weltkrieg nach Sibirien verbannt worden. Er berichtet, wie es in der Gegend der sibirischen Stadt Omsk zu großen Erweckungen kam. Dort predigte der früherer Millionär *Masajew*, einer der Führer des russischen Baptistenbundes. Durch die Enteignungen hatte er sein großes Vermögen verloren und stand nun ganz im Dienste des Evangeliums. Es kam zu vielen Bekehrungen. Doch dieser Dienst wurde nicht nur durch den Bolschewismus und seinen Gotteshaß bedroht, sondern auch durch den Anarchismus im Reich. Bürgerkrieg und Räuberbanden, schließlich eine noch nie dagewesene Hungersnot im landwirtschaftlich so reichen Rußland lähmten das Reich.

Inzwischen hatte I. St. Prochanow den *„Allsowjetischen Bund der Evangeliumschristen"* gegründet, der neben dem Baptistenbund selbständig war, und als dessen Vorsitzender wußte er mit seiner großen Energie alle Möglichkeiten auszunutzen, um das Evangelium in der durch die Revolution gewonnenen Freiheit auszubreiten. Seine Stellung zur Revolution hat er in einem Bericht vom 6. 4. 1924 umrissen:

„Insoweit wir in der Revolution soziale und wirtschaftliche Reformen sahen, verhielten wir uns ihr gegenüber entgegenkommend. In gewisser Hinsicht sahen wir in ihr das Gericht Gottes über die Schuldigen. Oder wir hielten es für eine Läuterung, aus der Rußland erneuert hervorgehen müßte" (Gutsche, a. a. O., S. 102).

Allerdings, so betonte Prochanow, lösen die politischen und wirtschaftlichen Reformen noch nicht die religiöse Frage. „Dies alles ist äußerlich und gibt der Seele nichts. Die Seele, nicht der Leib, gestaltet das Leben. Darum muß für den Aufbau eines Lebens unbedingt ein geistliches Fundament gelegt werden."

Prochanow hatte noch den Optimismus, daß es nicht zu spät sei für eine geistliche Reform auch der orthodoxen Kirche. Er erhoffte von einer oppositionellen Priestergruppe ein offenes Ohr für das reformatorische Evangelium. Er hoffte besonders auf den Metropoliten *Antonin.* An diese reformfreudigen Priester wandte er sich mit einem „Evangeliumsruf", in dem er zuerst die Vergebung für alles das aussprach, was die Vertreter der Orthodoxie in den Zeiten der Verfolgung gegen die Stundisten getan hatten. Dann aber rief er sie auf, echte evangelische Reformen durchzuführen und die heilige Schrift zur Grundlage dazu zu machen. Er sagte die Fürbitte aller Gläubigen zu und machte den Vorschlag, in Leningrad wie in Moskau gemeinsame Gebetsversammlungen abzuhalten.

Dieser Aufruf wurde in hunderttausend Exemplaren verbreitet. Daraufhin bekam Prochanow die Einladung, in einer der ältesten Kirchen Moskaus zu predigen. Hier sagte er u. a.:

„Seht, Geschwister, heute ist ein Wunder geschehen vor meinen Augen. Vor mehr als dreißig Jahren habe ich in Petersburg einmal vorausgesagt, daß wir in der orthodoxen Kirche noch einmal das Evangelium verkünden würden. Niemand wollte es damals glauben — und heute ist es geschehen!"

Auch den Metropoliten Antonin von Moskau besuchte Prochanow damals und freute sich über seine Zustimmung zum Aufruf; und er freute sich erst recht, als der hohe Kirchenfürst aus seinem Bücherschrank ein Liederbuch, die „Gussli", herausholte, die Prochanow selbst einst herausgegeben hatte. Der Metropolit sagte: „Hier aus diesem Buche schöpfe ich täglich geistliche Speise für meine Seele." Auch bei der nun veranstalteten Gebetsversammlung in Moskau war der Metropolit anwesend und hielt eine Ansprache.

Im Frühjahr 1923 trat ein Konzil dieser Gegner des Patriarchen Tichon in Moskau zusammen. Weil dieses Konzil eine Ergebenheitsadresse an Lenin schickte, in der es die Revolutionsregierung — fünf Jahre nach der Revolution — als die von Gott gegebene Regierung anerkannte, wird es von den konservativen Kreisen der Orthodoxie das „rote Konzil" genannt. Auch Prochanow war eingeladen worden und hatte hier die Gelegenheit, in einem einstündigen Referat die Notwendigkeit einer echten evangelischen Reformation darzulegen.

Antonin und seine Anhänger kamen aber nicht zum Zuge. Es hat sich stets in der Kirchengeschichte gezeigt, wie bedenklich es ist, wenn politische und religiöse Motive vermischt werden. Das hat mancher „bekennenden" Bewegung geschadet. Es fehlte jene Entschlossenheit, mit der Luther bereit war, um der Reinheit des Evangeliums willen, alle sozialen und politischen Anhänger abzuschütteln, auch wenn ihm das viele Feinde einbrachte. Man denke an sein Abrücken vom Bauernkrieg.

Antonin hat auf seinem Totenbett seinen Mitarbeitern das Versprechen abgenommen, die Peter-Pauls-Kirche in Moskau, an der er amtierte, den Evangeliumschristen für ihre Versammlungen zur Verfügung zu stellen. Hier hat Prochanow in den folgenden Jahren oft gepredigt. Aber obwohl sich manche Priester der orthodoxen Kirche den Evangeliumschristen angeschlossen haben sollen, blieb die von Prochanow erhoffte Reformation aus. Dagegen hatte er im Ausbau des Bundes der Evangeliumschristen Erfolg. Trotz der großen Nöte des Bürgerkrieges und der Hungersnot wurden viele Evangelisationen und Bibelkurse gehalten. Besonders seit dem Jahre 1923, als sich die Verhältnisse in Rußland konsolidierten. Prochanow berief sich auf den 13. Artikel der Staatsverfassung, der nicht nur dem Atheismus, sondern auch den Gläubigen die Freiheit der „Propaganda" garantierte. Kein Bürger der USSR sollte wegen seiner Stellung zum Glauben irgendwelche Nachteile haben. Ja, es kam in der Folge auch ein Dekret heraus, daß sich bis zu 50 Personen auch in Wohnräumen zu Gottesdiensten versammeln durften. Außerdem bedrohte das Gesetz alle Störungen von Gottesdiensten. Wie sollten sich die Stundisten nicht darüber freuen! Daß dabei die örtlichen Behörden, wie einst in der Zarenzeit, weiter willkürlich handelten, erfuhr Prochanow am eigenen Leibe.

1921 sollte in Twer (heute: Kalinin) der 6. Jugendkongreß der Evangeliumschristen stattfinden. Eine Genehmigung der Regierung lag vor. Da die Lebensmittelversorgung in Petersburg zusammengebrochen war — 1921 war ein Hungerjahr —, reiste alles fröhlich in die Provinzstadt. Prochanow schreibt: „Alles ging ausgezeichnet — bis am dritten Tag eine Rotte mit Revolvern bewaffnet auftrat. Es folgte eine Untersuchung, und 43 Teilnehmer wurden mit militärischer Bewachung durch die Straßen abgeführt. Wir kamen in einen Keller des Exekutivkomitees, waren aber in bester Verfassung und sangen unaufhörlich. Der Vorsteher des Gefängnisses rief ganz erschrocken aus: ‚Solche Sträflinge habe ich noch nie gehabt!'. Bald entspann sich ein Streit zwischen dem Gefängnisaufseher und der singenden Jugend. Jener befahl ihnen: ‚Hört auf zu singen!' aber die Jugend opponierte. Schließlich mußte jener nachgeben: ‚Singt! Nur seid still, wenn ich bei der Arbeit bin.' Hier gab die Jugend nach, dafür aber hörte in der Zwischenzeit das Singen nicht auf. Alle Gruppen lösten sich ab; wenn die eine aufhörte, begann die andere zu singen. Die Lieder erfüllten alle mit Freude und Jubel. Das ging soweit, daß die Soldaten anfingen mitzusingen. Das beschleunigte den Beschluß des Komitees. Nach zehn Tagen wurde der größte Teil von uns mit schriftlicher Verpflichtung, das Gericht abzuwarten, entlassen. Zwölf Männer wurden zur Zwangsarbeit verurteilt. Drei ältere Brüder ereilte das Schicksal: Drei Jahre Zwangsarbeit im Gouvernement Wladimir. Wir wurden in Lager geführt, wo wir an den Abenden Versammlungen abhielten und sogar eine Bibelschule eröffneten. Die erste im Exekutivkomitee! In geistlicher Hinsicht war all das Durchlebte für uns recht nützlich. Auch wurde dadurch der Evangelisation gedient. Alle interessierten sich für die evangelische Bewegung, und viele haben sich später bekehrt. So wurde ein geistlicher und ein bürgerlicher Sieg errungen. Das Allrussische Exekutivkomitee fand unsern Arrest als unberechtigt. Es wurde eine Delegation zur Untersuchung unseres Falles herübergeschickt. Kalinin, der Präsident der Sowjetrepublik, gewann für uns Interesse. Die Untersuchung ergab, daß alles von zwei Personen ausging: von Spitzberg, einem fanatischen Atheisten, und dem Priester Winogradow, der ebenfalls recht fanatisch war und neben seinem geistlichen Amt einen Posten in der roten Behörde versah. Als sich herausgestellt hatte, daß unsere Verhaftung unrechtmäßig war, da wir eine Genehmigung für diese Konferenz besaßen, wurden wir befreit, Spitzberg entlassen und Winogradow verhaftet. Er blieb in Moskau sechs Monate in Haft, während die Frage erörtert wurde, ob es möglich sei, gleichzeitig Geistlicher und Beamter in der Tscheka zu sein. Die Antwort fiel negativ aus, und Winogradow wurde aus seiner Stellung bei der Regierung entlassen. Derartige Verhaftungen und Verfolgungen durch örtliche Behörden kamen noch häufig vor. Aber das waren Ausnahmefälle, die aus Unkenntnis der Gesetze begangen wurden" (Gutsche, a. a. O., S. 103 f.).

Prochanow war gewohnt, solche Zwischenfälle aus Gottes Hand zu nehmen. Das war die Stärke dieser Christen: Sie wußten ihre Haare von Gott gezählt und gingen in seinem Namen auch in Not und Tod.

Gerhard Fast, ein mennonitischer Lehrer, wurde von der Tscheka in das gefürchtete Butyrka-Gefängnis in Moskau eingeliefert. Während seiner schweren Haft erlebte er auch die Einweisung zweier Prediger der Evangeliumschristen. Das erste, was diese sagten, war: „Wir sind von Gott hierher abkommandiert, um hier die frohe Botschaft von Jesus Christus zu bezeugen." Das taten sie nun Tag für Tag zur Stärkung der durch die schwere lange Haft entmutigten Mitgefangenen. Als einer der Brüder um dieser Tätigkeit willen in eine andere Abteilung des Gefängnisses übergeführt wurde, sagte der Zurückbleibende: „Wahrscheinlich fehlt dort drüben das Evangelium. Darum ist mein Bruder von Gott dorthin geschickt worden." Gegen solch einen Geist war schwer anzukommen.

Prochanow wußte, daß keine apologetische Arbeit und keine noch so gute Organisation, zu der er große Fähigkeiten hatte, Glauben und Erneuerung des Lebens schaffen konnten. Bei seinen Studien und Reisen im Westen erkannte er noch deutlicher, daß der Glaube allein aus dem Wort und aus der Predigt erwächst. Er hat eine lange Ode auf Martin Luther gedichtet, an dem er rühmte, daß er die Kraft des Wortes Gottes erkannt und den Zugang dazu neu geöffnet habe. In einem persönlichen Gespräch sagte er uns einmal: „Ihr Lutheraner wißt ja gar nicht recht, was Ihr eurem Luther zu danken habt." Und weil auch er alles von der Kraft des Bibelwortes erwartete, tat er alles, um dieses Wort zu verbreiten und zu lehren; auch seine dichterische Begabung stellte er in den Dienst des Wortes.

Da die Verlagsarbeit in Petersburg durch den Bürgerkrieg unterbrochen war und auch die Druckerei des Synods den Bibeldruck einstellte, versuchte Prochanow, Bibeln aus dem Westen zu erhalten. Bis zum Jahre 1924 hat der Missionsbund „Licht im Osten" in Verbindung mit der Britischen und Ausländischen Bibelgesellschaft in London große Bibelsendungen nach Rußland schicken können, die ihr Ziel auch erreichten. Im Missionsblatt „Dein Reich komme", das der Missionsbund herausgab, schreibt der Vertreter der Bibelgesellschaft in Reval, der Hauptstadt der damals freien Republik Estland, nachdem die Bibelsendungen zu stocken schienen: „Jetzt ist die Erlaubnis eingetroffen, nach Rußland folgendes auszuführen: 5000 Evangelien, 5000 Bibeln, 1000 Stück ‚Gussli' (Liederbücher), 1000 ‚Geistliche Lieder'." Leider schlug diese Tür im Jahre 1924 endgültig zu. Um so mehr bemühte sich Prochanow, im Lande selbst das Wort zu drucken und zu verbreiten.

Nach dem Bericht von Shidkow sen., dem Präsidenten des „Allrussischen Bundes der Evangeliumschristen", erschienen 1918 und 1920 zwei Auflagen der Sammlung „Ausgewählte evangelische Lieder". Dann schuf Prochanow seine große Sammlung „Geistliche Lieder" mit 1237 Liedern — „das damals vollständigste Gesangbuch"; viele dieser Lieder waren von Prochanow selbst gedichtet. Es war die „Die Zehnersammlung" („Djesjatisbornik"), weil es zehn früher vorhandene Sammlungen vereinigt. Das Buch wurde 1924 in Lodz von der Gesellschaft „Kompaß" gedruckt. 1927 erschien in Leningrad eine zweite Auflage (25 000 Exemplare), herausgegeben von Prochanow und Shidkow. Prochanow schrieb im Vorwort:

„Diese Ausgabe ist dazu bestimmt, allen Anforderungen der christlichen Kirchen hinsichtlich der geistlichen Lieder gerecht zu werden. Bis jetzt gab es nur wenige Lieder für die gläubige Jugend. Möge diese Lücke ausgefüllt werden durch die Lieder der Sammlung ‚Davids Hirtenflöte'. Es gab überhaupt keine Lieder für unsere Schwestern. Immer häufiger wurde nach solchen Liedern verlangt. Dem ist Abhilfe geschaffen worden durch die Sammlung: ‚Lieder der Hanna'. Die Sammlung ‚Lieder der ersten Christen' wurde so zusammengestellt, daß sie die Gläubigen gleichsam in die ersten Jahrhunderte des Christentums zurückversetzt. Das wäre nicht einmal nötig gewesen, denn die heutige evangelische Bewegung in Rußland ist ein Wiederaufleben des Urchristentums, das heißt: des Christentums aus der Zeit der Apostel. Schließlich entstanden die ‚Lieder aus der Tiefe' über die schweren

Probleme des christlichen Glaubens und Lebens. Sie werden sich die Liebe der tief religiös empfindenden Menschen erwerben. Die Brüder und Schwestern werden in diesen Sammlungen Lieder für alle Ereignisse ihres Lebens finden.

Rückblickend erkennen wir, welch machtvolles Mittel der Verbreitung der evangelischen Bewegung in Rußland das geistliche Lied gewesen ist. Wir sind fest davon überzeugt, daß das evangelische geistliche Lied auch in Zukunft die Herzen der Gläubigen zu Taten der Liebe und zu Heldentaten des Glaubens und christlicher Frömmigkeit entflammen wird.

So singt denn, ihr Brüder und Schwestern, auf daß alles Leben in eurer Nähe anhebe, dem Lob zu singen, der allein es verdient."

Damit war aber die Herausgabe von geistlichen Liedern nicht abgeschlossen. 1926 war eine kleine Sammlung von 549 Liedern unter dem Titel „Die Glaubensstimme" (*Goloss wjery* ") in einer Auflage von 15 000 erschienen. In Charkow erschien in zwei Auflagen (1924 und 1928) vom „Allukrainischen Bund der Baptisten" das Ukrainische Liederbuch „Die Harfe" (*Arfa* "). Noch im Jahre 1927 wurde ein Notenwerk in drei Bänden für das „Zehnerwerk" herausgegeben. Dazu noch einige kleine Liedersammlungen.

Wir merken aus alledem, daß die Gemeinden die Mahnung des Apostels ernst nahmen: „Redet untereinander mit Psalmen und Lobgesängen und geistlichen Liedern, singet und spielet dem Herrn in euren Herzen."

Aus amerikanischen Gaben wurde für das Jahr 1927 ein christlicher Kalender *Evangelischer Ratgeber* " in einer Auflage von 15 000 Stück gedruckt. Die Zeitschrift „Der Christ" (*Christjanin* ") erschien monatlich in einer Auflage von 15 000 Exemplaren. In Leningrad — der neue Name für Petersburg seit 1924, nachdem zehn Jahre vorher, 1914, aus Petersburg Petrograd geworden war — wurden alljährlich siebzig Brüder durch Bibelkurse geschult. Die Zahl der sich Anmeldenden stieg auf das Dreifache. Die Anfrage und der Bedarf waren groß, darum beschränkte Prochanow die Ausbildung auf ein Jahr. Pläne zur Erweiterung dieser Predigerschule fanden leider keine Erfüllung mehr.

Aber nicht nur des eigenen Volkes wurde hierbei gedacht. Noch lebten in Sibiriens Nordbezirken Heiden, die nie das Evangelium gehört hatten. Andererseits gab es unter vielen Völkern des Reichs schon kleine evangelische Gemeinden. So unter den Mordwinen, den Tscheremissen und den Tschuwaschen diesseits des Urals und unter den Jakuten und

Wotjaken Sibiriens und erst recht unter Armeniern, Georgiern und Ossetinen des Kaukasus. Das Erntefeld war unübersehbar groß.

Prochanow selbst erzählte, wie ihm eines Tages ein junges gläubiges Mädchen von noch nicht zwanzig Jahren — es war wohl die eigene Haustochter — sagte, sie fühle den Ruf nach Sibirien zu den Jakuten, deren Hauptsiedlung Jakutsk 1500 km nördlich von der sibirischen Eisenbahn lag. Obwohl viele vernünftige Leute dem jungen Menschenkind den Plan ausreden wollten, hat Prochanow sie doch zu diesem Missionswerk eingesegnet. „Ich kann niemand hindern, der unter dem Befehl des Herrn Christus steht", so etwa sagte er uns. Kurzum, das junge Mädchen machte sich auf die Reise durch die Taiga, den Urwald und die Tundren, das nördliche Sumpfland Sibiriens. Einige Jahre hörte man nichts von ihr. Dann schrieb sie, die Zahl der Glaubenden und Erweckten sei inzwischen so groß geworden, daß eine Anzahl Taufen notwendig seien, zu denen sie sich nicht bevollmächtigt fühle. Es solle doch ein Bruder kommen, damit eine geregelte Gemeinde entstünde. Prochanow schreibt: „Dank ihrem vorbildlichen Lebenswandel und ihrer selbstlosen Liebesarbeit, die auch die niedrigsten Dienste in den Hütten der Jakuten nicht scheute, erwarb sie sich bald die Liebe der Einwohner." Ein Bruder wurde nachgeschickt, und eine Gemeinde der Glaubenden entstand.

Unter den Ostjaken, einem wilden Samojedenstamm im äußersten Norden Sibiriens, arbeiteten einige Brüder, die mit Erfolg versuchten, diese nomadisierenden Stämme seßhaft zu machen. Diese Brüder waren allerdings schon 1913 ausgezogen und blieben ohne Unterbrechung vierzehn Jahre dort abgeschnitten von aller Kultur. Als sie im Jahre 1927 zum ersten Mal nach Tomsk, der Bahnstation, kamen, stellte sich heraus, daß sie weder vom Weltkrieg noch von der Revolution etwas gehört hatten. Dagegen waren unter den wilden Ostjaken eine Anzahl Bekenner Jesu gewonnen worden.

Aus dem kaukasischen Bergvolk der Ossetinen, die, zum Teil Moslim, zum Teil orthodox, im neunzehnten Jahrhundert den russischen Eroberern heftigen Widerstand geleistet hatten, lernten wir einen edlen Vertreter in Wernigerode kennen. Es war Herr *Kapo-Bajew*, der ehemalige Bürgermeister der großen Stadt Wladikawkas, ein fein gebildeter Ossetine. Er war durch die Revolution vertrieben worden. Beim Abschied sagte er zu den Vertretern seines Volkes: „Ich gehe zwar in die Fremde, aber ich will alles tun, um euch das Wertvollste zu vermitteln, was es auf Erden gibt — das Wort Gottes." Und nun saß er in den Harzer Bergen wie einst Martin Luther auf der Wartburg und übersetzte die Bibel in seine Muttersprache. In dieser gab es bisher nur die vier Evangelien. Später zog er nach Berlin-Friedenau und wohnte im Hause der Goßnerschen Mission. Hier starb er während des zweiten Weltkrieges. Bei seiner Beerdigung rühmte die Hausleitung des Missionshauses, er wäre der gute Geist des ganzen Hauses gewesen, den alle wie einen Vater liebten.

Selbst in diesen Jahren relativ freier Betätigung waren die Brüder — besonders jene in führender Stellung — dauernd bedroht. Das erfuhr auch Prochanow. Es war wohl im Jahre 1922, doch ist das Jahr nicht gewiß. Die öffentliche Unsicherheit entstand besonders dadurch, daß die politische Polizei, die Tscheka, fast freie Hand hatte. War die Machtübernahme durch die Bolschewisten im Jahre 1917 fast ohne Blutvergießen geschehen, so ging die Zahl derer, die aus oft kaum begründeten Anklagen erschossen wurden, bald in die Zehntausende, ja Hunderttausende.

So kamen auch Prochanow und sein Sekretär *Dubrowskij* in das gefürchtete Moskauer Butyrka-Gefängnis. Er schreibt aus dieser Zeit:

„Das war ein wunderbares Feld für die Aussaat des Evangeliums. Ein Beispiel: Wir treten in eine Zelle; eine furchtbare Atmosphäre, da ständig die verschiedensten Flüche zu hören sind. In einer Woche ist die Luft in der Zelle derart verändert, daß nicht ein böses Wort mehr zu hören ist. Ja, die Menschen beginnen eine besondere Umsicht und Reinheit an den Tag zu legen. Anstatt Karten zu spielen, beginnen sie, religiöse Gespräche zu führen. Immer widmen wir unsere besondere Aufmerksamkeit den Fluchenden, appellieren an ihr menschliches Ehrgefühl, erinnern sie an die Tage ihrer Jugend und Kindheit. Wenn dann das Gewissen erwacht war, begannen sie dem Worte Gottes zuzuhören. Fast alle versprachen, nicht mehr zu schimpfen. Wir bemühten uns, für sie Bücher zu besorgen. In einer Zelle waren fünfzehn Konterrevolutionäre. Sie interessierten sich für uns und baten mich, einen Vortrag zu halten. Ich tat es. Sie wurden ergriffen, begannen eine Aussprache, und ich fand Nachfolger. Ich sagte ihnen, daß die höchsten sozialen Probleme nur auf dem Wege der sittlichen Wiedergeburt einzelner Personen zu lösen seien. Fast alle versprachen, in evangelische Versammlungen zu gehen, und einige von ihnen fingen an zu beten."

Prochanow wurde von der Staatspolizei genötigt, die Anerkennung der Sowjetregierung durch die Evangeliumschristen auszusprechen.

Heute scheint uns dieser Schritt nicht so bedeutungsvoll. Wer aber Revolutionsjahre erlebte, weiß, in welche Konflikte wir in solchen Zeiten kommen können. Welche Regierung ist nun die gesetzliche? Es gab im vorigen Jahrhundert eine Richtung der sogenannten Legitimisten, die jede Revolutionsregierung als widergöttlich ablehnten. Ludwig von Gerlach, der tapfere Streiter für das Evangelium, machte Bismarck den Vorwurf, daß er mit Napoleon III. verhandelte, der ein gesetzwidriger Revolutionär sei; Bismarck erwiderte, daß dann auch mit Schweden kein Kontakt erlaubt sei, da auch die Familie Bernadotte nicht die legitime Dynastie in Schweden sei. Man wird dem Realpolitiker Bismarck recht geben müssen. Bei uns im Westen hat man damals gemeint, Prochanow den gleichen Vorwurf machen zu müssen, da er Frieden mit der Revolutionsregierung schloß. Weil diese Frage auch prinzipiell von großer Wichtigkeit ist, bringen wir hier Prochanows Aufzeichnungen, wie Gutsche sie uns überliefert (a. a. O., S. 113 ff.):

„Ich erklärte meine Stellung zur roten Regierung, wies auf Römer 13 hin und sagte, daß die Ideale der Sowjetregierung dem Christentum nahe ständen, da die Ideen des reinen Kommunismus dem zweiten Kapitel der Apostelgeschichte entsprächen, und daß die Achtung der Arbeitenden durch die anderen auch vom Apostel Paulus gefordert würde, der da sagt: ‚Wer nicht arbeitet, soll auch nicht essen.' Die Liebe zu den sich Mühenden und Beladenen sehen wir bei Christus selbst. Allein der Untersuchungsrichter beschränkte sich nicht auf eine mündliche Aussprache, sondern forderte von mir auch eine schriftliche Erklärung, und zwar im Laufe von fünf Tagen. Zum Schluß berichtete er mir eine mich erschreckende Neuigkeit: Fünf Vertreter des Bundes der Evangeliumschristen wären beim Vertreter des Allrussischen Exekutivkomitees, Smidowitsch, erschienen und hätten die Erklärung abgegeben, daß sie durchaus nicht derselben Meinung seien, wie ich sie in der ‚Stimme vom Osten' dargelegt hätte; ja sie wären hierüber derart entrüstet, daß sie mich nicht einmal besuchen wollten. Ich konnte diesen Worten kaum glauben und sagte: ‚Das ist unwahrscheinlich. Ich glaube das erst dann, wenn ich sie selbst sehe.' ‚Das ist unmöglich, die wollen Sie nicht sehen', war die Antwort. Wir wurden in einem geschlossenen schwarzen Wagen, der bei den Gefangenen die Bezeichnung ‚schwarzer Rabe' trug, zurückgefahren. Ich legte eine schriftliche Erklärung nieder und erschien nach fünf Tagen wieder. Beim Eintreten in das Empfangszimmer erblickte ich Bruder Andrejew und den Vertreter in bürgerlichen Zivilangelegenheiten in Moskau. Andrejew erzählte, daß er zur GPU (Tscheka) vorgeladen wäre und ihm die Frage vorgelegt worden sei, ob die Evangeliumschristen offen eine Erklärung über ihre Stellung zur Sowjetregierung abgeben könnten. Er und andere Brüder hätten darüber in Petersburg gesprochen und wären übereingekommen, sich prinzipiell für die Anerkennung der Sowjets und des Kriegsdienstes zu äußern.

Der Untersuchungsrichter las mein Schreiben vor und sagte scharf, daß das nicht genüge. Ich antwortete, daß ich nicht mehr schreiben könne. Darauf kam ich aufs neue ins Gefängnis. Geistig war ich frisch und schrieb sogar im Gefängnis zwei geistliche Lieder. Aber körperlich war ich stark mitgenommen und die Nerven angegriffen. Zweimal fiel ich in Ohnmacht, schenkte aber meiner Schwäche keine besondere Aufmerksamkeit. Nun verlegte man mich allein in das Innere des Gefängnisses. Die Einzelhaft hatte zwar ihre Vorzüge, beeinflußt aber die Stimmung des Menschen. Ich verlor den Schlaf, den Trost eines Gefangenen, gänzlich. Die Nerven waren bis zum Äußersten angespannt, und nichts brachte Ruhe. Zwei- bis dreimal kam der Untersuchungsrichter zu mir und erklärte, daß eine Klarstellung unseres Verhältnisses zur Regierung unbedingt nötig sei und die Brüder wohl damit einverstanden wären. Einmal brachte er ein Schriftstück bittenden Inhalts, adressiert an die Evangeliumschristen; ich sagte mich jedoch davon los. Als er aber darauf erwiderte, daß die andern damit einverstanden seien, begann ich zu beten. Hatten die Brüder sich tatsächlich einverstanden erklärt? Wenn sie einverstanden waren, dann sollte es so gut sein. Nach einiger Zeit sah ich mich mit etlichen Brüdern, die mir erzählten, daß sie bereit seien einzuwilligen, wenn man diese an uns gerichtete Bittschrift nicht als eine Erklärung, sondern als Einladung zu einer Konferenz ansehe. Ich war in einer sehr gedrückten Lage und konnte mich nur einverstanden erklären in der Hoffnung, daß es sich lediglich um die Einladung zu einer Konferenz handele, daß die Frage endgültig aber erst auf einem Allrussischen Kongreß beschlossen werden würde. Eine Motivierung zur Unterschrift bildete der Umstand, daß zwischen den Evangeliumschristen selbst in dieser Frage Uneinigkeit herrschte. Außerdem dachte ich, daß die Brüder in der Freiheit sich in jeder Hinsicht besser zurechtfinden würden, als ich in der Gefangenschaft" (Gutsche, a. a. O., S. 11 ff.).

Dieser Bericht Prochanows enthält manche Unklarheiten, die zum Teil auf eine mangelhafte Übersetzung zurückgeführt werden könnten. Dahinter steht aber der schwere Vorwurf, der ihm von Christen des Westens, auch im Baltenlande, gemacht wurde: Er hätte mit den Bolschewisten Frieden geschlossen. In jenen Jahren hofften viele, daß das bolschewistische Regime bald verschwinden würde. Offenbar haben die Evangeliumschristen klarer gesehen. Prochanow war gewiß kein Freund des Bolschewismus. Andererseits war er um des Evangeliums willen in Opposition gegen den Absolutismus des alten Zarenreichs. Er war zu lange in Westeuropa und Amerika gewesen, um nicht zu wissen, was eine freiheitliche Regierung bedeutete. An seinen zähen Verhandlungen erkennt man, daß er den diktatorischen Charakter des Bolschewismus auch noch nicht erkannt hatte. Dank den listigen Untersuchungsmethoden, die, wie so oft, Aussagen Abwesender zur Beeinflussung des Gefangenen benutzten, hat sich Prochanow dann zu einer gewissen Anerkennung der Regierung genötigt gesehen. Diese Fragen, auch die brennende Frage der Beteiligung am Kriegsdienst, die für die tolstojanisch beeinflußten Stundisten nicht einfach war, wurden dann auf dem Stockholmer Baptisten-Kongreß öffentlich verhandelt. Darüber berichtet Prochanow:

„Zu dieser Zeit fand in Stockholm der Kongreß der Baptisten statt, auf dem der Beschluß gefaßt wurde, den Kriegsdienst in allen seinen Formen anzuerkennen, aber eine Stellungnahme hierzu den einzelnen und ihrem Gewissen zu überlassen. Nach Rückkehr vom Kongreß erschien ich aufs neue beim Untersuchungsrichter und teilte ihm mit, daß wir vor einer öffentlichen Bekanntgabe unserer Stellung einige wesentliche Veränderungen vorzunehmen gedächten. Der Untersuchungsrichter zeigte Entgegenkommen. Es wurde versprochen, am Montag eine Versammlung einzuberufen, um die notwendigen Änderungen vorzunehmen. Aber schon am Sonntag war der Aufruf gedruckt, und dazu noch ungenau. Wesentliche Ausdrucksformen waren ausgelassen und neue unliebsame eingefügt. Wir beschlossen, gemeinsam zu beten, daß Gott auf unserem Kongreß alles klären möchte und uns Gelegenheit gäbe, alles richtigzustellen. Dieser Kongreß war für die Zeit vom 1.–10. September (1923) in Petersburg anberaumt. Es waren fast 340 Teilnehmer anwesend. Wir erklärten alles umständlich und versicherten, daß der Aufruf keine Deklaration, sondern nur eine Einladung zu dieser Konferenz und der Hinweis auf jene Fragen sei, die wir zu besprechen gedächten.

Alle Fragen beurteilten wir vom Standpunkt des Wortes Gottes. Die Frage nach dem Verhältnis zur Regierung wurde sehr einfach gelöst, und zwar aufgrund von Römer 13. Paulus schrieb diese Worte im Blick auf die heidnische Gewalt und die grausamen Imperatoren. Der Gedanke der Macht stammt von Gott, und er sendet die verschiedenen Regierungen zur Durchführung bestimmter Zwecke. Natürlich hat auch die Sowjetregierung ihren gewissen Zweck. Der Kongreß nahm diesen Punkt einstimmig an.

In zweiter Linie wurde die Frage des Kriegsdienstes besprochen und fast augenblicklich auch in dieser Frage Einigkeit erzielt. Der Beschluß lautete: Wir betrachten den Kriegsdienst gemäß den waltenden Gesetzen als eine Pflicht, überlassen es aber jedem Christen, darin nach seinem Gewissen zu handeln. Diese Formel beruht auf unserer Glaubenslehre. Wir sehen den Kriegsdienst für unsere Aufgabe an, haben aber brüderliche Gemeinschaft mit denen, die darin anders denken. Wir haben in unserer Formel auch jene in Schutz genommen, die den Waffendienst mit ihrem Gewissen nicht vereinbaren können. Der Ausdruck ,gemäß den waltenden Gesetzen' weist auf jene Artikel des Gesetzes, kraft deren Menschen ihrer religiösen Überzeugung nach vom Kriegsdienst freigesprochen werden können. Einige äußerten sich positiv, andere ablehnend. Kargel bekannte sich zur vollen Anerkennung des Kriegsdienstes. Die Resolution wurde von einer bedeutenden Mehrheit angenommen.

Wie stand nun die Sowjetregierung dazu? Sie verstand den Beschluß durchaus richtig, und in vielen Fällen wurden Brüder, denen der Waffendienst unmöglich war, gänzlich befreit. Noch vor meiner Abreise ins Ausland wurde mir mitgeteilt, daß in Minsk ein Bruder aufgrund dieses Protokolls vom Dienst befreit wurde.

Diese Beschlüsse zeitigten unerwartete Erfolge. Erstens: Bis dahin war sich die Regierung über unsere Einstellung ihr gegenüber immer noch nicht klar. Zweitens aber verdächtigten uns die orthodoxen Kreise der politischen Unzuverlässigkeit. Nun klärte sich alles. Früher war es den Predigern bei Verhaftungen nicht leicht, ihren biblischen Standpunkt klarzulegen. Nun kann jeder den Fragern unsere Resolution entgegenhalten, und alles wird sehr einfach gelöst. Kein einziger Bote des Evangeliums begegnet heute in seiner Tätigkeit irgendwelchen Hindernissen.

Dasselbe haben auch die Baptisten durchgemacht. In Moskau fand ihr Kongreß statt, und ihre Beschlüsse decken sich mit den unsrigen.

Die Regierung hat die Stellung der Evangeliumschristen und Baptisten zu ihr ersehen wollen. Jetzt hat sie sich beruhigt, und dank dieser Tatsache haben sich unbegrenzte Möglichkeiten für die Evangelisation ergeben. Erst jetzt ist die wahre Religionsfreiheit eingetreten. Es bestehen keine Bedrückungen mehr; man kann Versammlungen veranstalten, wo und wann man will. Man kann anstandslos Gemeinschaften und Vereine gründen."

Mit diesem Optimismus in der Beurteilung der Lage fuhr Prochanow in den Westen, um die Christen auf ihre Verantwortung für die Evangelisationstätigkeit der Stundisten aufmerksam zu machen und sie zur Mithilfe zu gewinnen. Es war für ihn eine schwere Enttäuschung, daß ihm die Rückkehr nach der Sowjetunion nicht erlaubt wurde. Er reiste noch nach Amerika, Bulgarien und durch Deutschland und ist am 6. Oktober 1935 in Berlin gestorben. Wir haben ihn wie einen König zu Grabe getragen.

II. NACH DEM TODE LENINS

Vergleicht man den Vater der russischen Revolution, *Wladimir Iljitsch Uljanow*, genannt *Lenin*, mit seinem georgischen Nachfolger *Joseph Wissarionowitsch Dschugaschwili*, genannt *Stalin*, der Stählerne, so muß man zugeben, daß Lenin auf Ordnung und Gesetzmäßigkeit im Volke drang und der Bürgerkriegszeit mit ihrem Anarchismus ein Ende zu bereiten suchte. So große diktatorische Vollmachten Lenin auch hatte, so blieb es doch seinem Nachfolger Stalin überlassen, in völliger Willkür regiert zu haben. Lenin starb am 21. Januar 1924, war aber schon im Jahr vorher schwerkrank und konnte die Regierungsgeschäfte nicht mehr führen. Obwohl er ernste Sorgen um die Nachfolge in der Leitung des Staatenbundes hatte, konnte er es nicht verhindern, daß wenige Jahre nach seinem Tode Stalin Alleinherrscher in der SU wurde. Damit begann eine neue schwere Leidenszeit für die Stundisten in allen ihren Verzweigungen.

Es ist hier nicht die Aufgabe, den zwielichtigen Charakter dieses durch keine ethischen Grundsätze gebundenen Menschen zu schildern. Uns interessiert hier Stalins Politik, soweit sie für die Glaubensfreiheit von Folgen war. Und diese Folgen waren erschreckend, wenn Stalins Politik auch nicht sofort als antichristlich erkennbar war.

Schon seit 1922 war Stalin Generalsekretär des Zentralkomitees der Partei, 1929 mußte sein Gegenspieler Trotzki Rußland verlassen. Dann beseitigte Stalin die weiteren Köpfe der bolschewistischen Partei durch Schauprozesse, bis er die praktische Alleinherrschaft über die SU erreicht hatte. Mit dem Jahre 1928 hatte die Leidenszeit der Glaubenden aufs neue begonnen.

Die Fünfjahrspläne Stalins waren das Instrument, durch das er das gesamte Volk auf seine ideologische Linie zwang. Die Zwangskollektivierung führte zur Ausrottung der selbständigen Bauern. Bei der Revolution 1917 hatte Lenin mit der Parole „Alles Land den Bauern" die Mehrheit des Volkes für sein Programm gewonnen. Jetzt wurde die bäuerliche Bevölkerung ausgerottet, soweit sie an Hof und Besitz festhalten wollte. Die „Kulaken", wie man die freien Bauern nannte, wären das Hindernis zur Beglückung des Volkes mit einer sozialistischen Agrarpolitik, hieß es.

Stalin ließ es „zu einer Radikalisierung der Revolution kommen, wie sie die Welt bis dahin nicht gesehen hatte" (Gutsche). Vor 1928 war die Partei noch mit inneren Kämpfen beschäftigt. Deshalb konnten bis dahin die Gläubigen weithin die Gemeinden bauen und zu Christus rufen. Doch blieb die Zielsetzung der Partei der Kampf gegen alle Religionen. Neben Marzinkowskij wurden auch die führenden Tolstojaner *Bulgakow* und *Tschertkow* ausgewiesen. Letzterer starb noch in Moskau vor der Ausreise. Prochanow nutzte seine guten Beziehungen zum Westen, um große Mittel für den Bibeldruck zu beschaffen. Diese harte Valuta aus dem Westen konnte die Regierung gut brauchen, darum wurde er nicht gehindert. 1926 druckte er noch 25 000 Bibeln in Leningrad, 1927 10 000 ukrainische Bibeln in Kiew, 25 000 Neue Testamente in Leningrad und 10 000 Bibelkonkordanzen. Außerdem noch 40 000 Kalender. Gewiß sind diese Zahlen im Blick auf die Größe des Landes unzureichend, aber doch sprechen diese Tatsachen für Prochanows unermüdliche Energie. Darüber hinaus wurden von den Bibelgesellschaften des Westens damals große Mengen von Bibeln eingeführt. Zusammen mit den stets tätigen deutschen Mennoniten war eine Missionsgesellschaft gegründet worden, die sich „*Majak*" („Leuchttum") nannte. Über ihre stille Tätigkeit sind begreiflicherweise nicht viele Nachrichten erhalten. Damals reiste der alte Baptistenbruder Wassily G. Pawlow als Missionar zu den mohammedanischen Tataren nach Baku.

Die Regierung versuchte, den antireligiösen Kampf zuerst auf „privater" Basis durchzuführen. Sie unterstützte den von Jaroslawskij gegründeten „Bund der Gottlosen". Seine frivole und plumpe Art konnte freilich die Front der Stundisten nicht zum Wanken bringen. Es gab sogar spürbare Rückschläge für ihn, bis Stalin auch diese Propaganda und den Kampf gegen allen religiösen Glauben zur Staatsangelegenheit machte. Im Juli 1928 konnte der Präsident des russischen Baptistenbundes, *Odinzow*, den Weltkongreß der Baptisten in Toronto (Kanada) besuchen, wo auch Prochanow anwesend war. Auf einer russischen Missionskonferenz in New York, die sich anschloß, gab Odinzow einen Bericht über die Lage der Evangelischen in Rußland, der noch sehr optimistisch klang.

„Auf dem Hintergrund orthodoxer Stimmungen einer geistlich regen Volksmasse von 114 Millionen wächst die Evangeliumsbewegung. Um die Seele des Volkes brennt ein stiller Kampf, und der Volkskommissar Lunatscharskij stellt in seinen Vorträgen die Frage: Wer wird siegen, der Baptismus oder der Kommunismus? Die Anzahl der Baptistenmitglieder ist nicht groß, rund 200 000, die der Evangeliumschristen noch weniger, jedenfalls nicht mehr als die der Baptisten. Dafür ist der Einfluß beider gewaltig. Millionen besuchen unsere Versammlungen. Die Gottlosen zittern. Der Kampf mit den Gottlosen ist an der ganzen Front im Gange. Sie organisieren sich nach dem Muster unserer Gemeinden. Die Zellen tragen Mitglieder ein und verpflichten sie, nicht zu trinken, nicht zu rauchen, nicht Karten zu spielen. Für schlechtes Betragen werden sie ausgeschlossen. Sie, die Gottlosen, sagen: Wir werden es unter Beweis stellen, daß wir ohne Gott ebenso leben können wie die Baptisten mit ihrem Gott! Doch der Einfluß des Gottlosen nimmt ab. Die Auflage ihrer Literatur fiel von 400 000 auf 70 000. Antireligiöse Umzüge und Disputationen haben schon an vielen Stellen aufgehört. Wer wird siegen? Kein anderer als der Nazarener!" (Gutsche, a.a.O., S. 61 f.)

Wenn Optimismus ein Zeichen von Jugendfrische ist, wird man diese den Stundisten nicht absprechen können. Damals hatten die russischen Baptisten etwa 3 200 Gemeinden, 3 700 Prediger, 1 100 Versammlungshäuser. Der Bund der Evangeliumschristen war etwa ebenso groß.

Vor seiner Ausreise plante Prochanow allen Ernstes noch einmal eine christlich kommunistische Mustersiedlung, die er „die Sonnenstadt" oder „Jewangelsk", die Evangeliumsstadt, nennen wollte. Bei seiner ausgezeichneten Kenntnis des Reiches hatte er diesmal in Westsibirien schon das passende Land dazu gefunden und machte 1927 auf dem 10. Kongreß der Evangeliumschristen seinen Plan bekannt. Eine Zustimmung der Regierung erreichte er aber nicht, da diese in ihren Schubfächern schon den Plan der kommenden Zwangskollektivierung des gesamten Bauernstandes liegen hatte.

Dieser ganzen hoffnungsvollen Entwicklung machte Stalins Faust ein furchtbares Ende.

Der Anfang des ersten Fünfjahrsplanes *Stalins* (1879—1953) lag auf dem 1. Oktober 1928. Die Bolschewisten nennen dieses Datum nicht zu Unrecht den Anfang eines zweiten Umsturzes. Nach den Worten des Diktators aber hieß es: Der sozialistische Aufbau. Es ging neben der Sozialisierung der Landwirtschaft um den Aufbau einer Schwerindustrie. Es ging um die Aufrüstung und um die wirtschaftliche Unabhängigkeit vom Ausland. Aber ein weiteres Ziel war: Die Vereinheitlichung der Weltanschauung bei allen Sowjetbürgern. Die Menschen, die bisher ein Privatleben lebten, sollten Kollektivmenschen werden. Das nannte man die Überwindung des kapitalistischen Denkens. In Wirklichkeit war es Gewissensversklavung. Das hatte die schwersten Folgen für die evangelischen Gläubigen. „Ursache eines Meeres von Leid und Tränen", nennt es Woldemar Gutsche, ein guter Kenner der Vorgänge. Da der Holzexport in den Westen die nötigen Devisen schaffen sollte, entstanden in den nördlichen Wäldern die großen Zwangsarbeitslager. Arbeitskräfte die nichts kosteten, gewann der Staat dadurch, daß Millionen von Sowjetbürgern als kapitalistisch verdächtigt zur Zwangsarbeit verurteilt wurden. Dazu gehörten auch die freien Bauern und Hofbesitzer. Man schätzt allein diese „Kulaken" auf fünf Millionen. Zu diesen „Vorbelasteten" gehörten auch alle, die noch an einer Religion festhielten. Zwar hatte Karl Marx gelehrt, „die religiösen Bedürfnisse" würden in einer sozialistischen Gesellschaft von selbst absterben, da dann keine Sehnsucht mehr nach „einem besseren Jenseits" vorhanden sei; denn das Paradies der Arbeiter sei dann auf der Erde errichtet. Doch Stalin war kein ganz treuer Nachfolger seines Meisters. Er traute offenbar diesem automatischen Vorgang nicht und half daher mit grausamen Gewaltmaßnahmen nach. So schuf der ehemalige Zögling eines orthodoxen Priesterseminars eine Hölle auf Erden.

Paragraph 124 der neuen Konstitution lautete: „Um den Arbeitenden tatsächlich Gewissensfreiheit zu gewährleisten, wird die Kirche vom Staat und die Schule von der Kirche getrennt. Die Freiheit der Ausübung des Religionskults und die Freiheit der antireligiösen Propaganda wird allen Bürgern zuerkannt."

Der erste Satz dieses Paragraphen findet sich ähnlich in den westlichen Demokratien. Aber in seinem zweiten Satz wird deutlich, daß die

Propaganda nur als antireligiöse Propaganda erlaubt ist. Der Begriff des Religionskults sperrt die Gemeinden in die kirchlichen Räume ein. Damit konnte die orthodoxe Kirche mit ihrer Liturgie zur Not zufrieden sein. Für die Evangeliumschristen und Baptisten aber bedeutete es eine wesentliche Einschränkung.

Das wird noch deutlicher, als seit dem 8. April 1929 folgende Verfügung gilt: „Den religiösen Vereinigungen ist verboten: a) die Bildung von Unterstützungskassen, Arbeitsgemeinschaften sowie überhaupt die Benutzung des vorhandenen Vermögens zu irgendwelchen Zwecken außer der Befriedigung der religiösen Bedürfnisse; b) die Zuwendung und materielle Unterstützung an ihre Mitglieder."

Damit ist den Gemeinden ihr seit der Urchristenheit aufgelegter diakonischer Dienst unterbunden.

„Verboten ist ferner: c) die Einrichtung von Sonderversammlungen für Kinder, Jugendliche, Frauen, ferner Gebetsversammlungen, Bibelstunden, literarische und Handarbeitsversammlungen oder Gruppen und Kreise; desgleichen besonders Religionsstunden, Ausflüge, Kindergärten, Bibliotheken und Lesezimmer, Einrichtungen von Sanatorien und Krankenhäusern und ärztliche Hilfe. In den gottesdienstlichen Gebäuden und Räumen dürfen nur die Bücher aufbewahrt werden, die unerläßlich sind für den Vollzug des betreffenden Kultus."

Ein weiterer Paragraph besagt: „In staatlichen, öffentlichen und privaten Unterrichts- und Erziehungsanstalten ist Religionsunterricht in jeder Form untersagt."

Diese Vorschriften und Verbote trafen die Arbeit der Stundisten aufs empfindlichste. Da der Staat bald erkannt hatte, daß der biblisch-evangelische Glaube seiner Weltanschauung ungleich gefährlicher ist als die orthodoxe Frömmigkeit, wandten sich viele dieser Verbote ausdrücklich gegen den Stundismus. Evangelischer Glaube erzieht zur Mündigkeit und selbständigen Gewissensbildung. Er verhindert ein passives Verhalten. An den obigen Stalinschen Ergänzungsparagraphen entzündete sich später der Protest der vielgenannten Initiativgruppen. Diese berufen sich seit den sechziger Jahren auf den Paragraphen von der Religionsfreiheit und wollen diese einengenden Vorschriften nicht mehr gelten lassen. Davon wird noch zu reden sein.

Die Predigt war den Machthabern gefährlicher als eine sich stets gleichbleibende Liturgie. Deshalb wurde auch der Bibeldruck unterbunden. In Moskau wurde eine Auflage von 50 000 Bibeln beschlagnahmt. Ähnlich ging es in Odessa. Hier hatten die Baptisten vom deutschen baptistischen Oncken-Verlag in Kassel Klischees für deutsche Bibeln und Gesangbücher erhalten. Trotz vorhandener Druckerlaubnis wurde alles beschlagnahmt. Die Brüder wurden verhaftet. Das geschah im Jahre 1929.

Die Miete für die kirchlichen Gebäude, die als Staatseigentum galten, wurde willkürlich solange erhöht, bis die Summe nicht aufzubringen war, damit die Räume „nützlicheren Zwecken" zugeführt werden konnten.

Zuerst wurden die aktiven Christen, also alle Prediger und Ältesten, auf die Liste gesetzt. Die Religion sollte ihrer führenden Männer beraubt werden. Sie wurden zu den „lischenzy" gezählt, d. h. zu solchen, die kein Wahlrecht besaßen, weil sie keine produktive Arbeit leisten. Sie bekamen auch keine Lebensmittelkarten, waren also auf die Unterstützung der Glaubenden angewiesen oder mußten die hohen Preise des Schwarzen Marktes bezahlen. Wohnungen erhielten sie höchstens am Rande der Stadt. Dazu kamen horrende Steuern, die die Gemeinden für ihre Prediger zu zahlen hatten — oft das Vielfache ihres Gehaltes.

Bald waren alle führenden Männer in den Arbeitslagern. Selbst Hausversammlungen wurden verboten, und die ihre Wohnungen dazu hergaben, wurden verhaftet und verschleppt. Kinder wurden nach der religiösen Betätigung der Eltern ausgefragt; Bibeln und Gesangbücher mußten versteckt, ja sogar vergraben werden.

Der Höhepunkt dieser Bedrängnisse scheint in den Jahren 1935/36 gelegen zu haben. Das Ziel war, „allen religiösen Vorurteilen" ein Ende zu bereiten. Schon damals wurde der Versuch der Spaltung der Gemeinde unternommen. Durch Drohung und Mißhandlungen versuchte man schriftliche Verleugnungen des Glaubens zu erreichen. Was damals an Qualen durchgestanden wurde, wird die Öffentlichkeit wohl nie erfahren; nur einer sieht in das Verborgene.

Dazu kam eine nicht zu beschreibende Verhöhnung alles Heiligen in der Öffentlichkeit durch Karikaturen, Filme und sogenannte „gelehrte Vorträge" von seiten des Bundes der Gottlosen. Erzwungene Abstimmungen, die die Schließung der Kirchen forderten, tarnten die Parteimaßnahmen als „Wille des Volkes". Es ist selten soviel gelogen worden. „Man hatte in der Tat den Eindruck, daß der Kampf mit der Religion beendet und das Interesse dafür verschwunden war", schreibt Gutsche.

Allerdings lehnte Stalin auf dem 8. außerordentlichen Rätekongreß im Dezember 1936 ein ausdrückliches Verbot des Religionskultus ab; dies entspreche nicht dem „Geist unserer Konstitution". Aber das war nichts als ein Aushängeschild für das Ausland. Was gestorben schien, brauchte ja nicht verboten zu werden. Dazu kam, daß in Deutschland der Nationalsozialismus zur Herrschaft gekommen war, in dem Stalin einen gefährlichen Feind erkannte.

Viele Einzelvorgänge lassen sich nicht mehr rekonstruieren. Offenbar wurde der russische Baptistenbund schärfer vorgenommen als Prochanows Bund der Evangeliumschristen. Das mag mit den Beziehungen der Baptisten zum Baptistenweltbund zusammengehangen haben. Diktaturen schätzen bekanntlich solche überstaatlichen Bünde nicht. (Prochanow gründete seinen Weltbund der Evangeliumschristen erst, als er endgültig im Ausland war.) Sehr bald wurden die baptistischen Versammlungsräume beschlagnahmt. Das theologische Seminar, das in Moskau entstanden war, wurde geschlossen. 1929 wurde der Bund der Baptisten aufgelöst (nach andern Quellen erst im März 1935). 1936 löste sich die Baptistengemeinde in Moskau selbst auf. In der Ukraine geschah alles ein paar Jahre später.

Der Generalsekreaär des Bundes der Evangeliumschristen, *Alexander W. Karew* († 1972), zog 1930 nach Moskau, weil die Regierung alle Zentralen in der Hauptstadt vereint haben wollte. Diese Bundeszentrale der Evangeliumschristen scheint noch bei Kriegsausbruch bestanden zu haben. Wie viele von den Gemeinden sich noch erhalten konnten, ist unbekannt.

Während die große Verfolgung unter Pobjedonoszew, die ebenso hart gewesen ist, eindeutig „um des Glaubens willen" geschah, erhob die GPU der Bolschewisten stets politische Anklagen, Verleumdungen, unkontrollierbare Denunziationen, veranstaltete Geheimprozesse oder traf bloße Polizeimaßnahmen und schuf damit eine allgemeine Unsicherheit und gegenseitiges Mißtrauen. Das war mit der schwerste Schaden dieser Zeit. Man wußte nie, wer zum Spitzel gepreßt war. So wurde mit erlogenen Denunziationen ein Bund gegen den andern ausgespielt. Wie einst in den alten Christenverfolgungen der römischen Kaiserzeit gab es auch jetzt sogenannte „lapsi", d. h. Abgefallene. Die Versuchungen und massiven Drohungen ließen manch einen schwach werden. Wir sind nicht ihre Richter. Andererseits hat eine sehr große Zahl in Lagern, Gefängnissen und Verbannung gelitten und die Treue gehalten.

Am 22. Juni 1941 griff Hitler mit seinen Heeren ohne Grund und ohne Kriegserklärung und gegen das wenige Jahre vorher abgeschlossene Bündnis die Sowjetunion an. Es begann der furchtbarste der bisherigen Kriege.

Jetzt vollzog Stalin wenigstens in der Öffentlichkeit eine gewisse Schwenkung. Schon 1938 brachte die „Iswestija" einen aufsehenerregenden Artikel, der zur großen Überraschung der Leser die Einführung des Christentums durch Wladimir, den Großfürsten von Kiew, als ein „fortschrittliches Ereignis" wertete! Ja, ein Professor hatte den Auftrag, in der Akademie der Wissenschaften und sogar im Bunde der Gottlosen Vorträge darüber zu halten, „daß das Christentum des Neuen Testaments eigentlich eine wichtige Rolle in der Entwicklung sozialer und nationaler Gerechtigkeit gespielt und bessere Familienverhältnisse und Volkssitten eingeführt habe". Man male sich aus, was für erstaunte Gesichter die Genossen aus den Reihen der kämpfenden Gottlosen bei dieser Neuigkeit, die sie aus berufenem Munde — nicht etwa von der Kanzel einer Kirche! — zu hören bekamen, machten! An der Behandlung der bedrängten Gläubigen änderte sich nichts. Nur daß nun auch die Zeitschriften der Gottlosen „wegen Papiermangels" verschwanden, geradeso wie die christlichen Blätter unter Hitler. Aber Stalin mußte auf seine westlichen Bundesgenossen Rücksicht nehmen, denn England unter Churchill und die USA unter Roosevelt legten auf eine tolerante Religionspolitik Gewicht.

Dazu kam aber noch etwas anderes. Der unqualifizierte Angriff Hitlers auf die Sowjetunion weckte im ganzen Volk ein neues Nationalgefühl. Nicht ohne Recht nannte die Regierung den Krieg den „Vaterländischen Krieg". Natürlich protegierte Stalin auch jede Bewegung, die seinen wackelnden Thron stützen konnte. Aber die nationale Welle ist keineswegs im Kreml erfunden worden; das Urteil wäre kurzsichtig, zumal dieses Volk wie vor 150 Jahren seinen Freiheitskrieg gegen einen fremden Eroberer führte.

Nun erwachte auch in der russisch-orthodoxen Kirche, seit jeher Hort des Nationalismus, der alte Patriotismus zu neuem Leben. Der Rufer zum Streit war der Bischof von Leningrad, Alexius, der später der Nachfolger des Patriarchen Sergius wurde. Sergius hatte schon vorher seine Loyalität gegenber dem Sowjetstaat unter Beweis gestellt und sich nachdrücklich gegen die ausländischen orthodoxen Angriffe der sogenannten Karlowitzer Synode, d. h. der konservativen Kräfte der Orthodoxie in der Emigration, gewehrt. Daß ihn nun der begonnene Krieg als Vertreter der orthodoxen Kirche an der Seite der Regierung fand, darf niemand wundern. Es soll ihm auch nicht zum Vorwurf gemacht werden. Andererseits war die Regierung Stalins in jenen Monaten des Kriegsbeginns aufs höchste gefährdet, und wenn Hitler und seine Partei nicht mit

Blindheit geschlagen gewesen wären, hätten sie damals die kaum je so wiederkehrende Chance, der Herrschaft der Bolschewisten ein Ende zu machen, genutzt. Aber Hitler verstand nirgendwo, sich Freunde in den von ihm besetzten Ländern zu machen. Wurden in der ersten Zeit im besetzten Gebiet die orthodoxen Kirchen geöffnet, die Liturgie gehalten und Taufen vollzogen, so wurde das bald von den verblendeten Nationalsozialisten verboten. Die törichte und oft grausame Behandlung der Bevölkerung schuf zahllose Partisanen, die später beim Rückzug die Niederlage des Hitlerheeres nur beschleunigten.

Stalin verstand die Bedrängnis des Volkes auszunutzen; er stärkte die Begeisterung für den Krieg und nahm die Hilfe der von ihm verfolgten Kirche an. Gewiß wirkt es peinlich, daß die Kirche acht Millionen Rubel zur Aufstellung eines Panzerbataillons aufbrachte, das dann den Namen des heiligen Dimitri Donskoj bekam, des opferfreudigen und mutigen Kämpfers gegen die Mongolen. Aber auch darüber haben wir nicht zu richten. Für Rußland war es ein Kampf auf Leben und Tod. Bischof Alexius hat sich in der jahrelangen Belagerung Leningrads, während der eine unbeschreibliche Not herrschte, vorbildlich verhalten, und es war nur gerecht, daß Stalin das anerkannte. So begann ein milderer Kurs gegen die Kirche. Im September 1943 wurden der Patriarch Sergius und die Metropoliten Alexius von Leningrad und Nikolai von Krutizy von Stalin und Molotow in Audienz empfangen. Nikolai war später der langjährige Leiter des Außenamtes der orthodoxen Kirche in der Sowjetunion und bereiste als solcher Westdeutschland. Nun wurde der Kirche ein „Ssobor" genehmigt, d. h. ein Konzil, das zu allen Zeiten in der Ostkirche die höchste kirchliche Instanz war, dem sich auch Patriarchen beugen müssen. Gewiß wurde es nur eine bescheidene Versammlung, die Sergius seine Patriarchenwürde bestätigte; aber der Form war Genüge getan.

Diese allerdings lockere Bundesgenossenschaft der bolschewistischen Regierung mit der orthodoxen Kirche kam nun auch der evangelischen Bewegung, den Evangeliumschristen wie auch den Baptisten, zugute. Da hier keine so augenfällige patriotische Bewegung vorhanden war — bei aller Treue der evangelischen Christen gegenüber Heimat und Staat —, dauerte es hier etwas länger, bis das „Tauwetter" spürbar wurde. Manche Überlebende kehrten aus den Arbeitslagern zurück, wenn auch leider eine große Zahl Gläubiger den Strapazen und wohl auch Mißhandlungen erlegen waren, unter ihnen führende Männer wie Odinzow und Timoschenko, die große Verdienste um die Baptistenbewegung hatten. Eine sichere Zahl der Opfer wird sich nie feststellen lassen.

Im Oktober 1944 konnte in Moskau eine gemeinsame Konferenz der Evangeliumschristen und Baptisten stattfinden. Von den Evangeliumschristen waren *Jakow Iwanowitsch Shidkow* senior, *Alexander W. Karew, Andrejew* und *Orlow* anwesend. Die baptistische Seite leitete *Lewindanto*. Auch von dem letzten Vorsitzenden des Baptistenbundes, *Goljajew*, war ein zustimmendes Telegramm eingetroffen, denn hier kam es — leider erst unter dem Druck der Verhältnisse — zu der lange erstrebten Vereinigung der beiden Bünde. 28 Vertreter der Evangeliumschristen und 19 Baptisten waren anwesend, als sich der „Allsowjetische Bund der Evangeliumschristen-Baptisten" konstituierte, der auch heute noch die große Mehrheit der Stundisten in der Sowjetunion zusammenfaßt. Die ehemalige deutsch-reformierte Kirche in Moskau (Malyj Wusowskij Pereulok Nr. 3) wurde dem Bund zur Verfügung gestellt. Das ist die auch heute bekannte Kirche der Stundisten in Moskau, in der sonntäglich dreimal und in der Woche an drei Abenden je ein etwa zweistündiger Gottesdienst abgehalten wird.

Dem Bund schlossen sich bald auch noch eine Reihe Pfingstgemeinden an, die sogenannten „milden Pfingstler", die versprechen mußten, die Gottesdienste nicht durch ekstatisches Reden zu unterbrechen. Nach unseren Kenntnissen haben sie sich an diese Zusage gehalten.

III. IN DER NACHKRIEGSZEIT UND GEGENWART

Mit dem bisherigen ist eigentlich der geschichtliche Rückblick auf die Entstehung und Entwicklung des russischen Stundismus abgeschlossen. Bei dem spürbaren Mangel an authentischen Quellen ist unsere Schilderung nur ein Versuch, der sich gerne Korrekturen solcher gefallen lassen will, die über genauere Quellen verfügen. Über die Entstehung des Stundismus sind freilich auch die führenden Männer in Moskau nicht lückenlos orientiert. Als Präsident Shidkow und Generalsekretär Karew 1960 das Jubiläum zum hundertjährigen Bestehen des Stundismus feiern wollten, baten sie uns um historisches Material über den alten Stundismus. Insofern ist wenig Hoffnung, daß wir aus dem Osten wesentlich Neues über jene Zeit erfahren können.

Für die Zeit nach 1945 lassen sich jedoch einige Daten festhalten. Es müssen auch grundsätzliche Beobachtungen versucht werden. Im ganzen blieb die Sowjetunion bei der alten Gewohnheit des Zaren Nikolaus II.: Unter politischem Druck werden einige Freiheiten gewährt, die aber mit der Zeit wieder eingeschränkt werden. In unserer Presse nennt man diesen seltsamen Wechsel „Tauwetter" und „Frost". Beide wechseln oft recht unerwartet, wie es ja auch beim Wetter zu geschehen pflegt. Man darf aber darum die sowjetische Religionspolitik nicht „wetterwendisch" nennen. Ihr Ziel bleibt stets die „Vernichtung der religiösen Vorurteile", wenn auch die Mittel zur Erreichung dieses Zieles wechseln. Darin ist der Bolschewismus seit Lenin sehr beweglich. Doch der dialektische Materialismus des Ostens ist dogmatisch konservativ und darum unerbittlich. Hie und da scheint die Erkenntnis zu erwachen, daß das selbstverständliche Verschwinden religiöser Haltung mit der Einführung sozialistischer Wirtschaftsformen, wie der alte Marxismus erwartete, nicht eingetroffen ist. Es sind nicht nur die alten „Babuschki", d. h. die Großmütterchen, die sich zu den Versammlungen halten, sondern auch viel Jugend; an vielen Orten — trotz atheistischer Schulen und Fehlens aller kirchlichen Arbeit an Kindern und Jugendlichen — ebenso viel Jugend wie heute im Westen. Das sollte jedem nüchternen Beobachter zu denken geben. Nach über einem halben Jahrhundert bolschewistischer Erziehung und Propaganda sind die „religiösen Vorurteile" eher gewachsen als vermindert, geschweige denn verschwunden. Entweder ist also die Sowjetunion nicht echt marxistisch — und das wäre in der SU schlimmer als eine Majestätsbeleidigung zur Zarenzeit! —, oder aber die Lehre, Religion könne es nur in feudalistischen oder kapitalistischen Staaten geben, ist falsch! Hier gibt es nur dieses Entweder-Oder.

Knapp acht Jahre nach dem Kriegsende starb der Diktator Stalin. Der Georgier aus dem Kaukasus war eine düstere Gestalt, dessen Tod selbst von seinen Parteigenossen begrüßt wurde. Acht Jahre später wurde sein Leichnam aus dem Mausoleum von der Seite Lenins entfernt, wo er wie dieser eine fast religiöse Verehrung hätte finden sollen. Stalins historische Bedeutung bleibt, daß er die SU in einen Industriestaat verwandelt hat. Aber er „erreichte es nur durch die Errichtung einer totalitären Gewaltherrschaft, deren unmenschliche Konsequenzen geradezu das Gegenteil des ursprünglich von Marx erstrebten Endzieles darstellte. Stalin war ein Diktator, der auch die Partei in einen ‚Apparat' umbildete, den er, ein Meister der skrupellosen Handhabung organisierter Macht, vollkommen beherrschte" (Biographisches Lexikon zur Weltgeschichte).

Daß Stalins Tod eine Tauwetter-Periode brachte, war zu erwarten. Aber schon Chruschtschow, der nach kurzer Zwischenregierung anderer Stalins Nachfolger wurde, brachte neue Bedrängnisse. Dieser ausgesprochen bauernschlaue Mann hat sich durch seine Grobheit, aber auch durch seinen bäuerlichen Humor von Stalin, mit dem er auf dem Parteikongreß abrechnete, gewissermaßen sympathisch unterschieden. Aber sein Haß gegen die Kirche und den Glauben war kaum geringer. Das Auf und Ab in der Behandlung der Glaubenden läßt sich im einzelnen schwer verfolgen. Er hat auch der orthodoxen Kirche kräftig zugesetzt, Klöster und Priesterseminare und zahllose Kirchen geschlossen. Auch er war ein Diktator und blieb bei dem Grundsatz, daß das ganze Volk gesinnungsmäßig auf Vordermann gebracht werden müsse. Da dieser Staat grundsätzlich atheistisch ist, stand er aller religiösen Haltung mißtrauisch gegenüber. Es wird je und dann anerkannt, daß die Christen ehrlich sind und oft unentbehrlich wegen ihrer Gewissenhaftigkeit und Treue. Manch ein Christ ist in seinem Betrieb wegen seiner Tüchtigkeit geschätzt und geschützt. Immer wieder erzählen Gerüchte, die sich nicht nachprüfen lassen, daß in den Handels- und Finanzgremien der Regierung Christen an den Kassen sitzen, weil man dann vor Unterschlagungen sicher sei.

Wir im Westen stehen seit über fünfzig Jahren unter einer antisowjetischen Propaganda, die gleichfalls Tauwetter und Frostzeiten kennt. Deshalb können wir uns kaum ein objektives Bild machen. Die Russen sind immer begabte Schauspieler gewesen und verstehen, Potjemkinsche Dörfer zu bauen, d. h. allen Reisenden einen möglichst günstigen Eindruck zu vermitteln. So ist ein gewisses Mißtrauen berechtigt. „Alles Propaganda" lautet dann das Urteil. Aber damit bekommen wir noch kein objektives Bild.

Tatsache ist, daß der Allsowjetische Bund der Evangeliumschristen/ Baptisten über 5 000 Gemeinden und Gemeindlein vereinigt. Bei diesen wird nicht nur sonntäglich, sondern auch wochentags das biblische Evangelium lauter und rein verkündet. Gewiß wird das geistliche Leben nicht überall auf gleicher Höhe stehen. Und wenn in der Moskauer Kirche allsonntäglich dreimal das Gotteshaus mit tausend bis zweitausend Andächtigen gefüllt ist und in der Woche die Gottesdienste dreimal abends für solche, die sonntags arbeiten müssen, ähnlich starken Besuch haben, so ist gewiß daran zu erinnern, daß für die Evangelischen der Achtmillionenstadt Moskau dieser eine Raum einfach nicht ausreicht. Daß dabei die Zahl der Frauen und die Zahl der älteren Menschen größer ist als die der Jugend, sollte uns doch hier im Westen nicht überraschen.

Das ist bei uns nicht anders. Im übrigen wird immer wieder betont, daß auffallend viel Jugend unter den Kirchbesuchern gesehen wurde. Unzählige Beispiele stehen uns zur Verfügung. Wiederholt lasen wir in russischen kommunistischen Blättern, daß diese sich beschwerten, weil an diesem oder jenem Ort die Parteilokale des Komsomol (kommunistische Jugend) vernachlässigt seien, weil die Jugend sich „von Sektierern das Gehirn verkleistern ließen". Solche Klagen in der Parteipresse sind bessere Zeugnisse als Einzelbeobachtungen von Reisenden. Und im übrigen stehen ja die heute älteren Menschen seit 55 Jahren unter der atheistischen Propaganda und waren damals auch jung. Es handelt sich also auf keinen Fall nur um gewisse Reste der religiösen Haltung aus der monarchischen Zeit, die ja ohnehin den Stundisten wenig Gutes gebracht hatte.

Die Glaubenstaufe wird nach oft langer Prüfungszeit an den Täuflingen vollzogen. Manche von ihnen müssen bis zu zwei Jahren warten. Und da die Neugetauften keinen äußeren Gewinn, sondern umgekehrt manche Unannehmlichkeiten und Schikanen, wenn nicht gar Bedrohungen, zu erwarten haben, so wachsen hier Gemeinden, die nur wenig Mitläufer haben. Gewiß haben die meisten Gemeinden mit Spitzeln zu rechnen und werden scharf bewacht.

Doch tun wir schweres Unrecht, wenn wir die registrierten Gemeinden abwerten wollten als „regierungshörig" oder gar „Verräter". Wir kommen hier an eine heikle Frage der Gegenwart. Es ist bekannt, daß sich seit den sechziger Jahren eine — allerdings zahlenmäßig wesentlich kleinere — Gruppe von der Führung des Allsowjetischen Bundes in Moskau gelöst hat. Man nannte sie zuerst die „Initiativgruppen", heute meist die „Nichtregistrierten". Sie lehnen sich gegen die Polizeimethoden auf, die seit Stalin die in der Verfassung verankerte Glaubensfreiheit beschränken. Im besonderen wehren sie sich dagegen, daß die religiöse Erziehung der Kinder seitens der Gemeinde verboten sein soll. Hier gilt für sie das Wort der Apostel: „Man muß Gott mehr gehorchen als den Menschen." Sie suchen also heimlich — im Sommer im Walde, im Winter in Privatwohnungen — die Kinder in Kindergottesdiensten zu sammeln und zu unterweisen. Auch gegen das Verbot der Mission durch öffentliche Versammlungen und durch Schriften und Traktate haben sie öfters mit der Tat protestiert. Tauffeiern wurden in aller Öffentlichkeit gehalten und hier und da auf den Straßen Traktate verteilt. Das alles gilt als Übertretung der Gesetze. Religiöse Propaganda wird streng bestraft. „In euren kirchlichen Räumen dürft ihr predigen, was ihr wollt, aber draußen habt ihr nichts zu suchen", heißt es. Da der Druck von Bibeln und Gesangbüchern sehr eingeschränkt ist und nur einige Male in unzureichender Auflage erlaubt war — von anderer christlicher Literatur ganz zu schweigen —, suchen diese Gruppen in heimlichen Druckereien sich selbst zu helfen. Denn das Wort Gottes ist das unumgängliche Brot des Lebens. Mit erstaunlicher Tapferkeit riskieren hier junge Menschen, aber auch Familienväter, ihre Freiheit und oft genug ihre Gesundheit, um im Gehorsam des Glaubens das Zeugnis von Jesus Christus unter Jung und Alt auszubreiten. Manch einer ist jahrelang in den Untergrund gegangen, wird von der Staatspolizei gesucht, lebt ohne Ausweis dauernd auf Reisen und dient unter der Jugend oder sorgt für Literatur.

Dazu kommt, daß viele dieser Gruppen wohl ihre Registrierung beantragen, aber immer wieder vergeblich, und so ist, wenn sie sich nicht selbst aufgeben wollen, der Weg in den Untergrund der einzige Ausweg. Diese neue Zeugenwelle des Stundismus verdient unsere ganze Hochachtung. Was uns Sorge macht, ist der Bruderzwist. Diese „illegalen" Glaubenden halten die „Registrierten" für Verräter, weil sie sich der einengenden Polizeivorschrift beugen. Jene dagegen berufen sich auf das Wort des Paulus, der selbst zur Zeit des Kaisers Nero, des Urbildes des Antichristen, den Römern schreibt: „Jedermann sei untertan der Obrigkeit, die Gewalt über ihn hat, denn es ist keine Obrigkeit ohne von Gott; wo aber Obrigkeit ist, die ist von Gott verordnet." (Nach Adolf Schlatters Übersetzung): „Jede Seele unterwerfe sich den vorgesetzten Gewalten, denn es besteht keine Gewalt anders als von Gott; die aber, die bestehen, sind von Gott verordnet. Daher widersteht der, der sich der Gewalt widersetzt, der Anordnung Gottes. Die aber, die Widerstand leisten, werden für sich ein Urteil erlangen" (Röm. 13,1 u. 2). Ähnlich 1. Petr. 2,13 ff.! So fühlen sich die Leiter in Moskau im Gewissen gebunden, selbst einer antichristlichen Regierung in ihren Anordnungen zu folgen. Gott setzt solche Regierungen im Gericht über die Völker. Jede revolutionäre Auflehnung scheint ihnen ein Ungehorsam gegen Gott. In ihrer Haltung werden sie, die meist selbst jahrelang in Arbeitslagern waren, bestärkt durch die Tatsache, daß sie seit Jahrzehnten das Evangelium verkünden können und auch in ihren Gottesdiensten viel Jugend anwesend ist.

Die Religionsstatistik in der SU ist höchst fragwürdig. Offenbar hat die Regierung eine Zahl von 500 000 bis 550 000 Gemeindegliedern als tragbar festgesetzt. Obwohl sich die Bewegung dauernd ausbreitet und der Ausfall an Toten so groß nicht sein kann, hört man seit 20 Jahren

diese Zahl. Sie stimmt gewiß nicht mehr. Sie gälte auch nur für die
gläubig Getauften, die allein als Vollmitglieder gezählt werden. Natürlich ist die Zahl der Predigthörer um ein Vielfaches größer. Man rechnet
mit 4—5 Millionen solcher, die mehr oder weniger regelmäßig das Evangelium hören. Diese großartige Möglichkeit der Verkündigung wollen
die Brüder in Moskau nicht gefährden.

Dem Allsowjetischen Bunde der Evangeliumschristen/Baptisten haben sich auch die deutschen Mennoniten angeschlossen. Hier ist eine
Zahl schwer zu nennen.

Die deutschen Lutheraner werden an vielen Orten gleichfalls diese
Gottesdienste besuchen. Man rechnet mit rund 2 Millionen Deutschen in
der Sowjetunion. Von ihnen mögen sehr viele der kommunistischen
Propaganda nachgegeben haben. Immerhin gibt es in Sibirien und Turkestan eine Anzahl registrierter deutsch-lutherischer Gemeinden, vor allem in Selinograd, wo der letzte anerkannte deutsche Pastor *Eugen Bach-
mann* jahrzehntelang im Segen wirkte. Außerdem sollen registrierte
deutsche lutherische Gemeinden bestehen in: Frunse, Omsk, Tomsk,
Tscheljabinsk, Karaganda und Alma-Ata. Außerdem wird von „Hunderten von Hausgemeinschaften der Deutschen" erzählt, die sich ohne
offizielle Registrierung um die Bibel sammeln.

Daß die diktatorisch regierende Partei auf die registrierten Gemeinden Einfluß zu nehmen sucht, wird die nicht verwundern, die in Diktaturen lebten. Das darf den Glaubenden und ihren Führern nicht angelastet werden. Die Methode der Bespitzelung und Spionage ist freilich
keine Erfindung der Bolschewisten. Sie war im Reiche Napoleons I., in
der alten Habsburger Monarchie, unter den Zaren gang und gäbe. Meist
mag durch Erpressung irgendein Glied gezwungen werden, ausführliche
Nachrichten aus Sitzungen und Privatgesprächen der Staatspolizei zu
verraten. Oft sind diese armen Kreaturen bekannt. Man hütet sich vor
ihnen, aber abschütteln kann man sie schwer. Das gibt leicht eine Atmosphäre des Mißtrauens, die nur durch schrankenlose Offenheit überwunden werden kann. In der SU wird viel gelogen. Daß die Glaubenden sich mit aller Kraft bemühen, wahrhaftig zu sein, ist eine ihrer hervorragenden Eigenschaften. Allerdings gibt es Heimlichkeiten, Ver-
schweigen und ähnliches, was der Unwahrhaftigkeit nahe kommt. Aber
hüten wir uns auch hier zu richten. Jeder kennt die Kollisionen zwischen
Wahrheit und Liebe — man denke an die Krankenbetten! —, und darum
ist keiner von uns berechtigt, Steine zu werfen, besonders aus der Zu-
schauerloge des „freien Westens".

Auch die Nichtregistrierten, die vogelfrei und ohne Rechtsschutz leben, müssen sich tarnen und verstecken. Wenn sie sich auch in großer Tapferkeit — besonders bei Prozessen — zu offenen Bekenntnissen entschließen, so werden sie doch ihre Freunde und Anhänger nicht leicht preisgeben.

Sehr schmerzlich bleibt, daß eine Versöhnung zwischen den registrierten und den nicht registrierten Gemeinden bisher nicht gelungen ist. Es gibt Übertritte von der einen Gruppe zur anderen. Die radikalen „Nichtregistrierten" verlangen vom Moskauer Allsowjetischen Bund Beugung und Schuldbekenntnis. Die Moskauer dagegen verlangen die Aufgabe der Illegalität. Hier steht Gewissen gegen Gewissen. Luther hat in Worms vor dem Kaiser und den Reichsständen gesagt: „Es ist nicht gut, etwas gegen das Gewissen zu tun."

Daß Gruppen der Nichtregistrierten, die wiederholt um Registrierung durch die Regierungsstellen gebeten haben, abgelehnt wurden, legt den Verdacht nahe, daß die Spaltung von der Partei begrüßt wird. Sie erlaubt dem Staat beides, die rücksichtslose Verfolgung der Christen als Übertreter des Gesetzes — und den Nachweis seiner Toleranz, indem er auf die Registrierten weist.

Kürzlich berichtete uns ein ehemaliger Soldat der bolschewistischen Armee von seinem Gespräch mit einem Offizier. Der junge Christ beschwerte sich, keine Freiheit zum Glauben zu haben. Der Offizier dagegen versuchte, ihn von der ihm gewährten Freiheit zu überzeugen. Dabei wies er auf die einige Tausend umfassende Bibliothek in der Kaserne hin. Der Soldat war damit nicht zufrieden:

„Aber *ein* Buch darf ich nicht lesen — die Bibel", antwortete er.

„Ja, die ist verboten."

„Ja, was ist das für eine Freiheit, die mir verbietet, die Bibel zu lesen!"

Diese Frage steht über dem Riesenreich im Osten. Die Angst vor der Bibel ist vielleicht die stärkste Apologie dieses Buches. Es könnte diesem mächtigen Staat gefährlich werden!!

„Sein Wort läuft schnell", heißt es im 147. Psalm. Seit über 160 Jahren gilt das für das weite Rußland und die von ihm unterworfenen und beherrschten Völkerschaften. Die stundistische Bewegung ist einer der stärksten Belege von der Wahrheit dieses Wortes bis in die Gegenwart; seine Feinde können denen, die es annehmen, viel Leiden bereiten — und sie haben es getan und tun es auch heute. Aber zuletzt werden sie an diesem Wort scheitern.

„Ist mein Wort nicht wie ein Feuer und wie ein Hammer, der Felsen zerschmeißt? spricht der Herr" (Jer. 23,29).

Die Gemeinde bekennt:

„Dein Wort wurde meine Speise, als ich's empfing; dein Wort ist meines Herzens Freude und Trost" (Jer. 15,16).

NACHWORT

Es lohnt sich, zuletzt die Frage zu stellen: Was ist das Besondere an dieser Erweckungs- und Bibelbewegung, einer der größten der Kirchengeschichte?

Wir fragen nicht nach den besonderen Vorbedingungen geschichtlicher, soziologischer, psychologischer oder ethnologischer Art. Wir wissen auch, daß alle Lebensbewegungen des Glaubens aus verborgenen geistlichen Wirkungen entstehen, die sich dem rechnenden und rückschließenden Verstande entziehen. Zuletzt bleibt das Geheimnis.

Zweimal in seiner hundertjährigen Geschichte wurde der Stundismus durch einen systematischen Ausrottungsversuch bedroht: im letzten Jahrzehnt des vergangenen Jahrhunderts durch Pobjedonoszew und im vierten Jahrzehnt unseres Jahrhunderts durch Stalin. Dennoch steht er heute stärker da als je. Was gab ihm seine Ausbreitungs- und Widerstandskraft?

Als erstes muß betont werden: Die Glaubensbewegung der Stundisten verbindet in gesunder Weise die objektive und die subjektive Seite des Glaubens. D. h. sie ist stets *Bibelbewegung*. Die Bibel wird gelesen; man weiß, daß sie Gottes Wort ist, und nährt sich von diesem Wort, das Maßstab alles Handelns bleibt.

Dabei verfällt der Stundismus nicht einer „orthodoxen" Lehrhaltung. Er weiß, wie nötig das subjektive Ergreifen der biblischen Botschaft ist. Die persönliche Buße und damit die *persönliche Bekehrung* werden erwartet. Und doch ist der Stundismus, soweit wir erkennen können, nicht eine „Erlebnis"-Bewegung. Man redet von Christus, von der Liebe Gottes, von seiner Treue und seinem Willen. Trotz Einbrüchen schwärmerischer Kreise blieb die Bewegung als Ganzes nüchtern.

Zweitens: Der Stundismus war und blieb bis heute eine *Missionsbewegung*. Darum konnte er sich nie mit der atheistischen Zumutung — „innerhalb eurer Gottesdienste könnt ihr predigen und glauben, was ihr wollt" — einverstanden erklären. „Wir können es nicht lassen, daß wir reden sollen von dem, was wir gesehen und gehört haben." Dieses apostolische Wort gilt auch vom Stundisten. Mag der eine Zweig angriffiger sein, der andere zurückhaltender, so erziehen doch beide ihre Glieder zu echtem, existentiellem Zeugnis. Unzählige Beispiele dafür liegen vor.

Drittens: Dieses Zeugnis ist getragen von einem tiefen *Vertrauen in die Wahrheit der Jesusbotschaft*. Alle fanatischen Bemühungen der militanten Gottlosen- und Atheistenverbände dringen mit ihrem lahmen Intellektualismus nicht in die eigentlichen Bereiche der persönlichen Überzeugung. „Wir vertreten die Wahrheit" — das ist dem Stundismus gewiß. Mag es gelingen, junge und unreife Menschen hinüberzuziehen! Immer wieder erkennen die vom Staat ausgebildeten atheistischen Propagandisten ihre Erfolglosigkeit. Aufs Ganze gesehen stehen die Stundisten wie eine Mauer. Daß „die Welt" ungläubig ist, ist dem Stundisten nicht erstaunlich. Die meisten waren es ja selbst. Der Stundist weiß von der Verführungsmacht des „Fürsten dieser Welt", daß dieser der „Vater der Lüge" ist und den Wahrheitssinn des Menschen vernebelt. Aber die Gemeinde Jesu besteht aus Gliedern, die „durch die Wahrheit frei" wurden, wie Jesus sagt. Man lebt in dieser Wahrheit.

Viertens: Der Glaube des Stundisten ist gegründet auf die *Gewißheit der Allmacht Gottes*. Nichts trifft mich ohne seinen Willen. Man mag das Fatalismus nennen, es ist aber der freudige Gehorsam eines versöhnten Gewissens. Der Verurteilte nimmt die Verbannung aus Gottes Hand. „Solange mein Gott es will, bleibe ich hier", sagt der Betroffene seinen Wächtern. Mit dieser Gewißheit — „meine Haare zählte Gott!" — geht er seinen Leidensweg. Er hat es nur mit Gott zu tun. Daß trotzdem Klagen und Anklagen aus dem Munde der Gequälten kommen, ist menschlich und darf nicht überraschen.

Und schließlich fünftens: Es darf *die große Leidensfähigkeit des russischen Menschen*, der durch ein Jahrtausend hindurch nur selten die Freiheit genoß, nicht vergessen werden. Die Vorfahren dieser Stundisten waren durch Generationen Leibeigene, d. h. Sklaven. Und ehe es dazu kam, lag jahrhundertelang das Mongolenjoch auf dem Volke. Sie haben wahrlich gelernt, was Leiden heißt. Aber in der Nachfolge Jesu wird das Leiden zum Gottesdienst und zum Zeugnis des Lebens.

Diese fünf charakteristischen Eigenschaften des Stundismus sollten der Christenheit maßgebend sein; und wir sollten ihnen nachdenken.

Der Stundismus weiß:

Christen, die sich von der Bibel bewegen lassen, sind Missionare in der Gewißheit, daß das Wort Jesu wahr und Gott allmächtig ist — ihr Leiden ist Gottesdienst und Zeugnis.

„ . . . *und die Pforten der Hölle sollen sie nicht überwinden*", sagt Jesus von seiner Gemeinde.

EINGESEHENE LITERATUR

Amburger, Erik, *Geschichte des Protestantismus in Rußland*, Stuttgart 1961

Andrejew, P. M., *Kurze Übersicht über die Geschichte der russischen Kirche von der Revolution bis heute* (russisch), Jordanville/USA 1951

Assur, W. W., *Rußland und das Christentum*, Wernigerode 1928

Benz, Ernst, *Wittenberg und Byzanz*, Marburg 1949
Die russische Kirche und das abendländische Christentum, München 1966
Geist und Leben der Ostkirche, Hamburg 1957

Bonwetsch, Nathanel, *Kirchengeschichte Rußlands*, Leipzig 1923

Blätter für Württembergische Kirchengeschichte: Hans Petri, Württemberger als Pfarrer evangelischer wolgadeutscher Gemeinden, 1962

Brandenburg, Hans, *Das Evangelium in Rußland*, Stuttgart o. J.

Hefte zum Christlichen Orient (Deutsche Orientmission), Großlichterfelde-West
Nr. 2 Die Ursprünge des Stundismus, 3. Auflage 1905
Nr. 3 Aus der Arbeit unter den Stundisten, 3. Auflage 1904
Nr. 6 Ein Blatt aus der Geschichte des Stundismus in Rußland, 1904
Nr. 7 Russische Klostergefängnisse, 1904
Nr. 8 Leidensgeschichte eines Stundisten, 1905
Nr. 9 Bekenntnisse eines Stundisten, 1905

Dalton, Hermann, *Der Stundismus in Rußland*, Gütersloh 1896
Offenes Sendschreiben an K. Pobjedonoszew, Leipzig 1889
Lebenserinnerungen Bd. 1—3, Berlin 1906-08
Urkundenbuch der evangelisch-reformierten Kirche in Rußland, Gotha 1889

Dein Reich komme. Missionsblatt des Missionsbundes Licht im Osten. Wernigerode, Mühlhausen bei Stuttgart, Korntal, alle Jahrgänge ab 1923

Eisenach, George J., *Das religiöse Leben unter den Rußlanddeutschen in Rußland und Amerika*, Marburg 1950

Evangelisches Missionsmagazin. Herausgegeben von Erich Schick, Januar und Februar 1937, Stuttgart

Evangelisches Allianzblatt, Heft 1 1956

Goetze, Peter von, *Fürst Golitzyn und seine Zeit*, Leipzig 1882

Gutsche, Waldemar, *Westliche Quellen des russischen Stundismus*, Kassel 1956
Religion und Evangelium in Sowjetrußland, Kassel 1959

Haase, Felix, *Die religiöse Psyche des russischen Volkes*, Leipzig und Berlin 1921

Hippius, Anna, *Der heilige Tichon Sadonskij* (russisch), Paris o. J.

Hoetzsch, Otto, *Rußlandstudien*. Gedenkschrift, Stuttgart 1957

Hurwitz (siehe Steinmann)

Jack, Walter L., *Rußlands Heimsuchung*, 2. Auflage Wernigerode 1922

Jarczuk, Theodor, *Gottes Wort vor den Toren Rußlands*, Erlangen o. J.

Kargel, J. G., *Zwischen den Enden der Erde*. Unter Brüdern in Ketten, Wernigerode 1928

Kattenbusch, Ferdinand, *Lehrbuch der vergleichenden Konfessionskunde*, Freiburg 1882

Die Kirche des Ostens. Studien zur osteuropäischen Kirchengeschichte und Kirchenkunde. Herausgegeben von Robert Stupperich, Bd. 1—11. Göttingen 1958—68

Klimenko, Michael, *Anfänge des Baptismus in Südrußland* (Diss.), Erlangen 1957

Kjutschewski, W. O., *Russische Geschichte von Peter dem Großen bis Nikolaus I.* Zwei Bände, Zürich 1945

Korff, Graf M. M., *Am Zarenhof*, Basel 1942

Kroeker, Jakob, *Die Sehnsucht des Ostens*, Wernigerode o. J.
Moskau und sein dämonisches Geheimnis, Wernigerode 1931
und Joachim Müller, *Das Bekenntnis der russischen Märtyrerkirche*, Berlin 1936

Kroeker, Maria, *Ein reiches Leben*, Wüstenrot 1949

Kürenberg, Joachim von, *Das Sonnenweib*. Der Juliane von Kruedener seltsame Irrfahrt, Basel 1941

„Kyrios", Vierteljahrschrift, herausgegeben von Peter Meinhold. Berlin 1970 Heft 4

Lettenbauer, Wilhelm, *Moskau — das dritte Rom*, München 1961

Lieven, Fürstin Sophie, *Eine Saat, die reiche Frucht brachte*, Basel 1952
Geistliche Erweckung in Rußland (russisch), Korntal 1967

Luckey, Hans, *Johann Gerhard Oncken und die Anfänge des deutschen Baptismus*, Kassel 1934

Marzinkowskij, Wladimir, *Gotterleben in Sowjetrußland*, Wernigerode 1929
Christus unter der russischen Jugend, Karlsruhe 1928

Mayer, Jenny de, *Eine Zeugin Jesu Christi im alten und neuen Rußland*, Basel 1947

Mulert, Hermann, *Christentum und Kirche in Rußland und dem Orient*, Tübingen 1916

Müller, Joachim, *Das Tor im Osten*, Stuttgart/Basel 1939

Müller, Ludolf, *Russischer Geist und evangelisches Christentum*, Witten/ Ruhr 1951

Nötzel, Karl, *Der russische und der deutsche Geist*, Berlin 1920

Odessa-Prozeß, übersetzt aus der Zeitschrift „Naschi Dni" 1969

Osteuropa, Zeitschrift für Gegenwartsfragen des Ostens, Nr. 10/71

Pantenius, Th., *Geschichte Rußlands*, Leipzig 1908

Paleologue, Maurice, *Alexander I. Der rätselhafte Zar*, Berlin o. J.

Petri, Hans, *Schwäbische Chiliasten in Südrußland*, aus: Studien zur osteuropäischen Kirchengeschichte und Kirchenkunde Bd. 5, Stuttgart 1962
Mission und Erweckung unter den Rußlanddeutschen vor hundert Jahren. Evangelisches Missionsmagazin, Heft 1 u. 2, Stuttgart 1937

Prochanow, J. St., *Erfolge des Evangeliums in Rußland*, Wernigerode 1929

Redern, Hedwig von, *Die Hand an den Pflug.* Das Lebensbild von Baron Paul Nicolay, Schwerin 1927
Zwei Welten. Das Leben von Juliane von Krüdener, Schwerin 1927

Roemmich, H., Die evangelisch-lutherische Kirche in Rußland unter der Sowjetherrschaft. Aus dem *„Heimatbuch der Deutschen in Rußland"* 1961
Der Ursprung des ukrainischen Stundismus. Aus dem *„Heimatbuch der Deutschen in Rußland"* 1967/68

Rose, Karl, *Grund und Quellort des russischen Geisteslebens*, Berlin 1956

Russische Blätter, Zweites Heft, Wernigerode o. J.

Schaeder, Hildegard, Ostkirche und westliche Christenheit, aus *Junge Kirche*, Protestantische Monatsschrift, Oldenburg 1955
Moskau, das dritte Rom, Bad Homburg v. d. Höhe 1965

Scheffbuch, Winrich, *Christen unter Hammer und Sichel*, Wuppertal 1972

Schrill, Ernst (Samuel Keller), *Das Salz der Erde*, Hagen 1902

Schulgin, W. W., *Tage . . .*, Memoiren an die Revolution, Berlin/Königsberg 1928

Schnurr, Joseph, *Die Kirchen und das religiöse Leben der Rußlanddeutschen*, Stuttgart 1972

Stählin, Karl, *Geschichte Rußlands von den Anfängen bis zur Gegenwart*, Berlin und Leipzig 1923 ff.

Steinmann-Hurwicz, *Konstantin Petrowitsch Pobjedonoszew*, Königsberg/Berlin 1933

Steinwand, Eduard, *Glaube und Kirche in Rußland*, Göttingen 1962

Stretton, Hesba, *In des Herrn Hand*, Konstanz o. J.

Theodorowitsch, Nadeshda, *Religion und Atheismus in der UdSSR.* Dokumente und Berichte, München 1970

Unruh, Benjamin, *Revolution und Reformation in Rußland*, Wernigerode 1928

Warns, Johannes, *Rußland und das Evangelium.* Bilder aus der evangelischen Bewegung des sogenannten Stundismus. Kassel 1920

Winkler, Martin, *Zarenlegende.* Glanz und Geheimnis um Alexander I. Berlin 1941

Wirth, Günter, *Evangelische Christen in der Sowjetunion*, Berlin 1955

Witte, Graf, *Erinnerungen*, Berlin 1923

205

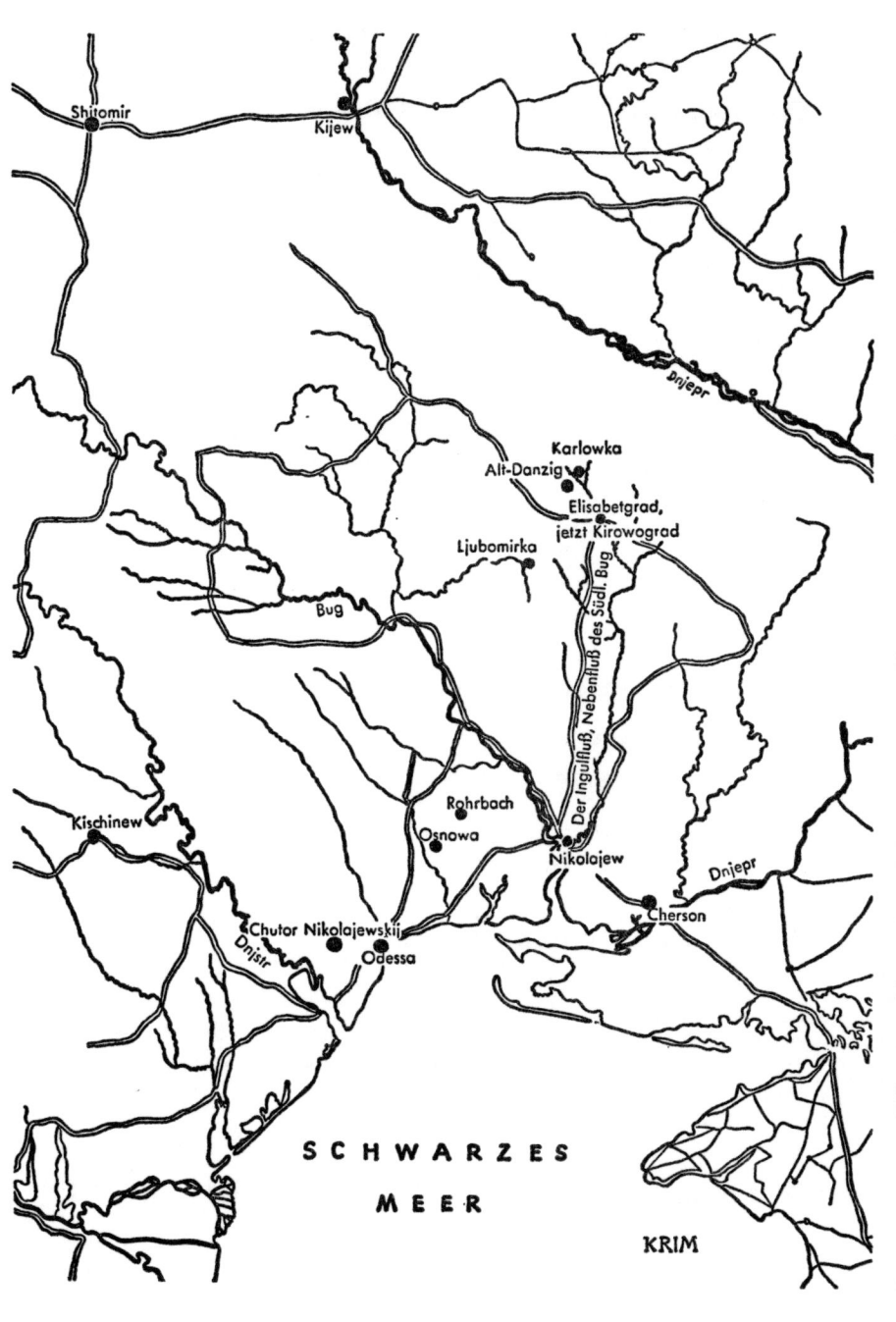

Shitomir

Kijew

Dnjepr

Karlowka

Alt-Danzig

Elisabetgrad,
jetzt Kirowograd

Ljubomirka

Bug

Der Ingulfluß, Nebenfluß des Südl. Bug

Kischinew

Rohrbach

Osnowa

Nikolajew

Dnjepr

Cherson

Chutor Nikolajewskij

Dnjsr

Odessa

SCHWARZES

MEER

KRIM

Hans Brandenburgs Buch ist eine Art erster Band für das inzwischen in 4. Auflage erschienene Buch von Winrich Scheffbuch

Christen unter Hammer und Sichel

200 Seiten, Paperback

W. Scheffbuch informiert anhand neuester Dokumente über den Kampf der unabhängigen Evangeliumschristen-Baptisten in der Sowjetunion. Trotz rücksichtsloser Verfolgung und verbotener Versammlungshäuser lassen sie sich nicht in den Untergrund abdrängen. Sie wollen öffentlich missionierende Gemeinden bleiben. Heimlich vervielfältigte Schriften, Aufrufe und Regierungseingaben, dazu Auszüge aus jüngsten Gerichtsprozessen gegen evangelische Christen zeigen eine junge Generation im Aufbruch, die sich vom Atheismus zum Glauben an Jesus Christus bekehrt. Nachfolge im biblischen Vollsinn wird kompromißlos gelebt — auch wenn das zu Straflager und Gefängnis führt. Wer dieses Buch liest, wird neu nach Vollmacht und Ohnmacht des eigenen Dienstes fragen. Neben einer kirchengeschichtlichen Einführung ergänzen Zeittafel, Karte, Gefangenenlisten und ein ausführlicher Bildteil den Text.

Von Hans Brandenburg erschien ferner seine Autobiographie

Gott begegnete mir

gekürzte Neuauflage, 182 Seiten, Paperback

Rückblick auf ein halbes Jahrhundert Seelsorge, Missions- und Gefängnisarbeit eines Evangelikalen.

Christus auch im Zuchthaus

Linienbuch Nr. 9, 61 Seiten

Seelsorge und Verkündigung im Gefängnis und nachgehende Betreuung Entlassener. Ein kleines wegweisendes Buch vom Kampf um Gestrandete.

R. BROCKHAUS VERLAG WUPPERTAL